华东师范大学电竞产业发展研究中心 组编
E-sports Industrial Development Research Center

电子游戏品牌营销与推广

主　编◎王振源　王　岩　姚明辉
副主编◎陈　晞

ELECTRONIC SPORTS

华东师范大学出版社
·上海·

图书在版编目(CIP)数据

电子游戏品牌营销与推广 / 王振源,王岩,姚明辉主编.
—上海:华东师范大学出版社,2023
ISBN 978 - 7 - 5760 - 4362 - 4

Ⅰ.①电… Ⅱ.①王… ②王… ③姚… Ⅲ.①电子游戏—品牌营销 Ⅳ.①G898.3

中国国家版本馆 CIP 数据核字(2023)第 247000 号

电子游戏品牌营销与推广

主　　编　王振源　王　岩　姚明辉
责任编辑　皮瑞光
特约审读　丁　珍
责任校对　王　晶
装帧设计　俞　越

出版发行　华东师范大学出版社
社　　址　上海市中山北路 3663 号　邮编 200062
网　　址　www.ecnupress.com.cn
电　　话　021 - 60821666　行政传真 021 - 62572105
客服电话　021 - 62865537　门市(邮购)电话 021 - 62869887
地　　址　上海市中山北路 3663 号华东师范大学校内先锋路口
网　　店　http://hdsdcbs.tmall.com

印 刷 者　上海新华印刷有限公司
开　　本　787 毫米×1092 毫米　1/16
印　　张　12.5
字　　数　270 千字
版　　次　2024 年 3 月第 1 版
印　　次　2025 年 8 月第 2 次
书　　号　ISBN 978 - 7 - 5760 - 4362 - 4
定　　价　49.00 元

出 版 人　王　焰

前言

PREFACE

党的二十大报告指出“促进群众体育和竞技体育全面发展”，深刻阐明了中国建设体育强国的战略目标，就是要全面发展，不仅群众体育、竞技体育，还有体育产业、体育文化等都要发展，才能实现体育强国的战略目标。

电子竞技运动是以电子游戏为比赛内容、以电子设备为运行设备、以互联网为连接媒介的人与人之间的智力对抗运动。通过电子竞技，可以锻炼参与者的思维能力、反应能力和协调能力，并培养团队精神。2003 年 11 月，中国体育总局正式批准，将电子竞技列为第 99 个体育竞赛项。2020 年 12 月，电子竞技项目成为亚运会正式比赛项目。2022 年杭州亚运会上电子竞技项目作为正式项目被记入国家奖牌榜。可以发现，电子竞技作为一项体育运动已被越来越多的国家、地区所认可，电子竞技的魅力吸引了越来越多的人参与到这项运动当中，游戏的产业规模也不断扩大。

游戏产业中存在着多种类型的品牌，如游戏品牌、开发商品牌、游戏运营商品牌、外设品牌、电竞赛事品牌、直播平台品牌、电竞俱乐部品牌等，这些品牌相辅相成，共同构成了一个巨大的品牌生态系统。与其他产业中的品牌一样，游戏品牌想要不断地发展壮大一定离不开成功的品牌营销。品牌营销是指企业通过利用消费者对产品的需求，用产品的质量、文化以及独特性的宣传来获得一个品牌在用户心中的价值认可，最终形成品牌效益的营销策略和过程。本书的主题正是对电子游戏产业这一独特领域的品牌营销与推广方面的知识和实践进行介绍。

本书分为五大模块，共十六个任务，包括游戏品牌概况、游戏品牌策划、游戏营销策划、游戏销售策划和数字化时代的游戏品牌营销实践。本书不仅深入地阐述了电子游戏的概念和类型、电子竞技游戏的类型和相关品牌、电子竞技行业的构成和生态系统等基础性知识，还对游戏品牌的定位、游戏的开发与设计、游戏的定价和分销、游戏的推广与宣传等品牌营销方面专业知识进行了由浅入深的介绍，以期能够帮助读者建立游戏品牌营销领域的系统性知识框架。同时，结合数字化的时代特征，本书着重讲解了游戏新媒体运营、社群运营、品牌运营、品牌危机管理以及品牌全球化方面的知识和案例。本书既可以作为相关学科的专业教材，也可以作为游戏领域从业人员和电竞玩家的参考书籍，同时也希望本书能够在游戏业界的品牌营销实践、人员培训等方面为大家提供帮助。

明日世界作为一家具有战略眼光的电子竞技头部企业，一直秉承“以体育文化产业为导向、以平台为基础、以内容为核心、以赛事为特色、以服务教育人才为使命”的经营理念，深知国内电子竞技的教育体系、教育目标与教育理念仍处在起步阶段，需要系统和权威的教学标准、专业教材、教学检测平台、人才考核体系等作为支撑。为此，明日世界联合华东师范大学电竞产业发展研究中心、复旦大学、上海交通大学、上海师范大学等高校的相关学者以及众多电子竞技行业知名专家，共同开发编写了这套电子竞技专业教材。

本书由华东师范大学经济与管理学院王振源老师任第一主编。王振源老师现任华东师范大学经济与管理学院企业管理系教授、系主任、博士生导师，于北京大学光华管理学院取得企业管理博士学位，在上海交通大学安泰经济与管理学院担任博士后研究员期间主要研究市场营销与品牌管理。此外，参与本书编写的还有华东师范大学博士和硕士研究生王岩（任务一——二，任务十四—十六）、林孝禹（整体结构策划）、宋美（任务十四—十六）、姚明辉（任务七—十三）、龙偲偲（任务六—八）、崔圣仪（任务三—五），上海师范大学陈晞副教授做整体润色。最后，向那些给予支持和帮助的单位和个人表示诚挚的谢意。

中国的电子游戏产业仍处在快速发展阶段，但相对而言中国的游戏品牌在世界范围内的影响力尚属有限。我们期望这本书能够站在学科的前沿，填补国内电子竞技教材在品牌营销领域的部分空白，同时为相关专业的学生和游戏行业从业人员提供帮助。电竞行业在快速地发展，或许您在阅读的时候发现很多欠妥之处，恳请您能够提出宝贵的修改建议，以便我们不断对本书进行修订完善。

作者
2023. 12

目 录
CONTENTS

模块三　游戏营销策划

模块四　游戏销售策划

模块五 数字化时代的游戏品牌营销实践

模块一 游戏品牌概况

任务一　电子游戏与电子竞技

课前思考

电子竞技算不算体育?

2013 年 3 月,国家体育总局竞技体育司下发了《关于确定第四届亚洲室内和武道运动会最终参赛人员的通知》,其中电子竞技项目将组建一支 17 人的队伍,参与“英雄联盟”“星际争霸 2”“FIFA”和“极品飞车”4 个子项目的争夺。该队人数在中国代表团中排名第四,甚至超越了不少传统体育项目,这让不少人感到诧异。一位跳水运动员发表了以下言论:“如果电子竞技也算体育,玩游戏都可以拿奥运冠军,那我们这些传统项目练得这么辛苦,真是白干了,干脆好好玩游戏算了……”一石激起千层浪,此言一出,立刻在网络上引起了一场声势浩大的“口水大战”,社会大众对“电子竞技算不算体育”进行了激烈讨论。

电子竞技运动是以电子游戏为比赛内容、以电子设备为运行设备、以互联网络为连接媒介的人与人之间的智力对抗运动。电子竞技可以锻炼参与者的思维能力、反应能力以及协调能力,培养团队精神。韩国早在 1998 年便兴起了职业电子竞技联赛,但职业选手的身份并非运动员,而是市场推动下诞生的新兴行业从业者。2003 年 11 月,中国国家体育总局正式批准,将电子竞技列为第 99 个体育竞赛项。2013 年,美国政府承认了电子竞技从业者的运动员身份,但这一身份仅限于“英雄联盟”职业选手,其他项目的选手还没有这一优待。2015 年,法国政府承认电子竞技作为运动的合理性。2017 年,国际奥委会第六届峰会上,经过讨论最终同意将“电子竞技”视为一项“运动”。2020 年 12 月,电子竞技项目成为亚运会正式比赛项目,并确定参与第 19 届亚运会,电子竞技首次成为亚运会的正式项目并被记入国家奖牌榜。从这一连串事件可以发现,电子竞技作为一项体育运动已被越来越多的国家、地区所认可,电子竞技的魅力吸引着越来越多的人参与到这项运动当中。

任务目标

- 了解电子游戏和电子竞技。
- 熟悉电子竞技游戏的类型。
- 熟悉电子竞技行业的构成。

● 了解中国电子竞技行业现状。

任务描述

本任务首先介绍了电子游戏的概念和分类，之后对电子竞技的概念、游戏类型和代表性作品以及电子竞技行业的构成进行了详细解读，最后阐述了中国电子竞技行业发展中存在的问题以及未来的发展方向。

1.1 电子游戏

1.1.1 电子游戏概述

对于人类而言，游戏是一种基于物质需求满足之上的，在一些特定时间、空间范围内遵循某种特定规则的，追求精神世界需求满足的社会行为方式。在《辞海》中，游戏被定义为"以直接获得快感为主要目的，且必须有主体参与互动的活动"。这一定义点明了游戏的两个最基本的特性：①以直接获得快感（包括生理和心理的愉悦）为主要目的；②主体参与互动，指主体动作、语言、表情等变化与获得快感的刺激方式及刺激程度有直接联系。

随着时代的发展，游戏的种类及规则逐渐演进。第二次世界大战后，晶体管、电子计算机等技术纷纷出现，富有创造力的人类把游戏搬到了电子设备上。电子游戏（Electronic Games），指依托电子设备运行的游戏。美国国家实验室的威利·希金博萨于1958年制作的电子游戏《双人网球》（Tennis for Two），被视为世界上第一款电子游戏，人类也因此发现利用电子设备进行游戏的新型娱乐模式（徐丽、曹晟源，2020）。游戏玩法是可通过控制摇杆让球拍来回移动，还可控制击球的角度，从而模拟网球的运行轨迹，《双人网球》的游戏设备见图1-1。

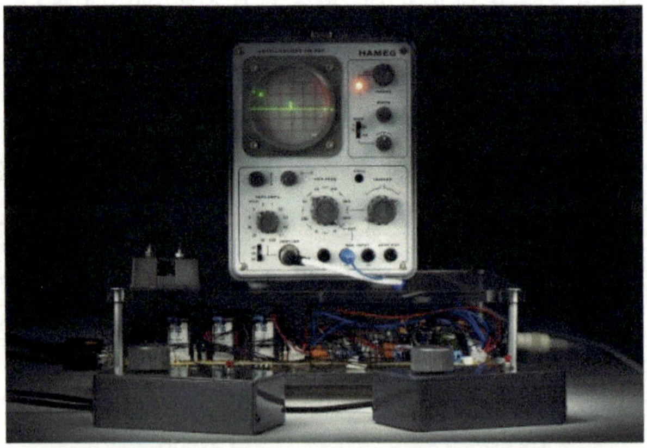

图1-1 世界上第一款电子游戏《双人网球》

随着时间的推移，游戏的类型和玩法逐渐成熟，游戏画面和表现力也不断提升。目前，电子游戏产品已成为最受欢迎的娱乐产品之一，其市场发展前景越来越广阔，逐步成长为全民体验、共享娱乐的活动内容。随着电子游戏产业发展的不断推进，电子游戏产业的分类更加细化。各国也十分关注电子游戏产业与技术创新的融合发展，产业规模持续扩大，产业链条日益完善。

1.1.2　电子游戏的分类

电子游戏的运行离不开电子设备，因而按照运行平台对电子游戏进行分类是一种普遍的分类方式，常见平台有街机平台、家用机平台、掌机平台、电脑平台以及手机平台，不同平台都具有自身的独特优势，并且见证了许多经典的电子游戏的诞生。

1. 街机平台(Arcade)

街机又被称为电玩，是放置于公共娱乐场所营业用的游戏机设备。常见的街机，由框体与基板两个部分组成，其中基板是街机设备的核心，它由专业化的游戏厂商制造，如果基板损坏，游戏就无法运行。1971 年，世界上第一台街机设备 Computer Space 在美国诞生，如图 1－2 所示，这台设备已经具备街机的基本特征，如投币孔、操作台以及游戏基板。1978 年，日本 Taito 公司推出了令世界瞩目的射击名作《太空侵略者》，街机游戏从此进入一个新的阶段。1990 年代中期，进入了街机游戏的“黄金时代”，诞生了很多知名游戏，如《街头霸王》《雪人兄弟》《快打旋风》《吞食天地》等，凭借着易入门、难精通的玩法以及刺激的声光画面，吸引了大批的忠实用户。中国的街机游戏的开发起步相对较晚，但也诞生了不少佳作，例如来自台湾地区的鈊象电子股份有限公司开发的《西游记释厄传》《三国战纪》系列等。

图 1－2　世界首台街机 Computer Space

然而，街机游戏的繁荣未能一直延续下去。进入 21 世纪后，随着家用机、掌机以及个人电脑运算能力的提高，玩家不需要出门就可以在家中享受到绝大部分在街机上可以玩的游戏，街机市场逐步萎缩。但是在街机文化流行的日本，仍有很多玩家热衷于去游艺厅游玩街机游戏。

2. 家用游戏机平台(Home Video Game Console)

家用机是将计算机技术与电视技术结合的一种高级电子娱乐设备，它使用电视屏幕或显示器作为视频输出平台，并用专门的游戏手柄进行操控。米罗华奥德赛(Magnavox

Odyssey)，是全球第一款商业家用电子游戏机，于 1972 年 8 月正式发行。经过近半个世纪的发展，诞生了很多优秀的家用机游戏设备，目前已进入了家用游戏机的第九世代，最新的三类主流家用游戏机分别是微软公司推出的 Xbox Series X/S、索尼公司的 PlayStation 5 以及任天堂公司的 Nintendo Switch，设备如图 1－3 所示。这三种家用游戏机都凭借自身的特色和独占的游戏阵容在全世界范围内获得了一大批粉丝。例如，微软公司的 Xbox 推出 Xbox Game Pass，简称 XGP，即电子游戏的订阅服务。用户在缴纳一定数额服务订阅费后，就可以很低的价格玩到 XGP 游戏库中的所有游戏，并且微软还将不断向游戏库中增加游戏，其第一方的 Xbox 游戏工作室旗下所有新发布的游戏，将会在发售于平台当日同步登陆到 XGP 游戏库当中，如《盗贼之海》《极限竞速地平线》《战争机器》《光环》系列等作品。索尼公司的优势则在于其强大的硬件实力和丰厚的独占游戏阵容，《神秘海域》系列、《战神》系列、《美国末日》系列等都有大批的忠实玩家。任天堂公司则另辟蹊径，不依靠设备性能，而是利用精妙的创意和游戏性在激烈的市场竞争中取胜，其 Nintendo Switch 主机利用可拆卸式的手柄和体感操作，开发了《健身环大冒险》《任天堂 Labo》《马里奥奥德赛》等一系列游戏，都取得了非常好的销售成绩。

图 1－3　索尼、微软和任天堂的家用游戏机

3. 掌机平台(Handheld Game Console)

掌上游戏机，简称掌机，指方便携带的小型游戏设备，它具有一体化的显示器和手柄，可以随时随地运行电子游戏软件。1989 年，任天堂推出了震惊全世界的 Game Boy 游戏掌机。这款掌机包含了大量耳熟能详的优秀作品，同时引入了先进的可更换式卡带设计，契合了玩家想要方便游玩多种游戏的需求。之后，任天堂公司又接连推出了 Game Boy Light、Game Boy Color 和 Game Boy Advance，牢牢把握着掌机市场的主导地位。2004 年 PlayStation 大会上，索尼公司发布了掌机 Play Station Portable，简称 PSP，它的出现第一次动摇了任天堂在掌机领域的绝对统治地位，同年任天堂 Nintendo DS 系列掌机上市，凭借着创新的分屏设计和下屏幕的触控设计，颠覆了过往游戏掌机的操控理念。此后，轰轰烈烈的掌机大战也在两家公司之间继续展开，他们又分别推出了 Nintendo 3DS 和 PlayStation Vita，前者的特色在于裸眼 3D 技术，使用者不需佩戴任何特殊眼镜即可体验到立体 3D 图像效果，而后者具有更强大的性能和影音娱乐功能。

然而，随着时代的发展，手机的性能愈发强大，具有很强的游戏娱乐功能，手机与掌机的界线愈趋模糊，从而极大地威胁了掌机的生存空间。任天堂公司的 Nintendo Switch Lite，如图 1－4 所示，采用一体成型机身，无法像原版 Switch 一样将左右两侧的 Joy-Con 手柄拆下来。

图 1－4　Nintendo Switch Lite

4. 电脑平台(PC Game)

电脑平台是如今最主流的、玩家数量最多的游戏平台，电子游戏软件在电脑上运行。与主机平台相比，PC 平台具有性能强劲、游戏种类多、价格低廉等多重优势。根据调查，全球 PC 平台玩家数量高达 15 亿，远远超过其他游戏平台的玩家数量，其中中国 PC 玩家数量有 3 亿人。游戏业界普遍认为史蒂夫·拉塞尔(Steve Russell)是电脑游戏的发明者，1962 年他在美国 DEC 公司生产的 PDP－1 型电子计算机上编制了第一款电脑游戏《宇宙战争》。21 世纪，因特网的广泛使用为电脑游戏的发展带来了强大动力，网络游戏成了一个新的发展方向，世界各地举办了许多各类型的电子竞技比赛。近年来，微型电脑的概念火热，方便玩家随时随地畅玩游戏。2021 年 7 月，维尔福公司(通称 Valve、V 社)公布了 Steam Deck 便携式 PC，外形如图 1－5 所示，设备使用了来自美国 AMD 半导体公司的定制 APU(加速处理

图 1－5　Steam Deck 便携式 PC

器)，架构方面与次世代主机一样同为 Zen2 + RDNA2，官方宣称足够运行最新的 3A 游戏。

5. 手机平台(Mobile Phone Game)

手机游戏是运行在手机上的游戏软件。早期由于手机机能的限制，游戏类型大多是一些剧情简单、操作方便的益智类游戏，如俄罗斯方块、贪食蛇、推箱子等，内置于手机中作为自带软件。然而，伴随着智能手机的兴起，手机处理信息的能力增强，同时移动网络速度不断提高，逐渐出现了画面更精美、操作更复杂的游戏。如今，手机游戏在品质和用户体验上都有了极高水平的提升，已经逐渐接近 PC 端游戏的水准。很多游戏厂商都会选择同时在 PC 和移动端发布同一款游戏，例如暴雪公司出品的策略类卡牌游戏《炉石传说：魔兽英雄传》可以在手机和电脑上体验相同的游戏内容，共享游戏数据，图 1-6 为该游戏在移动端的宣传广告。

图 1-6 《炉石传说:魔兽英雄传》移动端宣传广告

手机游戏的优势体现在其便携性上，依托于手机的高性能和高速网络，玩家可以随时随地游玩手机游戏。此外，手机已经成为当代人类生活、工作不可缺少的工具，因此手机游戏具有庞大的潜在用户群体。

1.2 电子竞技

1.2.1 电子竞技概述

电子竞技(Electronic Sports)，简称电竞，简单来说是以电子游戏为竞技比赛内容、以电子设备为运行设备、以互联网络为连接媒介的运动。2004 年，首届中国电子竞技运动会上，官方给予的“电子竞技”的定义，指利用电子设备作为运动器械进行的、人与人之间的智力对抗运动。通过这项运动，可以锻炼和提高参与者的思维能力、反应能力、心眼四肢协调能力和意志力，培养团队精神。与传统的体育项目相比，电子竞技游戏对硬件和软件的依赖性非常高，可以说电子竞技是伴随着人类科技的发展而发展起来的，从开始的街机到家用主机和个人电脑，再到现在的手机，电子竞技游戏存在的范围越来越广泛。

早在 1986 年，美国通过电视直播了两个孩子比赛试玩任天堂 FC 游戏机，这被视为电子竞技的雏形。1990 年，任天堂在全美 29 个城市举办了任天堂世锦赛(Nintendo World

Championships)，并为这次比赛制作了包含《超级马里奥兄弟》《Red Racer》和《俄罗斯方块》三款游戏的特殊卡带，三款游戏结合在一起形成了一款挑战性十足的限时游戏，游戏时限为6分钟21秒，时间耗光后分数最高的人获胜。任天堂世锦赛是历史上第一个正式电子游戏比赛，它的诞生比世界电子竞技大赛(World Cyber Games)早十年。

1.2.2　电子竞技游戏的类型和代表性作品

在电子竞技的发展历程中，涌现了类型多样、各具特色的游戏，这些饱含魅力的游戏让无数的玩家为之痴迷，通过磨炼自己的技术，不断地战胜自己、战胜对手。本书详细梳理了电子竞技游戏的常见类型和代表性产品，它们的出现是科学技术和人类创造力的完美结合，对电竞行业的发展产生了深远影响。

1. 格斗游戏(Fight Technology Game)

1985年在FC游戏机上发行的《功夫》，是格斗类型游戏公认的鼻祖，对格斗游戏的发展具有开创先河的意义，其许多设定被沿用，成了很多格斗游戏的标准规范，游戏画面见图1-7。在格斗游戏中，玩家在屏幕上操纵自己的角色和对手进行近身格斗，并通过击败对手来获得胜利。格斗游戏没有像一般动作角色扮演游戏一样有等级或装备等强度差异，各角色在设计上实力均衡，但各有特色，玩家之间的差距主要反映在游戏操作和反应上。格斗游戏通常拥有攻击、格挡、闪避以及必杀技等特殊动作，玩家在时间限制内通过连续且迅速压下特定按键并控制摇杆，以形成巧妙的操作。

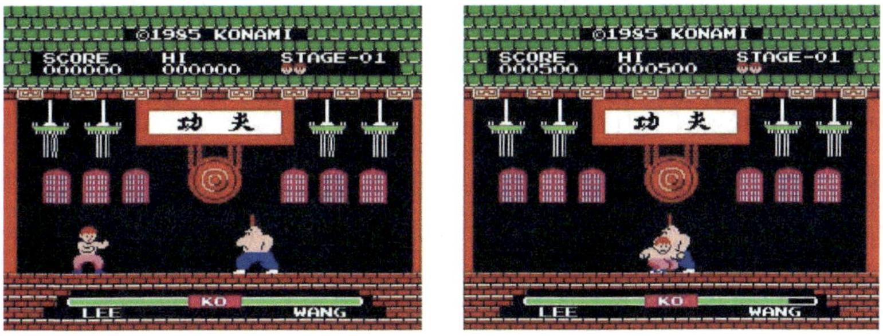

图1-7　《功夫》游戏画面

目前，街头霸王系列(Street Fighter)和拳皇(The King of Fighters)系列是较为火爆的格斗游戏系列。许多格斗游戏的基本概念都是由《街头霸王》所确立的，如必杀技、轻重拳、防御、体力槽和时间限制，该系列之一《街头霸王5》的画面如图1-8所示。而拳皇系列的最大特色在于三对三的组队战，与一般的格斗游戏相比，故事性也相对较强。

作为电子竞技游戏中的一个大品类，由于多种原因导致格斗游戏在中国一度断档，但在欧美和日本都有数量可观且稳定的受众群体和较为成熟的比赛体系，如"斗剧"、EVO等。"斗剧"是世界著名的电子竞技赛事，由日本著名的游戏杂志《月刊ARCADIA》主办，全名为"斗剧SUPER BATTLE OPERA"，比赛项目包括了很多知名的格斗游戏，以街机作为竞技平台。如果

图 1-8 《街头霸王 5》游戏画面

说"斗剧"是格斗游戏界的奥运会，那么 EVO 则是格斗游戏界的世界杯，EVO 全称"Evolution Championship Series"，已逐步成长为全球最大规模的格斗游戏大赛，赛事集合了世界上最热门格斗游戏项目，以家用游戏机为主要竞技平台，每年秋季在美国举办。EVO 以参赛人数众多、累积奖金丰厚著称，比赛的前八名选手均可获得奖牌，并按比例分配游戏总奖金。提到中国的格斗游戏圈子，绕不开的一个电竞选手就是"小孩"——曾卓君，2007 年，他在"斗剧"大赛上连续击败了 10 名日本选手，史无前例地为中国电子竞技夺得了首个格斗游戏世界冠军；2014 年，曾卓君又在 KOF13 项目上为中国夺得第一个 EVO 世界格斗游戏大赛冠军。

2. 即时战略游戏(Real-Time Strategy Game)

即时战略游戏(RTS)在很长的一段时间里一直都是电子竞技赛事的主流项目，持续引领着电子竞技的热潮。即时战略游戏是战略游戏的一种，指在游戏过程中玩家可以根据自己的意志，随时控制、管理和使用游戏中的人或事物来对抗敌人，以取得各种形式胜利的游戏。

(1) 星际争霸系列(StarCraft)

《星际争霸》是暴雪娱乐制作发行的一款即时战略游戏，于 1998 年正式发行。由于游戏极强的对抗性、观赏性和平衡性，一经推出便迅速成了最受欢迎的 RTS 游戏之一，其战网系统实现了 RTS 游戏的多人在线竞技，不但能够人机对战，还能通过局域网连接进行多人对战，为后来的电子竞技赛事发展提供了便利的条件。

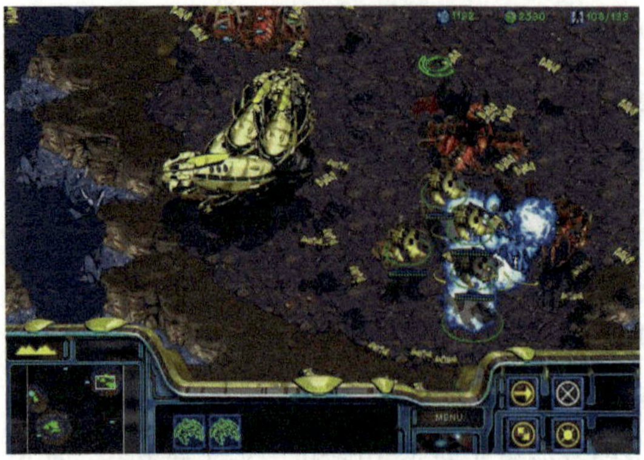

图 1-9 《星际争霸》游戏画面

《星际争霸》描述了 26 世纪初期，位于银河系中心的人、虫、神三族在克普鲁星际空间中争夺霸权的故事。游戏提供了一个战场，用以玩家之间进行对战，在战场中，玩家可以操纵任何一个种族，在特定的地图上采集资源、建设建筑、生产兵力、升级科技，最终以摧毁对手的所有兵力和建筑作为取得胜利的标准，属于标准的"资源采集 + 生产建设 + 兵团作战"模式，游戏画面见图 1-9。

《星际争霸》被认为是有史以来最优秀的即时战略游戏之一，在发售当年便在全球售出逾 150 万份，更荣膺当年最畅销电脑游戏称号。至今，《星际争霸》仍然是全世界最畅销的在线游戏之一。2010 年 7 月，《星际争霸Ⅱ：自由之翼》一经推出便迅速成了诸多电竞赛事的比赛项目，也带动了全球即时战略游戏与电子竞技的发展。《星际争霸Ⅱ》的游戏画面如图 1－10 所示，较一代的画质和特效有了明显提升。

图 1－10　《星际争霸Ⅱ》游戏画面

（2）魔兽争霸Ⅲ（Warcraft Ⅲ）

《魔兽争霸Ⅲ：混乱之治》同样是由是暴雪娱乐出品的一款即时战略游戏，于 2002 年发行。2003 年 5 月暴雪公司又发行了资料片《魔兽争霸Ⅲ：冰封王座》。游戏包含了大多数即时战略游戏所具备的要素——采集资源、建设基地和指挥战斗；此外，《魔兽争霸Ⅲ》还加入了“英雄”的概念，同时也为英雄量身定做了道具系统，每个英雄拥有 6 个道具栏，可以携带 6 件物品。《魔兽争霸Ⅲ》是一款成功的即时战略游戏，它在保留竞技性的同时，降低了操作难度和上手难度，加之当时一流的 3D 画质和自由度极高的地图编辑器，使得其迅速风靡全球，成为新一代最为热门的电子竞技项目之一。2020 年，暴雪娱乐又发布了《魔兽争霸Ⅲ：重制版》，对游戏画面进行了全方位升级，包含原版的全部剧情，游戏画面见图 1－11。

图 1－11　《魔兽争霸Ⅲ：重制版》游戏画面

与“星际争霸”电子竞技赛事的冠军基本被韩国选手包揽不同，中国选手在“魔兽争霸”电子竞技项目取得了非常傲人的成绩。2003—2013 年，“魔兽争霸”项目在世界电子竞技大赛中存在了十一届，中国选手获得了其中五届冠军，对中国电子竞技的发展起到了至关重要的作用。

3. 多人在线战术竞技游戏(Multiplayer Online Battle Arena)

多人在线战术竞技游戏，简称 MOBA 游戏。在游戏中，玩家被分为敌对的两队，在游戏地图中互相战斗，每个玩家控制一个英雄，英雄能够击杀单位、进行升级成长、学习和使用技能、购买和使用装备，以摧毁对方队伍的阵地建筑为胜利条件。MOBA 游戏目前已成为最受欢迎的电子竞技游戏类型之一。

(1) DOTA 系列(Defense of the Ancients)

《DOTA》起源于《魔兽争霸》的一款玩家自制地图。2002 年，一位叫 Euls 的玩家制作了最早的 DOTA 地图，后经 Guinsoo、IceFrog 等地图作者的多次修正和更新，很快成为最受欢迎的游戏地图。游戏分为两个阵营，玩家需要操纵英雄，击杀对方小兵和英雄，获得金钱和经验来使自己升级，破坏对方防御塔也可以获取大量金钱。经验能使英雄的技能增强或属性增加，而金钱则能在商店中购买更具威力的装备，最终目标是摧毁对方遗迹建筑来获取胜利。《DOTA》延续了《魔兽争霸》的生命力，但是它的局限性也十分明显——缺乏官方平台，很多玩家渴求的功能根本无法实现，如断线重连、自动匹配、好友系统等。在这种情况下，Valve 公司研发了续作《DOTA2》，完整继承了原作内容，弥补了前作的弊病，并采用最新技术改善了画质，游戏画面见图 1-12。

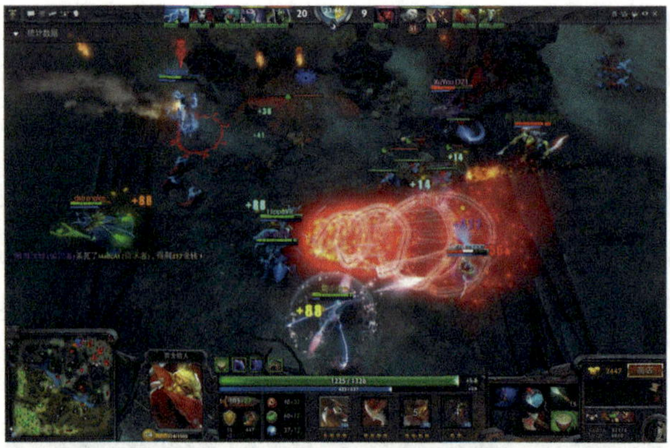

图 1-12 《DOTA2》游戏画面

以 DOTA2 为项目的电子竞技赛事遍布全球，来自世界范围内的队伍在各种比赛中进行对抗，其中规模最大、奖金额度最高的是 DOTA2 国际邀请赛(The International DOTA2 Championships，简称 Ti)。中国在 Ti 赛事上取得了值得骄傲的成绩，在已经举办的十二届比赛中，IG 战队、Newbee 战队和 Wings 战队分别获得了第二届、第四届和第六届 DOTA2

国际邀请赛冠军。图 1 - 13 为 IG 战队夺得第二届 DOTA2 国际邀请赛冠军。

图 1 - 13　IG 战队夺得第二届 DOTA2 国际邀请赛冠军

(2) 英雄联盟(League of Legends)

《英雄联盟》是由美国拳头游戏开发、在国内由腾讯游戏代理运营的多人在线战斗竞技场游戏,游戏为免费模式但提供付费道具服务。该游戏目前的常规模式是召唤师峡谷,有匹配和排位两种模式。在游戏里,玩家可以控制一个英雄角色,目标是破坏对方团队主基地的“水晶枢纽”,游戏画面见图 1 - 14。

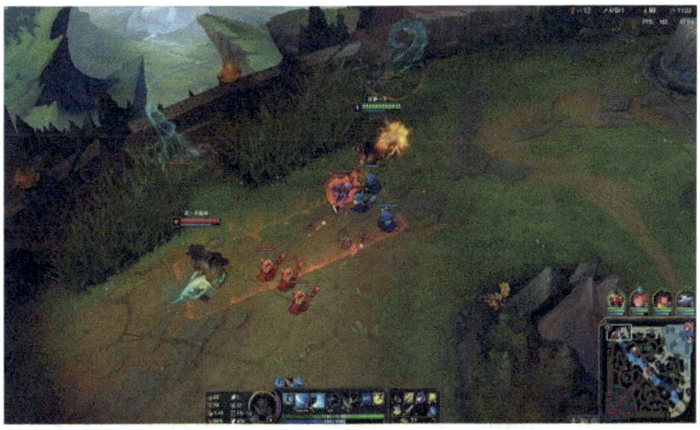

图 1 - 14　《英雄联盟》游戏画面

《英雄联盟》在玩家中享有极高的人气,有数以千万计的玩家群体。此外,《英雄联盟》致力于推动全球电子竞技的发展,在全球共有 12 个赛区和联赛,每年还会举办“英雄联盟季中冠军赛”“英雄联盟全球总决赛”“英雄联盟全明星赛”三大世界级赛事,形成了自己独有的电子竞技文化。英雄联盟全球总决赛(League of Legends World Championship)是英雄联盟一年一度的最为盛大的比赛,同时全球总决赛也是所有英雄联盟赛事中荣誉最高、含金量最高、竞技水平最高、知名度最高的比赛,它集结了各大赛区最顶尖水平的战队。2018 年,IG 战队在第八届英雄联盟全球总决赛中夺得冠军,这是历史上 LPL(英雄联盟职业联赛,简称 LPL)的战队取得的第一个 S 赛(英雄联盟全球总决赛)冠军;图 1 - 15 记录了 2019 年 FPX 战队在第九届英雄联盟全球总决赛中夺得冠军,这是历史上 LPL 的战队取得的第二个 S 赛冠军。

图 1－15　FPX 战队夺得第九届英雄联盟全球总决赛冠军

（3）王者荣耀

《王者荣耀》是由腾讯游戏天美工作室开发运营的一款 MOBA 类手游，于 2015 年公测。《王者荣耀》的基本玩法和其他 MOBA 游戏类似，通过推塔、击杀敌人、赚取经验来获取优势，摧毁敌方的基地水晶来取得胜利。《王者荣耀》有多种游戏模式，允许玩家之间以多种方式进行 PVP 对战，并设计了多种特色系统，如对战系统、社交系统、师徒系统、铭文系统等。游戏采用触摸的操作模式，进行游戏时需要用手指拖拽手机屏幕左下角的移动轴、点击屏幕右下角的技能按钮来操控英雄和释放其技能，按键的位置均可以按照玩家的使用习惯自行调整。

《王者荣耀》将 MOBA 游戏在移动端上进行相应的还原呈现，简化了地图和操作的同时加快了游戏的整体节奏，将一局游戏的平均时长压缩到 20 分钟左右，充分利用了玩家们的碎片时间，满足了现代玩家的精神娱乐需求，可以让竞技对战更方便快捷。《王者荣耀》凭借其简单、易上手的操作，移动端的便捷，丰富的游戏内容，一经推出便受到了国内玩家们的热烈追捧与喜爱。《王者荣耀》的游戏画面如图 1－16 所示。

图 1－16　《王者荣耀》游戏画面

4. 第一人称射击游戏(First-person Shooting Game)

第一人称射击游戏，简称 FPS 游戏，是以玩家的第一人称视角为主视角进行的射击类电子游戏，玩家会直接从游戏的主人公的眼中观察周围环境，大大增强了游戏的主动性和真实感。1992 年发售的《德军总部 3D》被认为奠定了这一类游戏的基本玩法，之后的 FPS 游戏都是以此作品为原型来进行设计的。

（1）反恐精英：全球攻势（Counter-Strike：Global Offensive）

《反恐精英：全球攻势》，简称 CS：GO，是一款由 Valve 与 Hidden Path Entertainment 合作开发、Valve Software 发行的第一人称射击游戏，游戏画面见图 1－17。CS：GO 游戏玩法与前作相似，玩家可选择反恐精英与恐怖分子两种阵营，每个队伍必须在一个地图上进行多回合的战斗，赢得回合的方法是消灭敌人，或者在限时之内完成该地图的任务。游戏有炸弹爆破和人质解救两种地图类型可供选择。游戏的每一回合均有时间限制，若玩家被击毙，必须等待该回合结束后才能复活。新回合开始时，玩家可重新购买武器装备。玩家击杀敌人能获得相应的金钱奖励，反之，误杀队友或人质则会扣减相应金额。

图 1－17　《反恐精英：全球攻势》游戏画面

目前，《反恐精英：全球攻势》的电竞赛事主要由第三方举办，或由 Valve 与第三方合办，以杯赛为主，联赛较少，其中规模最大、奖金最多的是由 Valve 赞助的 CS：GO 特级锦标赛。

（2）守望先锋（Overwatch）

《守望先锋》是一款由暴雪娱乐开发并发行的多人第一人称射击游戏，于 2016 年发行，游戏画面如图 1－18 所示。《守望先锋》创造性地将射击和“英雄”结合，每个英雄都拥有自己独

图 1－18　《守望先锋》游戏画面

特的武器和技能。《守望先锋》同时也为英雄量身定做了道具系统，每个英雄的装备都是量身定制并且不可更改的。

2017年底，暴雪发布了守望先锋职业之路，规定了由守望先锋公开争霸赛到守望先锋挑战者系列赛再到守望先锋联赛的三级晋升道路。守望先锋公开争霸赛（Overwatch Open Division）是暴雪娱乐为游戏爱好者们设计的一项官方赛事，旨在让所有参与本赛事的玩家都能够通过公平竞争或者协力合作的方式得以进步，从而为更高级的电竞赛事储备新生力量并建立比赛基础，是守望先锋职业之路中至关重要的一环。守望先锋挑战者系列赛（Overwatch Contenders）自2018年起成为守望先锋职业之路的一部分，并随之扩展到七个赛区（北美洲、南美洲、欧洲、中国、韩国、澳大利亚、太平洋）。守望先锋联赛（Overwatch League）使用永久团队制，类似于传统体育运动，而不是降级和晋升制。此外，自2016年至今，暴雪娱乐每年都会举办名为守望先锋世界杯（Overwatch World Cup）的国际比赛，比赛由世界各地区的队伍相互对战，争取国际级的荣誉。

5. 大逃杀游戏(Battle Royale Game)

大逃杀游戏的名称和游戏玩法来自1999年的同名日本小说《大逃杀》，融合了生存游戏的探索和收集元素以及淘汰至最后一人的玩法。游戏中，大量无装备的个体或小型团队玩家会被放在一个大的地图中，玩家必须收集武器、防具和载具对抗其他玩家，同时避免被杀害。随着时间的推移，地图的安全区域会缩小，安全区以外的玩家会受到伤害，这迫使玩家进入较小的安全区域并相互对抗，最后一个存活的玩家或队伍获得胜利。

(1) 绝地求生(Player Unknown's Battlegrounds)

《绝地求生》，简称“PUBG”，常被称为“吃鸡”，是一款由韩国 Krafton 工作室旗下 PUBG 公司开发和发行的大逃杀游戏，游戏画面见图1－19。游戏中，玩家需要在游戏地图上收集各种资源，并在不断缩小的安全区域内对抗其他玩家，让自己生存到最后。每一局游戏有100名玩家参与，玩家空投跳伞至地图的各个角落，寻找武器、车辆以及物资，并展开战斗。在游戏过程中，会有一个随机出现的“毒圈”驱逐玩家到较小的安全区域。

图1－19 《绝地求生》游戏画面

作为一款新兴的游戏，《绝地求生》的相关赛事近年来也开展得如火如荼。绝地求生冠军联赛（PUBG Champions League）是《绝地求生》在中国大陆地区的顶级联赛，目前共有 3 个赛区共 48 支队伍参赛，每年进行春季赛、夏季赛以及秋季赛三次联赛。绝地求生全球锦标赛（PUBG Global Championship）是以《绝地求生》为项目进行的世界性电子竞技赛事，首届赛事 2019 年在美国洛杉矶举办，共有来自全球 9 个赛区的 32 支绝地求生职业战队参与比赛。2020 年，PUBG 公司引入全新的绝地求生全球系列赛（PUBG Global Series）以丰富 PUBG 电竞赛事体系。

（2）Apex 英雄（Apex Legends）

《Apex 英雄》是由 Respawn Entertainment 开发，艺电发行的大逃杀游戏，沿用《泰坦》系列的世界观，游戏画面如图 1－20 所示。《Apex 英雄》适用经典的大逃杀游戏规则，但创造性地加入了英雄系统，每个角色都有其独特的技能。游戏以 3 人小队为单位进行游戏，每局游戏最多 60 人。玩家需要寻找武器、弹药及其他装备，小队间互相战斗至最后存活的一队获胜。游戏的复活系统较为独特，如有队友死亡，玩家可以在时限内取得阵亡队友的旗帜，并将其携至重生点即可复活队友。

图 1－20　《Apex 英雄》游戏画面

6. 其他类游戏

（1）炉石传说：魔兽英雄传（Hearthstone：Heroes of Warcraft）

《炉石传说：魔兽英雄传》是一款由暴雪娱乐公司出品的策略类卡牌游戏，2014 年全球同步正式运营，国内由网易公司独家代理运营，游戏画面如图 1－21 所示。目前，游戏已经登陆了 PC、iOS 和 Android 平台，玩家们可以在不同平台体验同样的游戏，并进行跨平台的竞技对战。游戏采取 1 对 1 的轮流回合制，在每个回合的开始，玩家会从牌库中抽一张卡牌，并且根据手上的牌来决定是否要召唤随从、使用装备武器或者是施放法术等行为来对战。每名玩家可以选择一个英雄代表他们，不同的英雄拥有不同的职业，同时拥有专属于该职业的特殊套牌以及各具特色的英雄能力。每场游戏的英雄都拥有三十点生命值，一旦玩家的英雄生命值归零或玩家选择投降，就代表这名玩家输了这场游戏。牌库由玩家自行搭配，当玩家利用自己搭配的牌组打出一连串“连招”时，就能够充分体会到游戏的魅力和丰富的可玩性。

《炉石传说》全球电竞赛事是包含三层赛事的体系，由《炉石传说》大师预选赛、《炉石传说》大师巡回赛和《炉石传说》特级大师赛构成，整个赛事有超过 400 万美元的奖金可供争夺。国服玩家除了有机会参与上述国际赛事外，还可以参与国服特有的黄金系列赛。

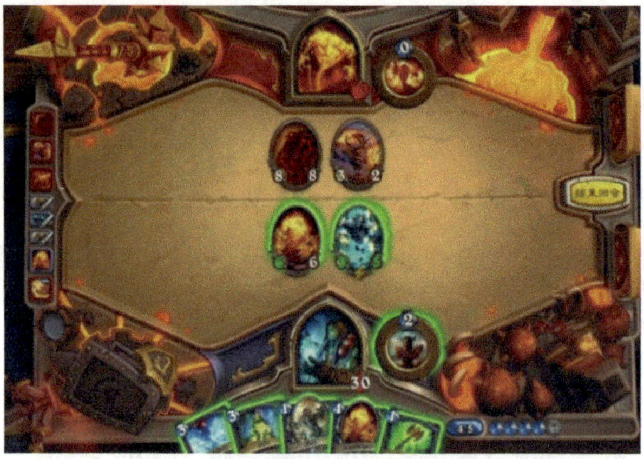

图 1－21 《炉石传说：魔兽英雄传》游戏画面

（2）QQ 飞车

《QQ 飞车》是腾讯公司 2008 年推出的一款赛车竞速休闲类多人在线游戏，由腾讯公司的琳琅天上游戏工作室开发，游戏画面如图 1－22 所示。竞速模式是游戏的主要模式，竞速过程中可以用漂移、喷射、小喷等各种技巧，以谁最先达到终点为胜利判定条件，这也是最能展现玩家技术的模式。目前，该游戏最具代表性的赛事包括 QQ 飞车端游全国公开赛、QQ 飞车超级联赛以及“谁是车王”系列赛。

图 1－22 《QQ 飞车》游戏画面

1.2.3　电子竞技行业的构成

1. 游戏开发商

游戏开发商是制作电子游戏的企业，负责编程、游戏设计、游戏美工、声效、游戏生产及游戏测试等工作。开发商可以专门为特定的电子游戏机制作游戏，也可以为多种平台开发游戏。此外，游戏开发商还可以将游戏在各个平台间移植，或为游戏开发资料片。

2. 游戏发行商

游戏发行商，又被称为游戏出版商，是出版和发行电子游戏的公司，有的由游戏开发商发展而来，有的则是在旗下设立游戏发行商。与图书出版商和电影发行商一样，电子游戏发行商负责其产品的市场营销，包括市场研究和广告等各个方面。

3. 游戏运营商

游戏运营商，是网络游戏中的概念。一般来说，网络游戏运营商指通过自主开发或取得其他游戏开发商的代理权来运营网络游戏，以出售游戏时间、游戏道具或相关服务为玩家提供增值服务和放置游戏内置广告等方式，获得收入的公司。

4. 电竞外设厂商

电竞外设厂商，是指生产电子竞技对抗必需的外部设备的企业。电竞外设主要包括手柄、鼠标、键盘、耳机、鼠标垫等产品，其中键盘、鼠标和耳机是最重要的外设类别，知名的电竞外设厂商有雷蛇、赛睿、达尔优等。

5. 电竞赛事

电子竞技之所以兴盛，除了需要游戏本身的素质吸引大量玩家参与外，也需要专业化的运作，其中最重要的便是电竞赛事。电子竞技赛事主要包括两类，分别是官方赛事和第三方赛事。官方赛事是指由游戏开发公司主办的赛事，例如 DOTA2 国际邀请赛、英雄联盟全球总决赛等；第三方赛事，又被称作独立组织的权威赛事，指由第三方机构主办的电子竞技赛事，如世界电子竞技大赛、电子运动世界杯等。

6. 电子竞技俱乐部

俱乐部，也被称作战队，是由运动员相聚而成的互益组织，在比赛时俱乐部会组织安排选手参加职业比赛。和 NBA 等传统体育联赛里的俱乐部一样，电子竞技俱乐部是电子竞技运动员以电子竞技游戏为工作时所被聘用的机构。电子竞技俱乐部一般都会拥有独特的标识，如队标、队服，旗下一般拥有一个或多个游戏分部，每个分部都有一定数量的队员。

7. 电子竞技员

2021 年 2 月，人力资源和社会保障部颁布了《电子竞技国家职业技能标准》，将电子竞技员的职业定义为“从事不同类型电子竞技项目比赛、陪练、体验及活动表演的人员”①。具体

---

① 引自中华人民共和国人力资源和社会保障部官网[EB/OL]. http://www.mohrss.gov.cn/.

来说,电子竞技员的相关人员包括三类,分别是:①围绕、利用电子设备,通过网络进行竞技及表演活动,开展传统体育模拟类、益智类、军事类、即时战略类、卡牌对抗类、动作类等电子竞技项目的比赛、表演、陪练、裁判、运动指导、数据分析、健康管理、活动直播、解说评论、项目开发等业务的系列工种及岗位;②电子竞技运营师、社会体育指导员、体育场地工;③电子竞技运动与管理、会展策划与管理、视觉传播设计与制作、数字媒体艺术设计、文化创意与策划、传播与策划、媒体营销、电子商务、大数据技术与应用等。

8. 直播平台

直播平台是对视频内容进行转播或直播的网络平台,用户可以实时选择自己喜欢的内容进行观看,而且在观看直播的过程中,观众可以和主播进行即时互动,具有双向交流的特点,可以提高受众参与度,增强节目的乐趣。

1.3 中国电子竞技行业现状

1.3.1 中国电子竞技行业存在的问题

1. 社会大众对电子竞技仍存在偏见

尽管早在2003年国家体育总局就把电子竞技列为正式体育项目,并且为推动我国电子竞技产业的发展做出了许多努力,但社会大众对电子竞技仍然存在较大偏见。近年来,青少年沉迷电子游戏而荒废学业的新闻屡见不鲜,许多家长把游戏视作“电子海洛因”。因此,电子竞技也被家长们视作洪水猛兽,从事电竞相关的职业是不务正业、浪费时间、没有前途的,这也就导致了年轻群体在选择从事电竞行业时受到了很多阻碍(乔萌等,2020)。

2. 我国电子竞技游戏开发实力薄弱

当前热门的电子竞技游戏大多由国外开发商开发,例如《英雄联盟》《DOTA2》《绝地求生》等,可以说现阶段我国的电子竞技游戏市场基本被国外垄断。目前,我国自行开发的较为成功的电子竞技游戏主要有《王者荣耀》和《和平精英》,但这两款游戏的基础架构和创意也均来自国外成熟的游戏,存在很多模仿和借鉴成分,利润被国外企业分割了很多,在国际市场上的影响力较为有限,没有带动中国电子竞技产业的快速发展。未来我国在游戏研发方面还需要加大力度,提高创新性,开发有中国标识、中国产权和中国特色的电竞游戏。

3. 电竞俱乐部专业化程度较低

随着电子竞技运动的迅速发展,国内电竞俱乐部像雨后春笋一般纷纷出现,俱乐部专业化程度也有了一定的发展,但仍存在很多问题。一方面,俱乐部的盈利模式单一,主要是赛事奖金、企业赞助等,而赞助商一般会选择在大型赛事中取得较好成绩的一线俱乐部进行赞助,中小型俱乐部生存空间小,时常面临解散的危险。另一方面,很多企业、集团公司跨界投资建设自己的俱乐部,虽然它们具有雄厚的资本,市场运作能力极强,但是急功近利,想在短时间内通过挖墙脚的方式聘请一流选手组建豪华战队,甚至直接聘用外国职业选手的事件也屡见不鲜，这导致俱乐部没有建立起完善的青训培养体系，国内很多年轻的职业选手没有参加比赛的机会，这不利于本土职业选手的培养。

4. 电子竞技产业人才缺口巨大

目前，我国已经成为全球最具商业价值的电竞市场。行业的迅速发展，对相关从业者的数量和素质有了更高的要求。我国电子竞技行业的从业者超过 50 万人，主要分布在一线城市。然而，中国电竞行业仍将面临巨大的人才缺口，只有不到 15%的电子竞技岗位能满足专业人员需求，极大制约了我国电子竞技产业的规模化、规范化、科学化发展。

5. 电竞行业部分资源形成垄断态势

随着电竞行业的迅猛发展，行业资源加速向有游戏内容版权优势、渠道优势和平台优势的企业汇聚，这些企业在游戏宣发、俱乐部运营、赛事组织、内容播出授权等方面均有极强的控制力，行业的公平竞争受到影响，严重破坏了市场秩序，不利于电竞产业的良性发展（杨昊，2021）。例如，数据显示 2020 年游戏直播市场上，虎牙直播占据 45. 9%的市场份额，而斗鱼直播占据 36. 5%，腾讯内部孵化的企鹅电竞占据 6. 1%，而腾讯公司又是虎牙和斗鱼的大股东。2020 年 10 月，腾讯作为合并主导方，虎牙、斗鱼宣布启动合并，仅仅几个月后就被国家市场监督管理总局以反垄断为由叫停。

1. 3. 2　中国电子竞技的发展方向

1. 品牌化

品牌对于竞技体育和相关产业的发展有很强的推动作用，如我们熟知的“奥运会”“李宁”等就有很强的品牌价值。电子竞技同样如此，当这个产业发展到一定程度后，品牌也会应运而生，例如赛事品牌“英雄联盟世界总决赛”、电竞外设品牌“赛睿”、俱乐部品牌“WE”等。目前，与我国作为全球最大的电竞市场不相符的是我国在世界范围内有影响力的品牌仍较少，尤其是在游戏品牌、赛事品牌、游戏开发商品牌等方面。品牌可以为电竞产业带来极大的附加价值，提高企业的利润和知名度，发挥品牌的力量可以推动我国电竞产业的蓬勃健康发展。

2. 专业化

体育竞技发展到一定程度必然会越发专业化，会诞生很多专业性的岗位，电子竞技作为体育竞技也不例外（郭超然，2017）。我国电子竞技从业人员的需求量缺口巨大，随着我国电子竞技运动的不断发展，社会大众的偏见逐步减弱，会有越来越多的新生力量投入到电子竞技相关行业中去，同时行业的发展也产生了很多新的专业化岗位，如游戏开发、赛事策划、解说评论、数据分析、运动指导、健康管理、活动直播等，这又需求更多的专业化人才。2021 年，国家加大了对电竞行业专业人才的培养力度，制定了《电子竞技国家职业技能标准》，包括了该职业的活动范围、工作内容、技能要求和知识水平等。在国家及相关政策的支持下，未来电子竞技会朝着更加专业化的方向发展，会有更多的优秀人才投入其中，实现“让专业的人干专业的事”，推动我国电竞产业的良性发展。

3. 多元化

电子竞技产业的核心是电竞游戏，围绕着它们还存在着游戏直播、赛事举办与转播、游戏开发、解说评论、游戏发行等很多内容，在电子竞技游戏和赛事的发展带动下，其他相关内容也逐渐发展起来，并且市场份额也越来越大。电子竞技在我国目前已经渗透到了很多方面，电子竞技的发展形式呈现多种多样的态势，有些甚至与电子竞技看起来毫不沾边的行业，也被带动发展起来；同时很多高校开办电竞专业培养行业紧缺人才，这无疑是电子竞技在教育方面带来的变化。

任务演练

1. 列出 5 款你最喜欢的电子游戏，明确它对应的游戏平台和类型。
2. 除了上述提到的例子外，还有哪些电子竞技游戏？它们分别属于哪种类型？
3. 你未来想在电竞行业中从事哪种职业？为什么？

任务二　游戏品牌

课前思考

完美世界——打造“完美”品牌形象

完美世界重视企业在文化产业领域的影响力，并坚持全球化发展战略，通过“全球资源整合”“文化引进再输出”等方式，促进了中国文化的全球传播，打造文化传播桥梁的企业品牌形象。例如，完美世界与美国 Valve 公司开启“蒸汽平台”项目合作，为中国用户提供高品质游戏产品的同时，也为中国游戏企业走向海外助力。Steam 平台是目前全球最大的综合性数字发行平台之一，用户可以在该平台购买、下载、讨论、上传和分享游戏和软件，无论是《半条命》系列或是《使命召唤》系列这样的大游戏，还是《植物大战僵尸》这样的小游戏，都可以在 Steam 上购买到。完美世界与 Steam 合作，为中国的游戏用户和开发者提供了一个接触 Steam 上丰富的游戏及娱乐产品的新通道，成为一个良好文化的引进桥梁，同时，也为中国游戏产品的输出提供了渠道，帮助中国游戏产品在全球范围内进行传播。对于完美世界而言，“蒸汽平台”项目是其构建品牌形象的重要一步，也提升了其在大文化产业的影响力。同时，完美世界坚持年轻化的品牌战略，在 2018 年年初发布了十余款自主研发的新游戏，以提升用户覆盖面及用户认可度。

任务目标

- 了解品牌的概念和作用。

- 熟悉游戏产业中的品牌类型。
- 了解电子竞技品牌生态圈。

任务描述

本任务首先讲解了品牌的概念和分类，之后对电子竞技产业中的游戏开发商品牌、游戏运营商品牌、游戏外设品牌、赛事品牌、直播平台品牌和电竞俱乐部品牌进行了详细介绍，最后阐述了电竞品牌生态系统的概念和构成。

2.1 品牌

2.1.1 品牌概述

品牌的英文是 brand，起源于古挪威文 brandr，指“烙印”。在当时，人们用这种方式来标记与其他人相区别的私有财产，这就是现代品牌概念的来源。到了中世纪的欧洲，手工匠人在自己生产的产品上烙下标记，以便顾客识别产品的产地和生产者，于是商标诞生了。许多研究者也给出了品牌的定义，美国营销协会将品牌定义为一种名称、术语、标记、符号和设计，或是它们的组合运用，其目的是借以辨认某个销售者或某销售者的产品或服务，并使之同竞争对手的产品和服务区分开来；现代营销学之父菲利普·科特勒在《市场营销学》中将品牌定义为销售者向购买者长期提供的一组特定的特点、利益和服务（Philip Kotler，2006）。总的来说，品牌是人们对一个企业及其产品、售后服务、文化价值的一种评价和认知，更是一种信任，当人们想到某一品牌的同时总会和时尚、文化、价值联想到一起。当今商业环境和消费心理学赋予了品牌新的定义：品牌是人们在接触商品、服务以及相关宣传时，通过和心目中已经熟悉的同类商品和服务对比形成的，对商品和服务的识别印象和对比感受。

2.1.2 品牌的作用

1. 与其他品牌区别开来

品牌的建立是用来区别某个产品或服务的。每个品牌的图案、文字设计都具有鲜明的特征，反映了本企业的特点，互不相同的品牌代表了不同形式、不同质量、不同服务的产品。通过品牌，消费者将同类的商品区别开来，为消费者购买、使用提供借鉴。

2. 为商品信用背书

市场竞争越来越激烈，产品同质化也越来越严重，同类产品多达几十种，消费者无法一一了解，而品牌则是一种质量和信誉的保证，代表着产品的一贯品质，代表了企业的优良信誉，让消费者可以放心购买。就像“果树效应”，如果把品牌比作一棵树，产品就是树上的果子，如果消费者尝了一个果子是甜的，那么他会相信这棵树上其他果子也是甜的。品牌可以为产品品质提供担保，打消费者的顾虑，为商品提供信用背书。

3. 展现企业的核心价值,建立竞争优势

品牌对于企业的生存和发展至关重要,在很大程度上已经成为企业营销战略的核心,品牌对于企业来说是一种超越企业实体和产品以外的一种无形资产,品牌可以为企业树立良好的企业形象,使消费者、社会媒体等对企业产生好的印象,充分展现企业的核心价值,增强企业的竞争力,从而在激烈的市场竞争中取胜。

4. 创造产品溢价,获得超额利润

品牌给企业带来的价值更多的反映在品牌所带来的超额的附加利润,同样质量的产品,名牌产品的价格要比非名牌产品高出很多倍,这些高出的利润就是品牌给企业带来的超额的附加利润。品牌给消费者带来的不仅仅是物质或服务的需求的满足,同时还有心理、情感等的需求的满足,品牌所体现出来的产品品质、文化内涵和价值观,使消费者愿意为自己购买的品牌支付更高的价格,从而使品牌产品获得较高的附加价值和超额利润。

2.2 游戏产业中品牌的类型

游戏产业中存在着多种类型的品牌,例如游戏开发商品牌、游戏运营商品牌、游戏外设品牌、电竞赛事品牌、直播平台品牌、电竞俱乐部品牌,这些品牌相辅相成,共同构成了游戏产业。

2.2.1 游戏开发商品牌

游戏开发商是开发游戏的公司,负责生产和制作游戏内容。游戏发行商是为游戏开发商提供资金,然后获得出版发行权,为游戏开发商提供专业的市场营销方案,将游戏推广到市场上以获得更大的销量。由于发行游戏需要物流和广告支持,需要消耗非常多的资金,所以一些小的开发商并没有发行游戏的能力,知名的大游戏开发商都是兼具游戏开发与游戏发行的。

1. 拳头游戏(Riot Games)

拳头游戏是一家总部位于美国加利福尼亚州圣莫尼卡的游戏开发和发行商,创建于2006年,公司LOGO如图2-1所示。拳头游戏旗下最知名的游戏是2009年推出的MOBA(多人在线战术竞技)类游戏《英雄联盟》,在电竞玩家间享有极高的人气,国内由腾讯公司代理。2015年,腾讯收购了该公司全部股份,实现了对拳头游戏的100%控股,Riot Games成

图2-1 拳头游戏LOGO

为腾讯的全资子公司。此外，拳头游戏还以《英雄联盟》为基础，在移动平台上开发了英雄联盟手游《英雄联盟：激斗峡谷》(League of Legends：Wild Rift)、自走棋手游《联盟战棋》(Teamfight Tactics)以及卡牌游戏《符文大地传说》(Legends of Runeterra)等，都在玩家中获得了广泛好评。

2. 维尔福集团(Valve Corporation)

维尔福集团，通称V社，1996年成立于美国华盛顿州西雅图市，是一家专门从事游戏开发和发行的公司，集团LOGO如图2-2所示。提起维尔福集团，不得不提到Steam。Steam平台是目前全球最大的综合性数字发行平台之一，玩家可以在该平台购买和下载游戏资源，上传、讨论和分享自己对游戏的评价，观看游戏直播。Steam最初只是作为Valve旗下游戏更新使用的平台，后发展成为方便、快捷的综合性下载平台，各式各样的游戏都可以在Steam平台上便捷地获取。

图2-2　维尔福集团LOGO

Valve旗下品牌游戏包括《半条命》系列、《反恐精英》《反恐精英：全球攻势》《DOTA2》《传送门》《求生之路》系列、《军团要塞》系列、《刀塔霸业》等，其中《DOTA2》和《反恐精英：全球攻势》都是非常热门的现象级的电子竞技游戏，在全球范围内有很多忠实粉丝和与之相关的电竞赛事。

3. 暴雪娱乐公司(Blizzard Entertainment)

暴雪娱乐公司是一家著名的游戏制作和发行公司，公司LOGO如图2-3所示。战网是暴雪公司架设的游戏对战平台，直接连入Internet，它可以使来自世界各地的游戏者进行联机对战。战网起着联系各个游戏玩家、提供竞技平台的作用，在推广竞技游戏的过程中功不可没，现已经正式更名为“暴雪游戏平台”。

图2-3　暴雪娱乐公司LOGO

暴雪公司推出过多款经典系列作品，其中包括《魔兽争霸》系列、《星际争霸》系列、《暗黑破坏神》系列、《魔兽世界》《炉石传说：魔兽英雄传》《风暴英雄》以及《守望先锋》。《魔兽争霸Ⅲ》《星际争霸1》《星际争霸2》《炉石传说》及《风暴英雄》均被各国多项电子竞技比赛列为主要比赛项目。

4. 腾讯游戏(Tencent Games)

腾讯游戏是腾讯互动娱乐的电子游戏业务部门，负责电子游戏开发、发行、运营等业务，成立于2003年，腾讯游戏LOGO如图2－4所示。腾讯游戏旗下的开发工作室有天美工作室、光子工作室、魔方工作室、北极光工作室、Riot Games、波士顿工作室、NEXT Studios等。2018年，腾讯游戏已经成为全球最大的电子游戏公司之一。腾讯游戏采取自主研发和多元化的外部合作相结合的方式，在网络游戏众多细分市场领域形成专业化布局，打造覆盖全品类的产品阵营，为玩家提供休闲游戏、大型网游、中型休闲游戏、桌面游戏、对战游戏等平台。此外，腾讯游戏与全球顶级游戏开发公司建立深度合作关系，致力于将世界范围内优秀的游戏产品带到中国，也将中国的游戏带给世界玩家。腾讯游戏旗下品牌游戏包括《王者荣耀》《绝地求生：刺激战场》《QQ飞车》《和平精英》《QQ三国》《QQ堂》等。

图2－4　腾讯游戏LOGO

图2－5　索尼互动娱乐有限公司LOGO

5. 索尼互动娱乐有限公司(Sony Interactive Entertainment)

索尼互动娱乐有限公司，简称SIE，是索尼旗下的游戏软件开发、制造与贩售商，1993年11月16日在日本东京成立，总部位于美国加利福尼亚州圣马特奥，公司LOGO如图2－5所示。索尼互动娱乐的全球工作室分布于日本、欧洲、北美等地，主要为旗下自产的Playstation系列游戏机研发游戏，其中以出产《神秘海域》系列和《最后的生还者》系列的顽皮狗工作室(Naughty Dog)，出产《战神》系列的圣塔莫尼卡工作室(Santa Monica Studio)，以及出产《地平线》与《杀戮地带》的游骑兵工作室(Guerrilla Games)最为出名。

6. 微软游戏工作室(Microsoft Game Studios)

微软游戏工作室，是微软的全资子公司，为基于Windows的个人电脑与Xbox游戏机开发与发行游戏，LOGO如图2－6所示。旗下著名游戏有《光环》系列、《神鬼寓言》《帝国时代》系列、《除暴战警》《动物园大亨》《微软模拟飞行》《战争机器》系列、《班卓熊》《极限竞速》

系列等。

图 2－6　微软游戏工作室 LOGO

图 2－7　美国艺电公司 LOGO

7. 美国艺电公司(Electronic Arts)

美国艺电公司，简称 EA，是创建于 1982 年的全球著名互动娱乐软件公司，主要经营各种电子游戏的开发、发行业务，公司 LOGO 如图 2－7 所示。美国艺电公司业务范围涵盖了所有的主流游戏平台，旗下游戏品牌众多，其中体育游戏业务最为出色，几乎垄断了北美和欧洲的体育游戏市场，此外旗下 FPS(第一人称射击)类游戏《战地》系列销量也十分高。艺电旗下品牌游戏包括《FIFA》系列、《NBA Live》《疯狂橄榄球》《命令与征服》《模拟人生》《模拟城市》《战地》系列、《极品飞车》《死亡空间》《镜之边缘》《质量效应》《龙腾世纪》《植物大战僵尸》《星球大战前线》等。

8. 育碧娱乐软件公司(Ubisoft Entertainment)

育碧娱乐软件公司，成立于 1986 年，是一家法国的电子游戏开发和发行商，公司 LOGO 如图 2－8 所示。作为跨国的游戏制作、发行商，其广泛的业务稳步扩展，在和各老牌游戏公司合作的基础上，也在不断推出独特的产品，加强自己在国际市场上的影响力。目前它是欧洲最大的独立传统视频游戏开发兼发行商，也是目前欧洲唯一一个业务涉及全球范围的大型游戏公司。旗下著名游戏包括《刺客信条》系列、《孤岛惊魂》系列、《舞力全开》系列、《彩虹六号》系列、《细胞分裂》系列、《雷曼》《波斯王子》《纪元》《工人物语》《英雄无敌》系列、《魔法门》《全境封锁》《光之子》《飙酷车神》《南方公园》《看门狗》等。

图 2－8　育碧娱乐软件公司 LOGO

9. 任天堂(Nintendo)

图 2－9　任天堂 LOGO

任天堂是日本一家主要从事电子游戏软硬件开发的公司，现代电子游戏产业的开创者，公司 LOGO 如图 2－9 所示。任天堂创立于 1889 年，以生产花札起家，1970 后期投入电子游戏产业。任天堂以“创造独特的娱乐方式”为基本方针，以“为所有和任天堂产生联系的人们带来笑容”为企业社会责任，开发了多款家用游戏机和掌上游戏机。截至 2019 年 6 月末，任天堂已在全球销售了约 7.5 亿台游戏主机，其中掌机 4.267 亿台、家用机 3.225 亿台。旗下著名游戏有《马里奥》系列、《火焰纹章》《塞尔达传说》系列、《星之卡比》系列、《银河战士》系列、《动物之森》系列、《任天堂大乱斗》系列、《口袋妖怪》系列等。

2.2.2 游戏运营商品牌

1. 网易互动娱乐(Netease Interactive Entertainment)

网易公司是中国领先的互联网技术公司，1997 年在广州创办。2001 年，网易公司正式成立在线游戏事业部，2002 年正式挂牌成立网易互动娱乐有限公司，简称网易游戏。网易游戏 LOGO 如图 2－10 所示。2001 年，网易游戏推出中国第一款大型多人在线游戏《大话西游》。2015 年网易游戏以“游戏热爱者”的口号重新诠释其形象，不仅仅定位于游戏平台和服务提供商，而是一个有血有肉的“游戏爱好者”。

图 2－10 网易游戏 LOGO

网易游戏目前主要提供大型多人在线角色扮演游戏的研发和运营。网易早在 2008 年就获得《星际争霸》《魔兽争霸：混乱之治》《魔兽争霸：冰封王座》以及战网平台在国内的独家运营权；2009 年，进一步获得暴雪旗下《魔兽世界》在国内的独家运营权，此后还代理了《炉石传说：魔兽英雄传》《风暴游戏》等多款风靡全球的电子竞技游戏。

2. 完美世界(Perfect World)

完美世界股份有限公司，简称完美世界，业务涵盖完美世界影视、完美世界游戏和完美世界电竞三大板块。2004 年，完美世界游戏正式创立，公司 LOGO 如图 2－11 所示，它是中国最早自主研发 3D 游戏引擎的游戏企业，其推出的《完美世界》凭借自主研发的 3D 引擎和来自《山海经》的中国传统经典内容大获成功。作为全球化的游戏开发商、发行商、运营商，完美世界游戏在端游、手游、主机游戏、VR 游戏以及云游戏等多个领域进行布局，旗下产品出口 100 多个国家和地区，为全球用户提供优质的互联网娱乐服务和内容，也为中国游戏品牌全球化起到了积极的作用。

图 2－11 完美世界 LOGO

完美世界是知名电竞游戏《DOTA2》《CS：GO》在国内的独家运营商。完美世界成功主办了 DOTA2 亚洲邀请赛、DOTA2 超级锦标赛、完美盛典、DOTA2 国际邀请赛、CS：GO 亚洲邀请赛等国际大型电竞比赛及活动。2018 年 6 月，完美世界与 Valve 公司开启了“蒸汽平台"项目合作，完美世界通过此平台推出了更多游戏产品，助力中国游戏企业更好地走向海外。

3. 腾讯游戏(Tencent Games)

腾讯游戏成立于2003年，是全球领先的游戏开发和运营商，拥有国内最大的网络游戏社区，在全球有超过8亿的用户。腾讯代理的游戏包括《英雄联盟》《地下城与勇士》《QQ炫舞》《NBA2K Online》《堡垒之夜》《FIFA Online 3》《使命召唤 Online》《战争前线》《天龙八部》《烈焰行动》《The Day》《上古世纪》《剑灵》《天堂》《怪物猎人 Online》《冒险岛2》《剑网3:指尖江湖》等。

4. 盛大游戏有限公司(NASDAQ:GAME)

盛大游戏是中国知名的网络游戏开发、运营和发行商，致力于打造国际化的网游品牌，公司LOGO如图2-12所示。盛大游戏拥有丰富的游戏品牌阵容，向玩家提供包括大型多人在线角色扮演游戏、高级休闲游戏等多样化的游戏产品，满足各类用户的普遍娱乐需求。盛大游戏代理运营的游戏包括《热血传奇》《传奇世界》《永恒之塔》《龙之谷》等。

图2-12　盛大游戏 LOGO

2.2.3　游戏外设品牌

1. 赛睿(Steel Series)

赛睿是全球性的专业游戏外设生产商，2001年成立于丹麦，总部位于美国芝加哥，公司LOGO如图2-13所示。赛睿自成立伊始便处于专业电子竞技外设的行业最前沿，是全球游戏外设领域的领导品牌。赛睿旗下的外设产品类别有耳机、鼠标垫、鼠标和键盘等，产品销往80多个国家。赛睿致力于助推电子竞技运动的成长与发展，所有赛睿产品在研制、开发过程中均有职业电竞选手参与，以确保其产品耐用性及拥有最佳的性能。同时，赛睿在全球范围内赞助并参与了大量的电子竞技赛事和活动，世界许多顶级职业电竞战队，如SK Gaming、Fnatic、Na'Vi、EG、Ehome等都选择了将赛睿的产品作为他们的指定游戏装备。

图2-13　赛睿 LOGO

2. 雷蛇(Razer)

雷蛇是全球顶级的游戏设备品牌之一，以高端的性能、出色的人体工程学、始终忠于游戏玩家的设计理念在游戏玩家中享有很高的声誉。雷蛇1998年创立于美国加州圣地亚哥，公司LOGO如图2-14所示，其核心产品有鼠标、键盘、耳机、笔记本电脑等。

图2-14　雷蛇 LOGO

20世纪90年代中期，随着网络游戏和FPS类游戏的兴起，玩家们发现传统外设在游戏操作过程中体验不佳。雷蛇抓住这个机遇，站在玩家的角度不断巩固自己在技术、设计和人体工程学方面的优势，并设计了一系列用户界面与系统设备、玩家IP语音通信设备，以及基于云技术的游戏设备自定义与优化平台，最终发展成为世界一流的电子竞技外设厂商。Razer同时也是世界上第一批赞助职业玩家的企业之一，并带动了电子竞技行业的发展。

3. 达尔优(Dareu)

东莞达尔优电子有限公司，是一家专注游戏外设生产的厂商，公司LOGO如图2-15所示。达尔优始终坚持品质至上的原则，精益求精，不断提升产品性能及技术含量，保证每一款产品均经过一流研发和生产，推出多款极具创新性的外设产品，引领键鼠市场潮流，成为国产外设品牌卓越的代表。同时，达尔优全力支持中国电竞事业的发展，2013年，达尔优成为世界顶级游戏赛事WCG(世界电子竞技大赛)2013中国赛区的唯一指定键鼠供应商；2014年，WCG宣布停办之后，IET义乌国际电子竞技大赛继承了WCG的衣钵，扛起了电子竞技综合性大赛的旗帜，达尔优又成为IET外设指定合作伙伴。

图2-15　达尔优LOGO

2.2.4　赛事品牌

电子竞技运动在全球范围内的兴起，离不开专业化的运作，其中最为重要的是各类大型的电子竞技赛事。电子竞技赛事可以分为官方赛事和第三方赛事，官方赛事是指由游戏开发公司主办的赛事，如英雄联盟全球总决赛、DOTA2国际邀请赛等；而第三方赛事是由第三方机构主办的电子竞技赛事，如世界电子竞技大赛等。

1. 英雄联盟全球总决赛(League of Legends World Championship)

英雄联盟全球总决赛是英雄联盟一年一度的最为盛大的比赛，同时全球总决赛也是所有英雄联盟赛事中竞技水平最高、知名度和含金量最高的比赛。总决赛一般在每年10月—11月开赛，参赛队伍均是来自各大赛区最顶尖的战队，只有在每一年各大赛区职业联赛中表现出色的队伍才有资格参赛。图2-16为2019年第九届英雄联盟全球总决赛宣传图。

图2-16　2019年英雄联盟全球总决赛宣传图

全球总决赛截至2020年已经举办了十届，其中有五届的冠军都被韩国夺得，来自韩国的SKTelecom T1战队分别在第三届、第五届和第六届夺得了全球总决赛的冠军，是获得冠军次数最多的队伍。中国的队伍也累计获得了三次冠军，分别是第二届的 Taipei Assassins 战队、第八届的 Invictus Gaming 战队和第九届的 FunPlus Phoenix 战队，各届具体获奖情况见表 2－1。

表 2－1　英雄联盟全球总决赛历届获奖情况

赛季	时间	冠军	亚军
S1	2011	Fnatic	Against All Authority
S2	2012	Taipei Assassins	Azubu Frost
S3	2013	SKTelecom T1	Royal Club
S4	2014	Samsung White	Royal Club
S5	2015	SKTelecom T1	Koo Tigers
S6	2016	SKTelecom T1	Samsung Galaxy
S7	2017	Samsung Galaxy	SKTelecom T1
S8	2018	Invictus Gaming	Fnatic
S9	2019	FunPlus Phoenix	G2 Esports
S10	2020	Damwon Gaming	Suning

2. DOTA2 国际邀请赛(The International DOTA2 Championships)

DOTA2 国际邀请赛，简称 Ti，创立于 2011 年，是一个全球性的电子竞技赛事，每年一届，由游戏开发商 Valve 主办。Ti 是世界上规模最大和奖金额度最高的国际性高水准比赛，Ti5 的千万美元总奖金让 DOTA2 登上舆论高峰，而 Ti6 的总奖金更是超过 2000 万美元，仅仅冠军就能独揽超过 900 万美元的奖金，打破了吉尼斯世界纪录，Ti9 的奖金更是高达 1500 万美元。Ti 九届获奖情况如表 2－2 所示，中国在 Ti 赛事上取得了值得骄傲的成绩，在已经举办的

表 2－2　Ti 历届获奖情况

届　数	冠　军	冠军奖金
1	Natus Vincere	$1,000,000
2	Invictus Gaming	$1,000,000
3	Alliance	$1,437,190
4	Newbee	$5,028,308
5	Evil Geniuses	$6,616,014
6	Wings	$9,139,002
7	Team Liquid	$10,906,683
8	OG	$11,190,158
9	OG	$15,609,462

前九届比赛中，IG 战队、Newbee 战队和 Wings 战队分别获得了 Ti2、Ti4 和 Ti6 的冠军。

3. 世界电子竞技大赛(World Cyber Games)

世界电子竞技大赛是一个全球性的电子竞技赛事，创立于 2000 年，简称 WCG。该项赛事一直以“beyond the game”为口号，以推动电子竞技的全球发展为目标，旨在促进人们在网络时代的沟通、互动和交流，促进人类生活的和谐与愉快。《星际争霸 1》《星际争霸 2》《魔兽争霸》《CS》《DOTA》等都曾是 WCG 的比赛项目，赛事奖金也一度超过百万大关。世界电子竞技大赛总共举办了 15 届。2014 年初，WCG 官方宣布组委会将不再举办任何赛事，包括 WCG 世界总决赛。但 2019 年 WCG 再度重启。世界电子竞技大赛作为资格最老的、以赞助商为主导的赛事代表的第三方赛事，对电子竞技的国际宣传有着非常积极重要的影响。WCG 的标志如图 2－17 所示，包括红、绿、黄、蓝四种颜色，由四种颜色组成的圆环代表着将给全世界人们带来幸福，意味着 WCG 的不断发展，体现了激情、活力以及体育精神。

图 2－17　世界电子竞技大赛标志

图 2－18　世界电子游戏竞技大赛标志

4. 世界电子游戏竞技大赛(World Cyber Arena)

世界电子竞技大赛，简称 WCA，创立于 2014 年，是一项全球性的电子竞技赛事，赛事标志如图 2－18 所示。该项赛事由银川市政府和银川圣地国际游戏投资有限公司运营，以“英雄的竞技场，玩家的寻梦地”为口号，网罗全球最热门的游戏作为比赛项目举办国际性电竞赛事，如《DOTA2》《英雄联盟》《CS：GO》《炉石传说》《星际争霸 2》《魔兽争霸 3》《穿越火线》等，并依托其成熟的赛事体系，围绕赛事生态打造电竞生态圈，致力于推动电子竞技赛事、电子竞技产业的蓬勃发展。

2.2.5　直播平台品牌

1. Twitch

Twitch 是视频游戏的实时流媒体平台，2011 在旧金山联合创立，是 Justin. tv 旗下专注于游戏相关内容的独立运营站点，品牌 LOGO 如图 2－19 所示。Twitch 平台是所有游戏玩家的乐园，玩家可以实时地观看其他玩家的游戏直播和各类比赛实况。此外，Twitch 还推出了合作伙伴项目，和视频提供方进行分成，吸引了全世界最受欢迎的视频游戏博主、战队选手和电子竞技赛事。Twitch 几乎涵盖了市面上所有的游戏种类，包括多人在线战术竞技类游戏、即时战略类游戏、格斗类游戏、赛车类游戏、第一人称射击类游戏、动作冒险类游戏等。

图 2-19　Twitch LOGO

2. 斗鱼直播

斗鱼直播是一家弹幕式直播分享平台，为用户提供视频直播和赛事直播服务。斗鱼直播的前身为 ACFUN 生放送直播，于 2014 年 1 月 1 日起正式更名为斗鱼 TV，品牌 LOGO 如图 2-20 所示。斗鱼直播以游戏直播为主，还涵盖了娱乐、综艺、体育、户外等多种直播内容。斗鱼直播根据自身平台特点，运营模式包括娱乐新媒体、游戏及产品分发渠道、优质视频等。

图 2-20　斗鱼直播 LOGO

图 2-21　虎牙直播 LOGO

3. 虎牙直播

虎牙直播是一个互动直播平台，为用户提供高清、流畅而丰富的互动式视频直播服务，品牌 LOGO 如图 2-20 所示，旗下产品包括虎牙直播、NimoTV 等。虎牙直播是中国领先的游戏直播平台之一，涵盖超过三千款游戏，并已逐步涵盖娱乐、综艺、教育、户外、体育等多元化的弹幕式互动直播内容。随着电竞行业的发展，虎牙直播汇聚了众多世界冠军级战队和主播，引入了国内外赛事的直播版权；此外，虎牙直播还通过明星主播化等方式开展泛娱乐直播，启动全明星主播战略。

2.2.6 电竞俱乐部品牌

1. IG 电子竞技俱乐部

Invictus Gaming，简称 IG，成立于 2011 年，旗下拥有英雄联盟分部、DOTA2 分部、星际争霸Ⅱ分部等。IG 电子竞技俱乐部 LOGO 如图 2－22 所示。

图 2－22　IG 电子竞技俱乐部 LOGO

IG 电子竞技俱乐部 DOTA2 分部取得了第二届 DOTA2 国际邀请赛冠军、WCG2012 世界总决赛冠军、2017 年 DOTA2 亚洲邀请赛冠军；英雄联盟分部取得了 2011 年 WCG 中国区总决赛冠军、2013 年 IEM（英特尔极限大师杯赛）新加坡站冠军、2016 年全国电子竞技大赛冠军、2018 英雄联盟全球总决赛冠军、2018 年德玛西亚杯冠军、2019 年 LPL 春季赛冠军；星际争霸Ⅱ分部取得了 2017 年黄金职业联赛第一赛季和第三赛季冠军、2017 年黄金总决赛亚军、2018 年黄金职业联赛第二赛季冠军。

2. WE 电子竞技俱乐部

WE 电子竞技俱乐部成立于 2005 年，俱乐部 LOGO 如图 2－22 所示，旗下拥有魔兽争霸分部、英雄联盟分部、英魂之刃分部、王者荣耀分部等。李晓峰选手蝉联了 WCG05、06 年的魔兽争霸Ⅲ的世界冠军；英雄联盟分部取得 2012 年 IPL5 全球总决赛冠军，这是中国大陆战队在《英雄联盟》国际比赛上取得的第一个世界级冠军，2016 年取得 LPL 春季赛季军，2017 年 4 月夺得 LPL 联赛冠军。

图 2－23　WE 电子竞技俱乐部 LOGO

图 2－24　EDG 电子竞技俱乐部 LOGO

3. EDG 电子竞技俱乐部

EDward Gaming，简称 EDG，于 2013 年成立，俱乐部 LOGO 如图 2－24 所示。旗下拥有英雄联盟、王者荣耀、绝地求生等分部。英雄联盟分部在 2014 年取得 LPL 春季赛、夏季赛冠军，在 2015 年取得 LPL 春季赛冠军、MSI（英雄联盟季中冠军赛）季中邀请赛冠军；在 2016 年取得 LPL 夏季赛冠军，德玛西亚杯五连冠；在 2017 年 LPL 夏季赛上再次夺得冠军；在 2021 年取得 LPL S11 全球总决赛冠军。王者荣耀分部在 2017 年 QGC（王者荣耀影院联赛）夏季赛上战夺得冠军，在 2018 年取得 KPL（王者荣耀职业联赛）春季赛亚军。

4. FNATIC

Fnatic 是一家国际电子竞技俱乐部，于 2004 年成立，俱乐部 LOGO 如图 2－25 所示。旗下拥有英雄联盟、无畏契约、刀塔 2、反恐精英：全球攻势、彩虹六号：围攻、FIFA 足球世界等电子竞技分部，主要在欧洲地区参与电竞比赛。Fnatic 英雄联盟分部在 2011 年获得英雄联盟全球总决赛冠军，在 2018 年获得欧洲春季赛冠军、欧洲夏季赛冠军、英雄联盟全球总决赛亚军。

图 2－25　FNATIC 电子竞技俱乐部 LOGO

图 2－26　T1 电子竞技俱乐部 LOGO

5. T1

T1 是一家韩国的职业电子竞技俱乐部，俱乐部 LOGO 如图 2－26 所示，旗下有英雄联盟分部、炉石传说分部、Fornite 分部、Apex 分部。该战队的英雄联盟分部曾在 2013、2015 和 2016 年英雄联盟全球总决赛中获得冠军，是获得英雄联盟全球总决赛冠军次数最多的队伍，在国际赛场上具有绝对的影响力。此外，该战队还获得了 2017 年英雄联盟全球总决赛亚军，以及 2016 年和 2017 年的英雄联盟季中赛冠军。

6. Natus Vincere

Natus Vincere，简称 Na'Vi，是一家成立于乌克兰的电子竞技俱乐部，俱乐部 LOGO 如图 2－27 所示。俱乐部成立于 2009 年，拥有反恐精英：全球攻势、DOTA2、FIFA、枪火游侠、坦克世界、英雄联盟、绝地求生、彩虹六号：围攻以及 Apex 英雄等多个分部。Na'Vi 的反恐精英分部是历史上第一支在同一年中获得英特尔极限高手杯、电子竞技世界杯以及世界电玩大赛冠军的俱乐部；DOTA2 分部获得了 2011 年 DOTA2 国际邀请赛冠军。

图 2－27　Na'Vi 电子竞技俱乐部 LOGO

2.3 品牌生态圈

2.3.1　电竞品牌生态系统

品牌生态系统，又被称作品牌生态圈，是一个由品牌、品牌产品、相关企业、企业股东、供应商、最终顾客、中间商、竞争者、金融机构、大众媒体、政府、社会公众以及社会、经济、文化、自然等品牌生态环境所组成的人工生态系统(熊爱华,2012)。它们是品牌生态系统的主要物种,构成了品牌系统的生物成分,组成了类似于自然生态系统中的生物链。事实上,品牌自身可以被看作是一个独立、完整的生命体,但品牌自身往往不拥有其生存所需的全部资源和技能,品牌的生存和发展离不开外界资源的支持,通过对生态系统中的各种资源的合理利用和品牌自身战略方向的不断调整来获得生存空间,在合作、竞争、协调的基础上与生态系统中的其他品牌个体逐渐形成互惠互利的共生关系。

同理,电竞品牌生态系统指的是由各类电子竞技游戏品牌、游戏开发商品牌、游戏运营商品牌、游戏外设品牌、电竞赛事品牌、电竞俱乐部品牌、直播平台品牌、游戏玩家、电子竞技从业人员、大众媒体、政府、社会公众以及相关企业等共同组成的一个人工生态系统,如图 2-28 所示。在电子竞技品牌生态圈中,电子竞技游戏品牌,例如《英雄联盟》《绝地求生》《DOTA2》等游戏居于品牌生态圈和生物链的中间;游戏开发商和游戏运营商分别作为游戏的开发者和运营者,为电子竞技游戏内容的开发和持续运行作出了极大贡献,处在生物链的最顶端,是游戏品牌的生产者;而电竞赛事品牌、直播平台品牌、游戏外设品牌、电竞俱乐部品牌则处于生物链的下端,这些品牌以电竞游戏品牌为基础,为电竞游戏品牌提供各类服务和资源,实现互惠共赢,相互促进,形成了极为紧密的关系,推动了电子竞技产业的茁壮发展,为游戏玩家带来了完善的产品和体验。

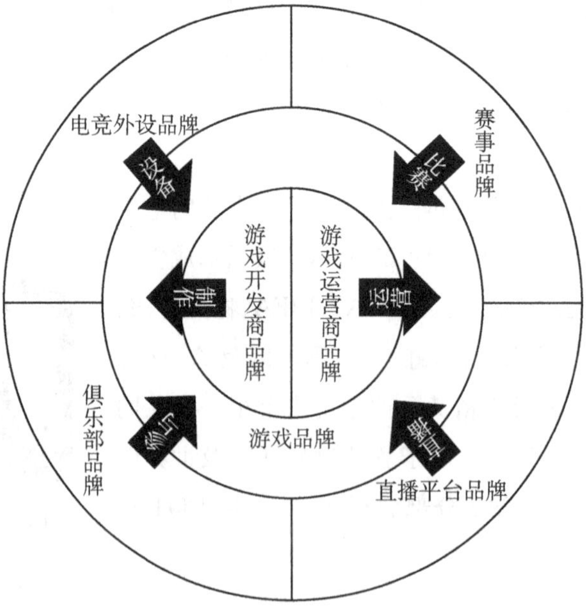

图 2-28 电竞品牌生态系统

2.3.2 电竞品牌个体生态系统

品牌个体生态系统以单个品牌为主导,以品牌价值创造为核心,以品牌价值链管理为运营模式，由品牌价值链系统与品牌生态环境共同构成（张燚等，2013）。在品牌个体生态系统中，企业自身、供应商、中间商、分销商、顾客共同构建起创造品牌价值的品牌价值链系统，形成品牌的个体生态系统。企业的品牌价值会随着品牌价值链的成长发展为品牌个体生态系统的品牌价值。品牌个体生态系统围绕品牌价值链的经营，形成复杂而有序的商流、物流、资金流、信息流等资源流动。在企业价值创造与利益相关者价值需求发展与满足互动演进，以及企业的核心能力持续提升的基础上，推动企业品牌价值的持续成长和品牌资产的持续增加。从电子竞技产业的角度来看，每一款游戏都有一个单独的品牌个体生态系统，以该款电竞游戏品牌为主导，通过与电子竞技产业链中的其他部分合作，推动单个电竞游戏的品牌生态系统的发展。

以《英雄联盟》为例，《英雄联盟》是一个电竞品牌个体生态系统：游戏的发行商是拳头游戏公司，主要负责游戏内容、玩法模式的制作与更新；腾讯是《英雄联盟》在国内的代理商，负责游戏的推广、运营和维护；电子竞技游戏的流行离不开相关的赛事，通过举办大型的赛事不断增加传播和影响力，拳头游戏官方会举办《英雄联盟》的赛事，同时也会将其授权给第三方举办，主要的赛事有英雄联盟职业联赛、英雄联盟全球总决赛、全国电子竞技大赛等；《英雄联盟》作为一款火爆的电竞游戏，很多电竞俱乐部都有英雄联盟分部，参与《英雄联盟》的赛事，国内比较知名的有滔搏电子竞技俱乐部、IG 电子竞技俱乐部、WE 电子竞技俱乐部、EDG 电子竞技俱乐部、皇族电子竞技俱乐部、OMG 电子竞技俱乐部、RW 电子竞技俱乐部等；《英雄联盟》作为一款需要精细操作的电竞游戏，对于电脑配置、鼠标、键盘和显示器等有很高的要求，因此离不开游戏外设厂商的支持，例如获得三届英雄联盟全球总决赛的冠军，来自韩国 T1 战队的“大魔王”Faker 在比赛中使用的鼠标是雷蛇的炼狱蝰蛇 V2，而键盘方面选择了雷蛇的黑寡妇；国内人气最高的选手之一 Uzi 使用的是赛睿的大师鼠标以及斐尔可的 FKBN87M/EMR2 键盘；直播平台与电子竞技相辅相成，很多游戏玩家会在直播平台观赏游戏直播和赛事，作为闲暇之余的消遣，《英雄联盟》在企鹅电竞、虎牙直播、斗鱼直播等大型直播平台上都有专门的分区，《英雄联盟》游戏主播以退役的职业选手和高水平玩家为主。

任务演练

1. 除了本书中提到的以外，还有哪些游戏产业相关品牌？请列举出来。
2. 请以《DOTA2》为例，画出它的个体品牌生态系统图。

模块二
游戏品牌策划

任务三　游戏玩家画像

课前思考

《王者荣耀》——移动 MOBA 的排头兵

《王者荣耀》从 2015 年下半年上线，仅仅半年时间，就迎来了爆发式增长；到 2017 年上半年用户规模已超过 2 亿，每日的活跃用户均值超过 5400 万人。可以说《王者荣耀》带动了移动 MOBA 的蓬勃发展，开启了全新的移动电竞市场。甚至可以说，自从电子竞技诞生以来，《王者荣耀》所取得的辉煌成就是独一无二的——它将 MOBA 游戏进行了真正意义上的大众普及，这是《DOTA2》和《英雄联盟》也没能够完成的。但是实际上游在上线初期，该游戏曾饱受争议，被认为是山寨版的《英雄联盟》。其实在《王者荣耀》上线之前，腾讯已经代理了《英雄联盟》，但腾讯公司敏锐地发现了现存 MOBA 市场的局限：现有的 MOBA 游戏都是 PC 端游戏，对于玩家的设备要求较高，不符合国内互联网用户的设备使用习惯；由于较高的上手门槛和操作难度，长久以来只是小众游戏，不利于大范围的市场推广。在这种市场行情下，腾讯依托原本创立移动社交平台的优势，开始积极布局移动 MOBA，并且仿照《英雄联盟》的游戏模式开发了《王者荣耀》。

《王者荣耀》将目标市场锚定为中国大学生群体，以及年轻的、游戏经验较少的游戏玩家。为了迎合这一类目标玩家，《王者荣耀》主要凸显了以下几大优势：第一，易上手，游戏只需要左手控制方向，右手控制 4—6 个技能，与《英雄联盟》的鼠标控制移动，键盘释放技能相比，操作难度大大降低；第二，对设备要求低，由于我国智能手机的普及度逐渐高于 PC 的普及度，《王者荣耀》作为一款手游能够更快地进行普及；第三，依托现实社交，依托旗下的 QQ、微信两大社交 App，能够更方便地实现和现实中的朋友面对面组队；第四，游戏节奏快，能够将原本《英雄联盟》一盘平均 40 分钟的比赛，最大程度缩短到 20 分钟，这样即便是学生或者上班族也可在闲暇之余玩局游戏作为放松，而不用害怕游戏持续时间太久而耽误学习和工作；第五，人物设计采用了中国古代历史人物，国内玩家更熟悉故事背景，也更容易融入游戏。

任务目标

- 了解游戏产品的市场细分。
- 了解区分和确定目标玩家和潜在玩家的方法。

- 掌握建立玩家画像的步骤。
- 掌握玩家画像在游戏品牌营销过程中的应用。

任务描述

本任务首先介绍了如何创建以玩家为导向的游戏品牌，并在此基础上区分市场细分和产品差异化，以及目标玩家和潜在玩家。之后，结合游戏市场的特殊性，探究玩家画像的概念，以及如何建立玩家画像。最后，介绍了不同细分市场中的玩家画像，以及该如何应用较为成熟的玩家画像进行游戏品牌的营销策划。

3.1 以玩家为导向的游戏品牌

3.1.1 游戏市场细分

在推出一款游戏产品时，首先应该考虑的问题就是哪一部分玩家愿意为这款游戏产品付费。游戏市场作为一个特殊市场，不同类型的玩家在游戏的购买欲望、购买态度、购买行为等方面都存在很大差别。面对千差万别的游戏玩家，游戏产品究竟应该如何锚定目标玩家，并且尽最大努力挖掘潜在玩家，从而提高产品销量。美国著名市场营销学家温德尔・史密斯提出了市场细分的概念，他认为市场细分不应该仅仅着眼于产品差异，还应该考虑顾客需求的差异。因此在推出新的游戏产品时，需要通过市场细分，使不同的游戏产品和服务能够满足特定的较小细分市场的需求。如图 3－1，传统的市场细分，通常分为消费者市场细分和生产者市场细分。但是随着营销从 1.0 时代迈向 4.0 时代，市场营销过程中的市场细分逐渐向消费者市场细分倾斜。尤其是如今电竞市场趋于成熟，实施游戏开发的蓝海战略日渐艰难，在存量开发的时代，创建以玩家为导向的游戏品牌，成为游戏品牌营销成功的关键。

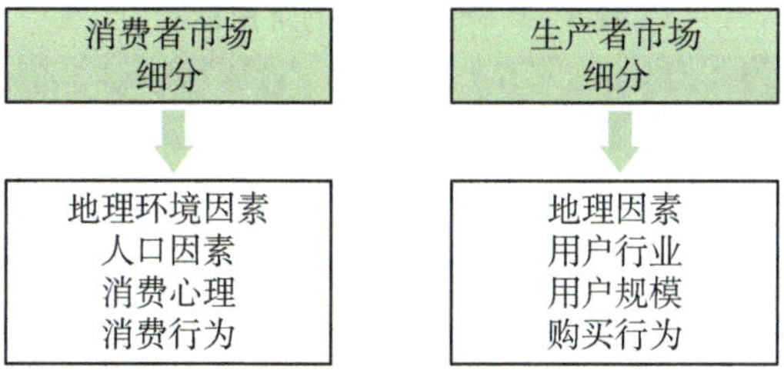

图 3－1　市场细分的类型

提到市场细分，常常会联想到差异化，但市场细分和差异化并不是同一概念。温德尔・史密斯提出市场细分的概念时强调，市场细分是根据消费者需求，将市场划分成不同的消费者群，每一类消费者群被称为市场细分。从这一描述中可以发现，市场细分是针对不同的消费者需求。而差异化则是针对同一细分市场，产品设计的差异。此时，想必大家会产生一个疑问——产品设计的差异，难道不是为了满足消费者的不同需求吗？一般而言，消费者对于产品的需求会分为强需求和弱需求两类，玩家对于游戏产品的需求也是同样。例如，玩家希望玩射击游戏，那么他会选择 FPS 游戏，而不是 MOBA 游戏，这就是玩家对于游戏的强需求，此时 FPS 游戏相对于 MOBA 游戏来讲就是不同的细分市场。但是同样是 FPS 玩家，玩家 A 选择了《反恐精英》，玩家 B 却选择了《穿越火线》，这就是玩家对于游戏的弱需求，此时《反恐精英》相对于《穿越火线》来讲就是做了 FPS 游戏的差异化。在一些教材中会有解释，差异化是进一步的市场细分，但是这种说法很容易混淆市场细分和差异化的区别。在市场细分的过程中，游戏产品需要考虑玩家的基础需求，并以此来确定目标玩家。而在差异化的过程中，游戏产品需要考虑市场竞品的特点，并形成自己的特色来争取目标玩家。

做好市场细分是游戏品牌营销的第一步，有效的市场细分需要具备以下五个特点：

(1) 可测性(measurable)：游戏细分市场的规模、玩家购买力等基本情况需要能够测量和估计。

(2) 接近性(accessible)：游戏产品能够尽可能地接近和影响细分市场中的玩家。

(3) 规模性(substantial)：细分市场的规模一定要足够大，游戏产品开发的最终目的仍然是以盈利为主，因此细分市场需要追求尽可能大的同质群体。

(4) 差别性(differentiable)：一个细分市场需要与其他细分市场有明显区分，游戏品牌营销需要对不同细分市场实施不同的计划并进行反应。

(5) 实操性(actionable)：对细分市场的特性分析，需要能够为游戏品牌营销提供有效的方案和决策。

3.1.2 游戏目标市场选择

在选择游戏的目标市场时，首先需要确定细分市场的分类标准。如表 3－1，市场细分标准有很多，但是基础的市场细分标准主要依据的是人口学特征。

表 3－1 市场细分的常用标准

细分变量	例子
地理	国家、城市、人口密度、网络普及率
人口	年龄、性别、收入、职业、教育、世代
心理	社会阶层、生活方式、个性
行为	情景、利益、玩家状态、游戏时间、游戏时长、忠诚度

在确定了市场细分的标准之后，就需要对细分市场进行评价。这时需要考虑三大因素：首先是细分市场的规模和增长潜力，其次是细分市场的结构和吸引力，最后是游戏公司开发游戏产品的目标和资源。这三大因素并不是相互独立的，而是需要进行综合考虑的。首先，择定目标市场，一定需要相对较大的市场规模和增长潜力，这样才能够保证游戏产品的盈利。但是如果单纯选择市场规模最大、增长潜力最强的细分市场，则会有两方面的问题：一

方面是难以寻找到这类细分市场;另一方面是游戏产品本身不一定能够支撑在这样的细分市场的投放。其次,一个细分市场如果存在很多竞争者,那么这个细分市场中的竞争成本就会提高,游戏产品开发的吸引力就会下降。同时,细分市场的购买者、供应商、开发商、平台商之间的力量关系也是需要考察的。对于游戏开发商来讲,某一细分市场的玩家力量过强,或者游戏平台的力量过强,游戏开发商的讲议价能力就会被削弱,这个细分市场的吸引力就会下降。最后,即便是细分市场的规模、增长潜力、市场结构等都具有较强的优势,游戏产品的投放仍然要考虑自身的目标和资源。虽然有一些细分市场很有吸引力,但是并不符合游戏产品的开发目标,或者需要超额的资源,那么这种吸引力是不具有太大意义的,仍然需要被舍弃。

在对细分市场进行评估后,还需要确定目标市场,也就是决定游戏产品未来将服务的、具有某些共同需求的玩家群体。目标市场本身也具有不同的层次,理论上来说,目标市场可以是无差别的大众市场,也可以是个人或者当地的微观市场。但是一般的目标市场往往会择定在这两者之间,进而采用差异化营销或者集中营销战略。

对于一款游戏产品来讲,采用差异化营销战略,往往会瞄准几个细分市场,根据不同细分市场的玩家习惯,进行不同渠道的投放,并设计不同的服务。例如,一款 FPS 游戏,针对主机玩家和 PC 玩家就需要投放到不同的平台,并且提供不同的技术咨询。同样的,一款 RPG(角色扮演)游戏,针对手柄玩家和键盘玩家,也需要设计不同的游戏教学内容。而采用集中营销战略时,往往不致力于在大的细分市场当中占据较小的市场份额,而是致力于在较小的补缺市场当中占据较大的份额。采用这种营销战略的风险相对较大,尤其是对于游戏产品来讲,这意味着针对小众的核心玩家进行营销,一方面需要极高的专业化水平,另一方面需要承担细分市场萎缩的风险。但是拥有更多资源的大型游戏公司,会采用集中营销战略,从而建设缝隙品牌。例如在 FPS 手游市场中,虽然已经有了《穿越火线》和《和平精英》两大品牌,但是腾讯游戏却仍然开发了《使命召唤手游》这款游戏,来填补 FPS 手游市场中 IP、剧情式手游产品的匮乏。

3.1.3　游戏潜在玩家和目标玩家

从图 3-2 中可以发现,我国整体游戏市场规模增速从 2017 年开始放缓,虽然 2020 年游戏市场又迎来规模增长的高潮,但是今后的增长状况仍然未知。由此可见,我国游戏市场玩家数量增长后续乏力。同时,我国移动游戏蓬勃发展,AR 和 VR 游戏市场规模增长明显,5G 时代云游戏市场开始初具规模。因此游戏市场的新增玩家,与早期接触游戏的核心玩家,在游戏偏好、网络社群、游戏消费等方面都有很大的不同。因此我们需要用新的眼光去发掘现有游戏市场的新增用户,才能将他们变为游戏营销的潜在用户。

按照创新扩散理论来讲,任何新产品、新生事物在普及的过程中,都会经历从专业用户扩散到发烧友用户,再从发烧友用户进一步普及到一般大众的过程。在这样的过程中,用户

图 3－2　2014—2020 年中国游戏市场规模

对产品的需求从功能和用途上来说日益多样化，从操作和使用上来说日益简单化，从价格的接受度来说也是日益多元化和低廉化。因此对于游戏营销来讲，潜在玩家和目标玩家的最大区别在于背景的多元化，以及由此带来的对产品需求的多元化。因此，游戏也必然逐步从小众享受转变成大众化的娱乐方式，才能够进一步实现市场化、规模化。我们需要对潜在玩家进行更大规模的定量分析，从而发现新的商业机遇。在对潜在玩家进行定量分析的过程中也会发现，游戏市场内的核心玩家的增长速度和增长量是远不如潜在玩家的。

游戏市场仍存在很多的问题，例如有效供应过剩和不足、细分市场过热或者过冷、玩家需求开发过度和开发不足等两极化倾向和结构性失衡的问题。其中，玩家需求开发过度和开发不足的问题，就是由于没有明确区分目标玩家和潜在玩家所产生的问题。对于一款游戏来讲，目标玩家，乃至核心玩家，对于游戏的需求可以称为是某种刚性需求，他们对于游戏的需求甚至和吃饭、穿衣等处于同一水平。他们对游戏的需求很纯粹，希望能够在游戏中获得某种移情式的情感代偿。对于核心玩家来说，他们会自觉地不断投入时间和金钱。而针对这类玩家的游戏产品的商业价值的开发，如今已经达到了比较高的水平，在这一部分玩家中取得利润的增长往往依靠的是存量竞争，而不是市场增量。这就代表着游戏产品针对这类玩家，需要考虑的不是市场细分，而是差异化。尤其对于一些经典的游戏来讲，游戏品牌营销的边际效应很低。这不是说不鼓励 IP 营销，也不是说经典游戏就不需要做游戏品牌营销。对于核心玩家来讲，他们对经典游戏的忠诚度较高，他们会自觉了解 IP 推出的系列游戏，同时也很难因为花哨的营销手段就接受新的游戏。而对于潜在玩家来说，他们对于游戏的消费相对理性，并且更加健康。游戏只是这类玩家生活的一部分，就像看电视、电影等娱乐方式一样。这时，优质的游戏品牌营销就很容易吸引到潜在游戏玩家。一款游戏的潜在玩家即便被游戏品牌营销所吸引，也不会像核心玩家一样投入相当的时间和金钱。但是，这部分玩家的基数更大，增长速度更快，整体市场潜力更大。

对于游戏产品开发来说，必须经过具体的细分市场评估，确定目标玩家。但是对于游戏品牌营销来说，则需要更多地考虑潜在玩家的锚定，从而借助适当的营销手段，发掘潜在玩家的商业价值。同时，也需要根据游戏产品开发和营销的整体目标和资源分配，来确定和锚定潜在玩家的市场规模。例如，《王者荣耀》依托竞技、娱乐、社交三大方面的融合体验，让这款游戏具备了很强的“泛娱乐”性。新手引导、简化操作、美型人物、周边开发、熟人社交等特性，都使《王者荣耀》受到了女性玩家的青睐。根据数据调查显示，2017 年王者荣耀的女性玩家就已超过男性玩家，占玩家人数的 54%左右。而女性玩家在玩游戏的过程中，更加注重游戏操作的便利性，以及游戏过程的社交性，同时也会被柔化、美型的游戏角色所吸引。因此，《王者荣耀》也特别为女性用户设计了新的角色、皮肤，并且推出了周边产品吸引女性玩家消费。

3.2 建立玩家画像

3.2.1 从用户画像到玩家画像

用户画像，又称用户角色或客户侧写。这个概念最早是由交互设计之父阿兰·库珀(Alan Cooper)提出的，他认为用户角色是指真实用户的虚拟代表，是建立在一系列属性数据之上的目标用户模型。客户侧写则偏重得出用户角色的过程，目的是了解客户需要解决哪些问题，痛点在哪里，希望通过购买产品、服务获得什么。玩家画像是将用户画像应用到游戏行业所提出的概念，是玩家信息的标签化。通过收集玩家的基本信息、生活习惯、社会属性、消费行为、特殊偏好等各个维度的信息，抽象出玩家的商业全貌，从而帮助企业快速找到其游戏产品的目标玩家群体。如果用最简单的话来解释什么是玩家画像，玩家画像就是一些真实玩家原型的例子，游戏的营销人员可以根据这些例子来确定向目标玩家推广游戏产品和游戏服务的策略。玩家画像的核心是建立玩家信息标签，这需要利用储存在服务器上的大量玩家日志及玩家数据进行分析和挖掘，并最终形成标签，作为玩家某一维度特征的标识，图 3－3 形象地说明了这一过程。

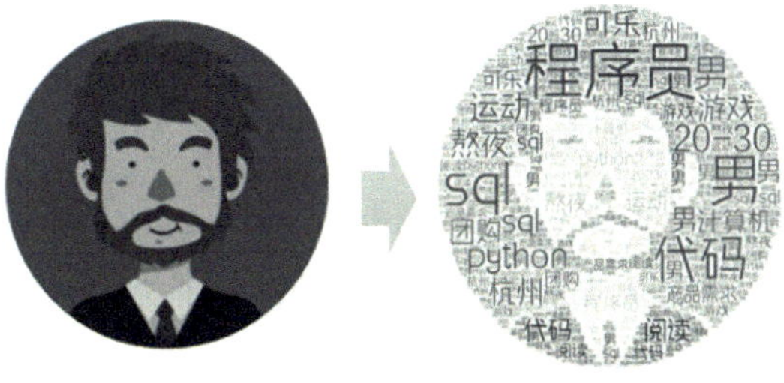

图 3－3　被标签化的玩家

游戏作为一款复杂的、人机交互型的数字产品，常常被忽略的就是玩家从购买到使用过程中同游戏产品的关系。游戏开发者和游戏设计者常常会认为“玩家不知道自己想要什么”，这显然是一种高高在上的想法。游戏开发和游戏设计最重要的就是，要了解玩家希望玩一款怎样的游戏，以什么方式玩这一款游戏，以及玩这一款游戏的目的是什么。将玩家标签化，目的就是在于得出这些结论，从而帮助游戏开发、设计、策划、推广等进行一系列的决策。

玩家画像所包含的内容不是一成不变的。不同的游戏类型，以及不同的决策层级，所关注的内容侧重点也有所不同。但是对于大部分的玩家画像来说，主要包含两个方面，玩家基本信息和玩家行为特征。其中玩家基本信息主要包括玩家年龄、性别、所在地区、受教育水平、职业类型等。而玩家行为特征主要包括玩家活跃度、玩家忠诚度等指标。

将玩家标签化，是通过大数据的手段来找到几种类型的游戏玩家，从而在其中找到游戏的目标玩家。游戏的营销人员都注重构建玩家画像，但是却拿不出清晰的、具体的计划，确保玩家画像中包含能够产出游戏营销有用成果。这时我们就要重视玩家画像的另一层含义——玩家侧写。在做玩家画像的过程中，除了将玩家标签化，形成对玩家的定量分析，还要对核心玩家进行一对一的访谈。只有现实中的玩家所讲述的真实经历，才能够使营销人员真正地捕捉到玩家的期望和对玩家能够产生影响的要素。这远远超过了通过标签化得到的粗略的玩家画像的范畴，但是大多数游戏营销人员过于依赖大数据技术，而未意识到这一点——对于游戏营销来讲，最重要的是抓住最真实的玩家。

3.2.2　对玩家的定量分析

对玩家进行定量分析主要包含两大部分，一部分是玩家基本信息，另一部分是玩家行为信息。其中玩家基本信息包括玩家性别、玩家年龄、玩家地域、玩家职业、玩家机型等信息。玩家行为信息包括玩家游戏行为，如游戏时间、游戏时长、游戏付费等，和玩家来源，如玩家所接触的游戏分发渠道、注册时间、注册方式、所处游戏社群等。

玩家基本信息可以帮助我们进行营销战略大方向的锚定。首先，玩家性别和年龄的信息，可以指导游戏营销方案的制定，通过了解不同性别和不同年龄玩家的参与度，设定基本营销风格和元素。其次，通过对玩家地域信息的调查，可以针对不同地区和城市进行玩家线上和线下社群的运营，并且能够根据玩家主要聚集的城市来决定线上和线下的玩家交流会的开展。再次，玩家职业信息，能够作为玩家消费能力的参考维度，同时也能够展现一部分游戏时间的规律、投入精力的多寡，以及玩家闲暇时间的心理需求特点。最后，玩家机型信息，一方面也能够体现玩家的消费能力，另一方面有时候机型越高端的玩家可能越是我们需要发现的核心玩家或者专业玩家，是能够为我们提供一对一调研的对象。

玩家行为信息可以帮助我们对玩家进行追踪，从而帮助进行营销活动的灵活分配。首先，玩家游戏行为的信息，能够帮助我们合理地安排游戏的营销活动，以及营销活动的周期和方式。例如，在游戏中嵌入的营销活动，如征集作品、战队对战等；或者是线下营销活动，如大型游戏展会的线上宣传和线下举办等。从而提高营销活动的玩家关注度和参与度，进而提高收益。其次，玩家来源的信息，能够帮助游戏营销人员对玩家进行追踪，从而更好地实现营销的多渠道投放，让营销更多地接触到玩家，形成营销的良性循环。

图 3－4 向我们展示了一般定量分析过程中的玩家画像的架构图。对玩家进行定量分析的方法有很多，一般利用市场问卷调研，以及游戏后台的日志和玩家信息作为基础数据库进

行分析。游戏后台的日志和玩家信息，往往需要通过数据收集，以及一系列的大数据挖掘、处理、算法等，实现玩家行为建模，从而构成玩家画像的一部分。而市场问卷调研，则通过设置游戏品牌营销所关心的问题，从而完善玩家画像的构建。

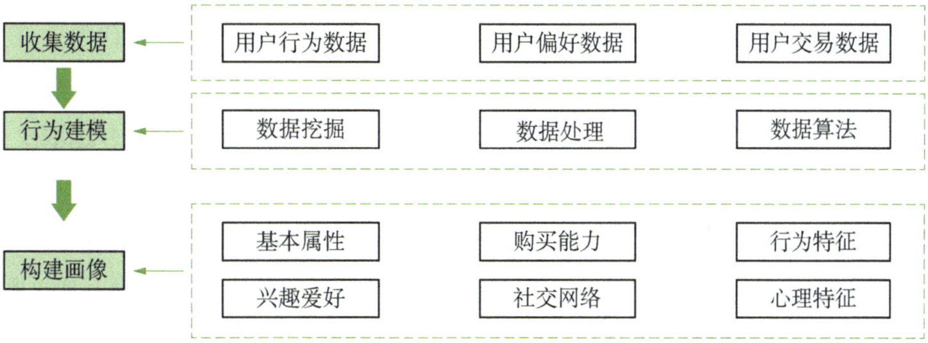

图 3-4 玩家画像架构图

如表 3-2，玩家画像所包含的内容，比市场细分的标准要更加具体，并且更加贴近玩家日常生活当中的生活行为、生活心理、游戏行为、游戏偏好等。市场细分是择定一类玩家，而玩家画像则旨在能够构建出一个抽象的玩家形象。

表 3-2 玩家画像内容

玩家画像内容维度	具体标签内容
人口属性	性别、年龄、地域、教育、婚姻、生育、职业
内容偏好	体育、娱乐、美食、理财、旅游、汽车
平台偏好	B站、抖音、快手、爱优腾、小红书、微博
社交属性	邮件、即时通信、社群
其他	消费能力、使用设备、节假日

3.2.3 对玩家的定性分析

随着数字技术的发展，在全球催生和普及了大量信息的收集工作，这意味着大数据应用对于营销来讲已经成为不可或缺的技术手段。人们逐渐意识到网络交易的信息背后所蕴含的巨大价值。于是人们开始寄希望于搜集到全部和游戏玩家有关的历史数据，并且希望能够用这些数据指导游戏品牌营销的决策，以便吸引到更多玩家。

但是大数据是否能够洞察到全部的玩家画像呢？答案当然是否定的。依据大数据可以监测玩家的行为，但是根据玩家的行为推导玩家心理实际上具有行为主义的局限性。行为主义的核心是“刺激—反应”原理，将人的行为规律推广到了全人类，具有某种普世主义倾向。这忽略了人的特殊性，容易走上生物还原论的极端。同时，行为主义过分强调了人与动物的同一性，而忽视人意识的作用。人的不同意识可能导致同样的行为，对意识的忽视很有可能忽视了问题的本质。另外，行为主义具有环境决定论的特色，而忽略了人的主观能动性，很容易引起人的反感。因此，仅仅凭借对玩家的定量分析，往往会得出“玩家不知道自己想要什么”的错误想法。

在定量分析之外，仍然要对玩家进行定性分析。这里需要提到与大数据相对的一个概念——“小数据”。全球品牌顾问马丁·林斯特龙曾经表示：“要是说这个时代的一百大创新中，有大约百分之六十到六十五实际上是通过小数据而来，一点都不为过”。小数据又被称作是痛点，也就是通过现实场景，深入接触用户，在同用户进行互动的过程中，选取少量用户样本进行深入的场景分析。如果说大数据的核心就是寻找与玩家具有关联的一切可能性和要素，那么小数据则是寻找玩家产生相关行为的原因。有时候玩家在定量调查过程中会隐藏自己的真实需求，但是这部分需求会在玩家的生活环境、场景反应、习惯等方面反映出来。这就是对玩家进行定性分析的意义。

3.3 当前游戏玩家画像及其应用

3.3.1 不同游戏平台的玩家画像①

在对玩家画像有了初步理解后，我们需要了解几个不同游戏平台的基础玩家画像，并对这部分玩家画像进行初步分析。

1. 端游玩家画像

从图 3－5、3－6 可以发现，端游的玩家一般分布在华东，以及新一线城市。这部分玩家的经济条件相对较好，愿意为设备付费。因此端游玩家的消费能力可能比较强，也更愿意为游戏付费。同时，端游玩家的 PC 端兴趣特征中青睐游戏的占据主导地位，为 92.7%。可以发现端游玩家对游戏的忠诚度高，可能会更加偏好专业度较强的游戏。

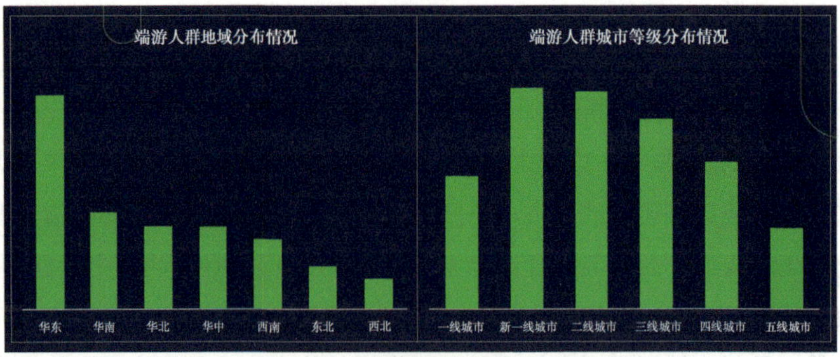

图 3－5　端游玩家地域分布

① 360 智慧商业. 中国游戏行业观察报告[EB/OL]. https://baijiahao.baidu.com/s?id=1674245416911367927&wfr=spider&for=pc.[2023-12-01].

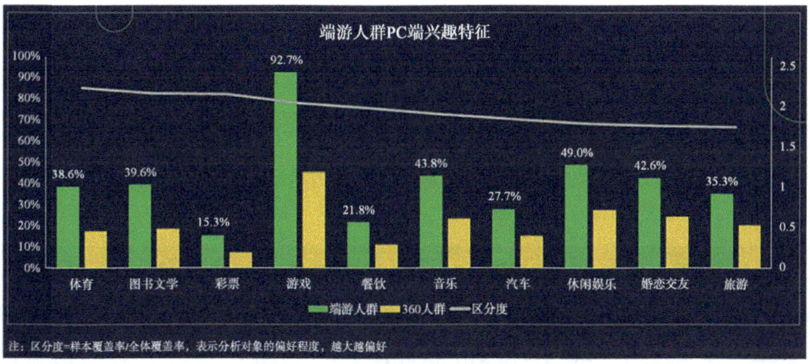

图 3－6　端游玩家 PC 端兴趣

2. 页游玩家画像

从图 3－7、3－8 可以发现，页游玩家往往更加年轻，并且学历较低。因此，页游的主体细分市场主要面向的是未独立的学生群体，这部分群体的消费能力受到家庭的限制，并且设备也可能是家庭共用的。所以，这方面的游戏品牌营销需要更贴近学生能够接触到的生活场景，例如书店、快餐店等。

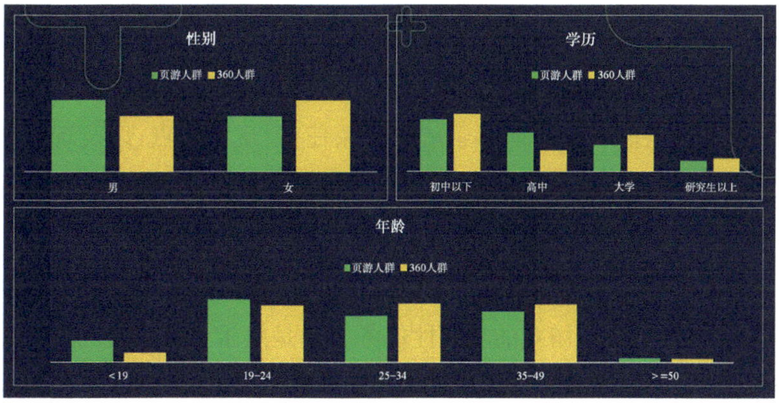

图 3－7　页游玩家性别、学历和年龄构成

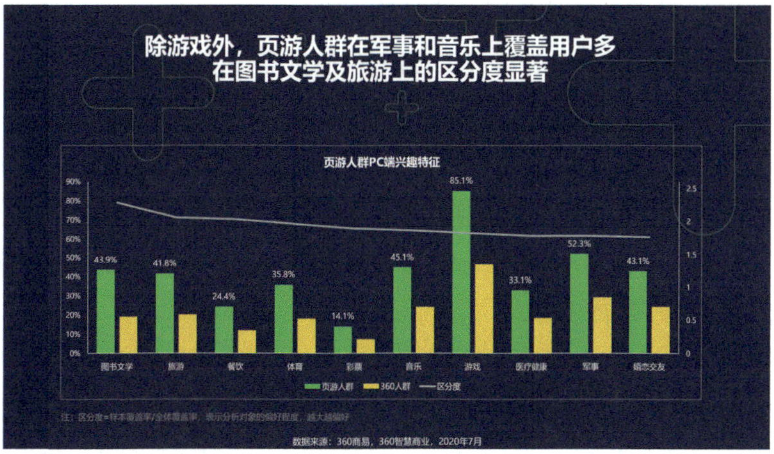

图 3－8　页游玩家 PC 端兴趣

3. 手游玩家画像

从图 3-9 可以发现，手游玩家更倾向于下载游戏应用。这部分玩家对游戏产品不具有很高的忠诚度，很容易在同一类型的游戏应用中选择替代品。因此，对于这部分玩家，游戏品牌营销需要降低玩家的使用成本，并且更加配合其手机的使用习惯。

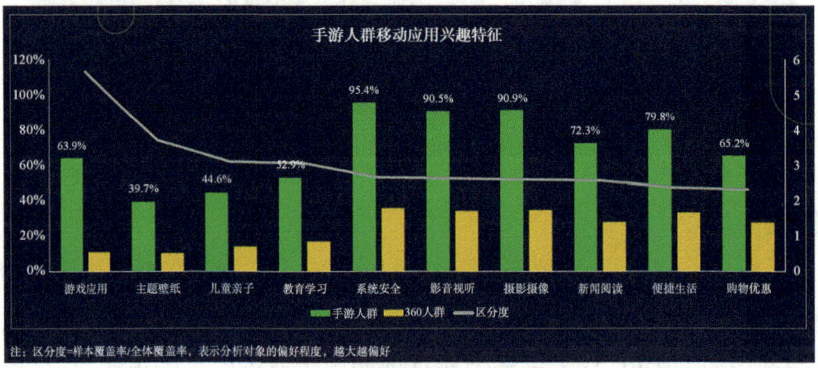

图 3-9　手游玩家移动端兴趣

3.3.2　玩家画像的应用

玩家画像应用最主要的部分就是从玩家画像当中确定游戏品牌营销的目标，通过玩家画像，识别玩家需求，从而突出游戏产品的价值。根据玩家画像，我们能够得到相应的玩家侧写。在玩家侧写的过程中，我们能够了解到玩家任务、玩家痛点，以及玩家利益。依据这些玩家侧写的内容，对游戏产品进行分析，并且得出游戏产品的价值，也就是游戏开发商设计的游戏产品是如何帮助玩家完成任务、解决痛点，并且带来利益的。

首先，确定玩家任务。这包括了四个方面：第一，功能性任务，也就是玩家为了解决特定问题而选择这一款游戏。一般游戏的功能性任务主要是娱乐。第二，社交性任务，也就是玩家希望通过游戏这种途径，获得一定的社交，例如交到一些志趣相同的朋友、收获一段美好的爱情、成为一个游戏主播等。第三，情绪性任务，也就是玩家希望通过游戏获得某种感觉，例如安全感、自信心、被尊重和被认同的感觉等。第四，支持性任务，除了核心任务之外，玩家也希望能够成为游戏的共同创造者或者转换者，通过参与游戏中的投稿和活动，为游戏设计和开发提供新的灵感，或者是对收藏的游戏产品和周边进行转售、交换等。

其次，发现玩家痛点。第一，需要考虑玩家所认为的“成本”，是金钱、时间还是其他的要素。第二，了解玩家在游戏过程中所遇到的困难，以及不想面临的情况，例如操作过于复杂、升级难度大、缺乏新手指引等。同时，也需要了解玩家对游戏价值观的看法，游戏价值设定是否过于实际，或是过于脱离实际。

最后，为玩家提供利益。这就需要有针对性地解决玩家的痛点，帮助玩家节省他所认为的“成本”。例如，《王者荣耀》极大地节约了玩家进行一局游戏的时间，帮助玩家降低游戏的负罪感。同时，还需要提供玩家认可的价值，例如《怪物猎人》的“打怪为了升级，升级为了打更强的怪”，激发玩家向上攀登的欲望。

任务演练

1. 细分市场都有哪些标准？请试分析角色扮演类游戏和即时战略类游戏的细分市场的区别。

2. 玩家画像的定量分析和定性分析之间的关系是什么？

3. 请列举两款你感兴趣的游戏，并且为这两款游戏分别制作玩家画像。对比这两个玩家画像的不同之处，指出可以实施的营销策略。

任务四　游戏品牌定位

课前思考

《使命召唤手游》：IP 营销的精准定位[①]

《使命召唤手游》是由动视暴雪授权，腾讯自研的一款 IP 手游。腾讯对《使命召唤手游》进行了两重游戏品牌定位：第一重就是《使命召唤》的 IP 开发；第二重就是“做一款全自由移动的、继承了主机 IP 传统的射击手游”。首先，在 IP 开发方面，腾讯天美工作室考虑到了《使命召唤》的四个核心游戏体验：第一，偏写实的风格；第二，流畅体验；第三，令人激动的游玩过程；第四，易上手、难精通。除了在游戏中对 IP 核心体验进行了继承，《使命召唤手游》在上线首日发布宣传视频，主打 IP 情怀主题，将各代 IP 中的经典元素进行了呈现，快速抓住了《使命召唤》核心玩家的情感，并且与玩家形成了共鸣。

《使命召唤手游》的游戏品牌定位的难题在于，如何帮助 FPS 端游玩家转移到手游。在进行了很多市场调研后，游戏制作方发现用户不习惯在手机上操作，手机在操作的灵活性和协调性方面都不够完整。因此，游戏在设计上加入了自动开火系统，并且兼容手动开火，为端游玩家提供了操作的可适应性。同时，针对国内已经被《穿越火线手游》和《和平精英》占领的 FPS 手游市场，《使命召唤手游》采取了差异化的战略，将侧重点放在了地图的设计上，并且使玩家更多注重战术的运用。相比主打生存竞技和强制多样化的《和平精英》来讲，《使命召唤手游》将重心放在了战场经济和团队配合上。由于实现了对游戏品牌的两重精准定位，《使命召唤手游》在国内也产生了很大的影响力。

任务目标

- 了解游戏品牌定位的概念。

---

① 腾讯游戏学院.《论道|〈CODM〉》的成功源自何处？TGA 年度移动游戏的总结和思考[EB/OL]. https://mp.weixin.qq.com/s/56G_Ts9JMrE6nj8-kPTJ3A.

- 理解品牌定位和市场细分以及差异化的概念及区别。
- 掌握游戏品牌的基础定位战略。
- 了解游戏产品不同阶段的品牌定位特征。

任务描述

本任务首先介绍了游戏品牌定位的概念、理论基础以及意义，之后详细阐述了游戏品牌的三种基础定位策略，最后介绍游戏品牌定位地图的绘制方法，通过列举相关的游戏品牌定位维度，并辅以案例解释。

4.1 游戏品牌定位概述

4.1.1 游戏品牌定位的概念

基思·莱茵哈德曾经说过："心理份额就是指我们的产品在你内心中所占有的空间，因此当你对某种产品或服务有所需求时，会立即想到我的品牌。"由此可见，能够在用户心中占据一定位置的品牌，更容易获得商业竞争的成功。而品牌定位，就是帮助品牌在用户心中占领特殊位置的方法。游戏品牌定位是指让游戏品牌能够在玩家心目中占据最有利的位置，并且使玩家在产生游戏需求时，能够将该品牌的游戏作为首选。游戏品牌定位是游戏市场定位的核心，在游戏产品择定目标市场之后，就需要设计和塑造游戏品牌，以争取目标玩家的认同。进行游戏品牌定位的重要原因，就是能够通过品牌，将游戏产品与玩家心理需求联系起来，从而建立起游戏对目标玩家的吸引力，形成竞争优势，并且逐渐将这种竞争优势传递给玩家，最终转化为玩家固定的心理认知。因此，在进行游戏品牌定位的过程中，需要"极其简化的信息"，才能够消除歧义，给人留下固定、长久的印象。

然而，要想在游戏品牌定位的过程中，给玩家留下不可磨灭的品牌印象，是十分困难的。当然，最理想的游戏品牌定位的状态就是，玩家还没有接触过其他游戏品牌，人会对第一个进入大脑的品牌产生最深刻的印象，这是品牌定位最有效的一种方法。这种定位方法虽然是最有效的，但是对于逐渐发展成熟的电竞市场来讲却十分困难。如今，电竞游戏已经逐渐步入了存量开发的时代，因此在较为成熟的市场中游戏产品会面临较为严峻的品牌定位问题。因为，在存量开发的过程中，游戏品牌往往不再是目标玩家所接触的第一个品牌。这时，就像人们能够记住世界第一高的山峰，却对世界第二高的山峰印象模糊，品牌也面临着这样的问题。

但是，在市场中产品大爆发的情况下，人们学会了为产品和品牌分类，并且形成了一定的"品牌阶梯"。研究表明，人往往最容易记住排位前三的品牌和产品，最多不超过七种的品牌和产品。因此，即便不是第一的品牌，也能够跻身于人的大脑之中，形成一定的购买倾向，但前提是能够赢得竞争——在这个过程中新的游戏产品或品牌需要采取相应的手段和战略，取代玩家脑中已经存在的游戏产品或品牌。

4.1.2　游戏品牌定位的理论基础

不难发现，游戏品牌定位具有一定的理论基础。由于游戏品牌定位的目标是能够占据玩家更多的心理份额，因此这些理论基础都涉及一定的心理学的学科内容。

首先，人们只接受自己喜欢的事物。也就是说，对于自己喜欢的事物，往往会越接触越喜欢；而对于自己不喜欢的事物，往往越接触越反感。因此，对于游戏品牌的定位来讲，最重要的是给目标玩家一个好的第一印象，并且不断向潜在玩家传达其通过游戏产品能够被满足的欲望。这在心理学中也被称作是首因效应，也就是最先输入的信息在人脑中发挥的作用是最大的，并且人脑会依据最先输入的信息解读接下来所接收的信息，最后形成一个完整的概念和印象。

其次，人们会排斥与自己习惯相悖的事物。虽然，游戏是一个虚拟世界，但是玩家的习惯仍然是符合现实规则的。因此，游戏品牌定位有一个很重要的作用，就是培养玩家的消费习惯，提高顾客忠诚度。

最后，人们对同种事物的记忆是有限度的。由于大数据信息推送，导致了信息超量，如今游戏市场不断发展，游戏产品种类多到前所未有，然而人们的记忆是有限的，对于同类游戏，往往记住的只有排名前几的游戏。因此打造一个令人印象深刻的游戏品牌是十分重要的。

4.1.3　游戏品牌定位的意义

游戏品牌定位是为了能够使游戏产品在玩家头脑中占据重要位置，并且能够给玩家以鲜明深刻的品牌印象。因此，游戏品牌定位的过程，对于游戏品牌营销来讲具有重要意义。

首先，游戏品牌定位能够让游戏产品在竞争当中获得优势。对于同一类型游戏的玩家来讲，游戏产品的品牌能够区分其他同类型游戏产品，就能够为玩家提供一个选择该游戏产品的理由，从而帮助游戏产品在竞争中脱颖而出。尤其是在游戏市场不断发展成熟的趋势下，同一类型游戏的细分市场当中，会有多款相似的游戏产品。而这些游戏产品只有使自己与众不同，让消费者能够快速提取感兴趣的信息，才能吸引消费者的关注。

其次，游戏品牌定位能够帮助游戏产品其他关联利益群体打造强势品牌。游戏产品本身关联着很多利益群体，包括游戏开发商、运营商、游戏赛事、游戏联名等。游戏品牌定位不仅仅是游戏产品本身打造品牌的起点，也是为这些关联利益群体打造品牌的起点。通过建立强势的游戏品牌，有利于带动游戏开发商、运营商、游戏赛事、游戏联名等各方的品牌营销的发展。

最后，游戏品牌定位能够为玩家提供差别化的利益。游戏品牌定位的目的就是向玩家传达游戏产品与其他竞争对象的差异化信息，从而引起玩家对游戏产品的关注。对于玩家来讲，这种差别化的利益可能是价值上的、功能上的，或者是情感上的。而传递这种差别化的利益，能够让玩家通过游戏品牌产生对游戏产品的认同。

4.2 游戏品牌的基础定位策略

传统的品牌定位战略，是由艾·里斯和杰克·特劳特提出的概念。在他们写的《定位》一书中，主要涉及的是人脑的阶梯排序。游戏品牌定位同样遵循这样的规律，这种阶梯排序一方面意味着品牌进入人脑中的顺序，一方面意味着品牌分化。进入顺序是指品牌进入人脑的先后顺序，而品牌分化则意味着创建新品类。接下来，将介绍游戏品牌的三大基础定位策略。

4.2.1 领导者定位

前面已经指出，第一个进入人脑的品牌，往往给人留下很深刻的印象。并且第一品牌所占据的长期的市场份额，通常远远超过第二品牌，并且这种市场份额的占有不会轻易被改变，如可口可乐、柯达、IBM 等。虽然，这些品牌在营销方面确实卓有特色，但是实际上位居第一的巨大优势足以弥补很多营销上的不足。而营销界的专家学者，往往也会忽视这一营销的“捷径”。

那么，游戏界最著名的领导品牌，就非任天堂的三大 IP 莫属——《超级马里奥兄弟》《塞尔达传说》，以及《口袋妖怪》。这三大游戏品牌，不仅仅奠定了系列游戏产品在游戏中的领导者地位，也奠定了任天堂这家游戏公司在游戏界的领先地位。1983 年，《超级马里奥兄弟》打破了此前电子游戏的屏幕束缚，引入了屏幕横向滚动的技术，加上街机级画面、巧妙的关卡和经典的 BGM（背景音乐），使这款游戏改变了传统的电子游戏。可以说，提到《超级马里奥兄弟》这一款游戏，就能够马上联想到马里奥的水管工形象——经典的红色的帽子和 T 恤，以及蓝色背带裤。图 4－1 就向我们展示了它的经典关卡设计，例如马里奥顶金币，以及吃蘑菇长大的情景。包括游戏中具有节奏的配乐，也具有很高的辨识度。

图 4－1 《超级马里奥兄弟》游戏画面

自《超级马里奥兄弟》之后，电子游戏开启了屏幕滚动的时代，但是所有游戏要么是横版滚动，要么是竖版滚动。而初代《塞尔达传说》却在此基础上将游戏世界的横纵两轴充分利用起来，打造了开放地图玩法。同时，这种开放地图的设计，也创造了游戏历史上最伟大的“存档”功能，加上任天堂本身的磁带记录工具和游戏压缩技术，使读盘存档成为可能。图 4－2 中展示的《塞尔达传说》主人公林克也被塑造为一个经典的人物形象。

图 4－2 《塞尔达传说》主人公林克

《口袋妖怪》则是一款强调收集和养成的游戏，玩家通过捕获、培养妖怪与其他玩家进行战斗。后来，该游戏又加入了通信进化的设定，希望能够强化游戏中的“交换”功能。但《口袋妖怪》的爆火，主要是由于其系列漫画和动画《神奇宝贝》的传播。《口袋妖怪》爆火后的系列 IP 布局也十分全面，从漫画、动画，到玩具、主题乐园。同时，这款游戏的核心理念——收集、养成、交换和进化，也俘获了大量游戏玩家的心。“即便话语不多，沉迷于自己的爱好，也能够通过《口袋妖怪》的通信和交换，建立人与人之间的联系”。在当时，这是十分先进的游戏理念。同时，《口袋妖怪》中的妖怪形象也都深得玩家喜欢，例如图 4－3 中的皮卡丘。甚至在漫画和动漫作品之外，皮卡丘的形象还进入了影视领域，并且于 2019 年上线了《大侦探皮卡丘》这一真人电影。而《口袋妖怪》中设计的精灵球，也成了一代人的记忆。

图 4－3 《口袋妖怪 GO》宣传图

4.2.2 跟随者定位

领导者定位不是所有的游戏产品都能够做到的。但是，品牌定位具有阶梯性，哪怕游戏产品已经不能够成为第一品牌，作为第二品牌也能够生存下来，甚至同领导者品牌一样具有强大的影响力。跟随者定位，可以定义为是做领导者品牌的对立面，就像人往往也期待着能够与其他人进行区别。因此，强大的第二品牌，也能够在玩家心里占据重要的地位。

游戏行业中最经典的跟随者定位就是《英雄联盟》。《英雄联盟》制作开发团队与《DOTA2》的制作开发团队有着密切的关系。《DOTA2》的设计更加偏向重度游戏玩家，并且更加注重团队配合和策略。而《英雄联盟》的设计则兼顾了一些轻度玩家和新手玩家，并且更加注重个人技巧。在《DOTA2》系列中，一套招式被拆分成不同的技能，并且赋予不同的英雄，需要老玩家之间的默契配合，同时《DOTA2》系列中设计了更具有创造性的地图，为玩家设置了很多树林，英雄可以在树林中行走。可以说，《DOTA2》系列在装备设计、地图机制的多样性基础上，满足了玩家之间的交流互动，以及创造和想象需求。因此，《DOTA2》系列的品牌定位，更加像是在挖掘重度玩家的游戏情怀。

新人玩家则会更加倾向于《英雄联盟》。从市场角度来看，《英雄联盟》比《DOTA2》更受欢迎、普及性更广。这款游戏不同于《DOTA2》系列过于针对重度玩家和核心玩家的运营方式，而是简化了游戏中的操作，并且更符合年轻人炫耀的心理，将一套招式集中在同一英雄身上，更加考验玩家自身的操作，而相对弱化了团队配合，使游戏角色更加个性化，并且英雄数量也更多。虽然，《英雄联盟》与《DOTA2》的理念差异很大，但是《英雄联盟》后来居上，并且成为电竞游戏中最受欢迎的游戏之一。

4.2.3 竞争者定位

当游戏市场发展到一定阶段，玩家脑海中的游戏品牌阶梯已经被现存的品牌挤占满。那么新的游戏品牌就需要通过差异化的方式，挤掉玩家脑海中已经存在的游戏品牌，并将其替代掉。

国内著名的案例是腾讯旗下的《王者荣耀》。《王者荣耀》的爆火在于它准确地瞄准了国内庞大的潜在玩家市场。它符合了国内游戏市场的需求，有更简单的操作和更便捷的设备。早在2015年4G网络刚刚普及时，同类的MOBA游戏在PC端已经有了《DOTA》和《英雄联盟》的成功。而腾讯则看到了国内市场与国外市场的差异性，基于其自身移动通信端的优势打造了这款国民级游戏。

2015年8月18日，腾讯天美工作室旗下的《王者荣耀》和光子工作室旗下的《全民超神》同天开启测试。在两款游戏上线初期，《全民超神》的成绩要好于《王者荣耀》。但《全民超神》的英雄培养模式存在严重缺陷，并且优化不足，导致了中低端手机用户不能够兼容，游戏平衡性也比较差。反观《王者荣耀》，它经过了多次大整改，从原本的3V3和1V1改成主流的5V5，同时拿掉PVE（玩家对抗环境）玩法以及数值体系，使游戏英雄的技能更加平衡，主打公平竞技，并且依靠排位模式彻底翻身，后来居上。《王者荣耀》一系列大刀阔斧的调整，奠定了它后来稳步增长的基础，使得它一举击败竞品，最终拿下整个国内市场。

4.3 游戏品牌定位的维度

在确立游戏品牌定位的时候往往需要先确定游戏的类别，也就是所开发的游戏产品是否要创建新品类——是蓝海战略还是红海战略。如果游戏产品的开发采取了蓝海战略，也就意味着游戏产品要创新游戏类别，并与其他游戏类别有明显差别。还需要考虑的是“企业需要承担更大的风险，并且如今游戏市场中游戏类别并未饱和”。很显然，对于游戏市场来说，除了进行新的技术突破之外，如全息投影、虚拟现实等，已经很难再进行新品类的创建了。因此，现在的游戏产品开发多选择的是竞争策略，那么对于游戏品牌定位来说，就需要界定竞争参照系。首先要做的就是确定品类成员，也就是游戏品牌需要与之竞争的游戏产品，或者游戏产品的集合，甚至是与其相近类别中的游戏产品。确定了品类成员之后，就需要建立竞争参照系。也就是选取不同的维度，与确定的竞争游戏产品进行对比，最终形成自身的差异点。游戏品牌的定位维度主要可以从以下几个方面考虑。

1. 游戏产品分发渠道

这里所说的游戏产品分发渠道，主要指的是游戏下载渠道。要根据游戏的目标玩家的平台使用习惯来确定游戏产品的分发渠道。一般，游戏的分发渠道会采用官网下载，或者是应用商店下载，这样既能够照顾到核心玩家，也能够照顾到潜在玩家的下载需求。同时，游戏产品也可以在专门的 PC 游戏平台上线，例如 Steam、Epic、GOG、Origin、Uplay 等。这些 PC 游戏平台面向的则是相对有游戏经验，并且对游戏有更大需求的玩家。除此之外，游戏产品也可以选择平台独占，也就是只面向一个游戏平台或设备的玩家开放，例如 Steam 中的一些独占游戏，还有任天堂 Switch 中的一些独占游戏。这类游戏产品所面向的用户更有针对性，甚至一些游戏产品就是专门和游戏机配套共生的。

2. 游戏产品适配引擎

游戏产品适配引擎是指玩家玩游戏的过程中所需要的电子设备。一款游戏产品可以定位为主机游戏、PC 游戏、移动端游戏。其中，PC 游戏还可以分为端游、页游和网游。要考虑目标玩家所习惯的和能够负担的电子设备条件。

主机游戏是比较传统的游戏类型，最早在日本兴盛，如今在国外依旧相对流行，狭义上可以理解为电视游戏。任天堂的 Switch 在广义上就属于主机游戏，也就是能以外置设备充当主机的掌机加主机模式。但是主机游戏在国内并不普遍，因此市场相对较小。

PC 游戏则是需要电脑设备的游戏，并且可以分为端游、页游和网游。其中，端游是指需要下载客户端的游戏产品，这类游戏产品的资料都打包在电脑里，所以游戏画面质量要高得多，但是相应的对电脑的配置要求也更高。而页游是指打开网页就能够玩的游戏，特点是不需要下载客户端，对电脑的配置要求相对没有那么高，但是由于现有的浏览器技术问题，导致这类游戏产品的游戏画面质量相对较低。而网游则是国内玩家更加熟悉的一种形式，它最早发端于免费的 PC 游戏，特点是需要先下载客户端，但是完全依靠在线形式，是一种不具备单机游戏功能的 PC 游戏。网游能够实现在线和其他玩家互动的需求，并且对于电脑的配置要求并没有端游高，游戏画面质量也相比页游更好，但是和页游一样对联网有刚性要求。

移动端游戏，就是手机游戏，只有在手机端才能够下载，与 PC 游戏不共用服务器。如今手游在我国游戏市场发展得如火如荼，以《王者荣耀》为代表的手游吸引了一大批新手玩家，以及原本被认为对游戏不感兴趣的女性玩家。

3. 游戏产品内部功能

游戏产品的内部功能包含很多方面，例如游戏的社交功能、奖励机制、技能操作、地图设计、商店交易、战斗形式等。每一个方面都可以作为一个差异维度，作为游戏品牌定位的坐标。例如，网易游戏在 2013 年发布的 PC 游戏《倩女幽魂》，其中的聊天功能、组队任务、帮会创建、结婚结拜系统等，都旨在能够促进玩家之间的交流。甚至，在《倩女幽魂》火爆的时期，产生了以其为背景而创作的校园恋爱小说《微微一笑很倾城》，在这部小说里，作者就花费了大量笔墨写作游戏中所发生的恋情和友情等现实社交关系。

4. 游戏产品价格

游戏产品价格也是游戏品牌定位的一个关键维度，面向不同类型玩家的游戏产品，收费方式也会不同。如 Steam、Switch 等平台或者掌机上的游戏，会采用付费购买的方式，也就是一次性买断游戏，当有新的内容时则购买新的拓展包更新即可。这类游戏产品主要针对的是有经验的游戏玩家，他们更加愿意为游戏付费。而腾讯开发的手游，以《王者荣耀》为代表的，则是免费游戏，而在游戏内部设置一些道具皮肤等，供玩家选择和自由购买。这类游戏主要针对的是泛游戏玩家，通过培养这类玩家的习惯，进而再从玩家身上挖掘利益。

4.4 游戏品牌定位地图的绘制

游戏品牌定位最关键的一步，就是通过以上的游戏品牌定位维度的确定，形成最终的游戏品牌定位地图。游戏品牌定位地图，一般是二维平面坐标，少数页游可能会是三维立体空间坐标。采用这种定位工具，能够更加简单直接地对游戏品牌的认知和识别情况进行比较。

在绘制游戏品牌定位地图之前，首先需要完成以下几个步骤：

第一，绘制玩家画像，通过玩家画像形成玩家洞察，发现游戏玩家的显性需求和隐性需求。通过对于玩家画像的了解，能够帮助游戏品牌定位，发现机会、缝隙以及维度和策略。

第二，细分市场调研，确定游戏产品的竞争者。通过不同的玩家画像，择定细分市场，根据该细分市场的竞争情况，确定游戏产品的竞争者。根据细分市场的竞争情况可以决定游戏产品的品类决策，即是否开发新品类。

第三，根据品类决策，以及竞争者分析，确定竞争参照系，也就是游戏品牌定位维度。找到影响玩家购买决策的几个重要维度，并且从维度中找出不同游戏品牌的差异点，进行打分。依据打分对游戏品牌定位的维度进行降维，确定关键因子。

第四，将关键因子作为坐标轴，确定各个游戏产品在坐标轴的位置，最终描绘出一幅完整的游戏品牌定位地图。

下面以 MOBA 游戏为例，绘制一个游戏品牌定位地图。对于 MOBA 游戏来讲，比较重要的两个维度分别是游戏对设备的要求，以及游戏的操作难度。因此，选取这两个维度作为 MOBA 游戏品牌定位地图的两个坐标轴，可以参考图 4－4。

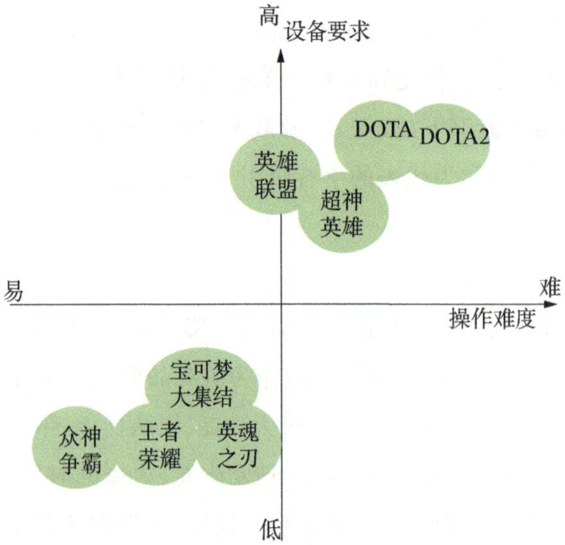

图 4－4　MOBA 游戏品牌定位地图示例

可以看出，在这幅定位地图中更接近右上角的游戏产品定位贴近专业玩家，而更偏向左下角的游戏品牌定位贴近大众休闲玩家。不同的定位所采用的营销手段也各不相同。例如，《DOTA2》拒绝赞助和广告，仅依靠老玩家以及赛事举办，旨在打造纯粹的游戏体验和社区。而《王者荣耀》则依托各类社交媒体进行分发宣传，并且开发了各类联名和周边，旨在更多地营利。

任务演练

1. 请试区分游戏市场定位、游戏产品定位和游戏品牌定位的概念。
2. 你还能够想到哪些游戏品牌定位的维度？
3. 请选一组具有竞争关系的游戏产品，并试着绘制出这组游戏的品牌定位地图。

任务五　游戏品牌要素和形象策划

课前思考

《怪物猎人》：专注最经典的"打怪升级"①

《怪物猎人》是由日本游戏巨头 CAPCOM 研发的一款动作角色扮演游戏，于 2004 年发行。玩家要在游戏中扮演猎人，不断狩猎怪物，获得装备和金钱，其核心玩法是采集素材、狩猎怪物、制作装备、再挑战更强的怪物。可以说，对于《怪物猎人》的评价就是："尽管主线剧情只有打怪，也能让人乐在其中"。那么这个单纯"打怪升级"的游戏，究竟是如何十几年如一日，依旧能够吸引玩家的呢？答案就是《怪物猎人》塑造了一个经典的游戏形象，无论是游戏 logo、游戏原画，还是游戏音乐，都能让玩家对这个游戏产生极为深刻的记忆点。首先，《怪物猎人》的 logo 设计是由游戏名称，加上龙形标志所构成的。这直接向玩家展现了游戏的核心，并且《怪物猎人》对 logo 中龙元素的标志设计别出心裁，每一代的 logo 都能够有新的变化。其次，《怪物猎人》游戏当中的龙的形象也最吸引人的眼球，每个系列中都有自己独有的龙种，游戏爱好者可以在游戏的不同场景中猎取不同的龙，满足感十足。最后，最为经典的就是《怪物猎人》的配乐，《怪物猎人》支持立体环绕音效，游戏中许多场景都采用真实录音，体现各场景的特色；很多怪物都有专属战斗配乐，给战斗营造多样的氛围。每代正统作品都有个性鲜明的主题曲，东京奥运会开幕式在代表团入场环节中，入场曲目就包括了《怪物猎人》的经典配乐。

《怪物猎人》依托游戏 logo、游戏原画、游戏音乐等几个具有鲜明个性的游戏要素，为玩家塑造了令人印象深刻的游戏形象，并且成了动作类游戏的经典，能够让人提起这类

① NOWRE. 为什么《怪物猎人》能让人连续玩十几年？[EB/OL]. https://mp.weixin.qq.com/s/cFkGiDrJ3hSpk_wjmKdxCA.

游戏，最先想到的就是《怪物猎人》。

任务目标

- 了解一般玩家的游戏需求和游戏形象的需求。
- 了解游戏世界观与游戏品牌要素和形象的关系。
- 了解不同类型游戏的品牌要素和形象侧重。
- 掌握游戏 logo 和名称设计的方法。

任务描述

本任务首先阐述了玩家对于游戏的几种基础需求，在此基础上介绍了如何根据玩家需求确定游戏品牌要素和游戏整体形象，并通过实例讲解了不同类型游戏的品牌要素和形象侧重，最后介绍了游戏 logo 和名称设计的方法。

5.1 玩家需求的理论概述

根据微观经济学的需求理论，需求是指在一定时期内特定的价格水平下，消费者愿意且能够购买的商品数量。因此，需求是消费者的购买能力与购买欲望的统一。当游戏产品投放到购买力相当的市场时，要如何让玩家产生购买欲望，则是游戏形象策划的第一步。

美国心理学家亚伯拉罕·马斯洛提出人的需要可以分为五个层次，并且从低级到高级逐渐攀升和发展。他先后在他的文章《人类激励理论》和著作《动机与人格》中提到需求五层次论，这五层次分别是：生理需求、安全需求、归属需求、尊重需求，以及自我实现的需求。在这五个层次当中，只有当低层级的需求得到满足时，人才会追求更高的需求层级。在五个层级当中前三层需求，即生理需求、安全需求、归属需求，是缺失性的需求，也就是这三层需求无论是物质、人际关系，都需要靠外界环境来满足，而尊重需求和自我实现的需求则是内在的，具有自我成长性。由于游戏是一种特殊的娱乐体验，因此在马斯洛需求层次理论的基础上，我们可以归纳出玩家对于游戏的几种基础需求。

1. 生理需求

游戏是一种娱乐方式，玩家在游戏的过程中一定会追求眼耳感官的愉悦，并且希望获得紧张刺激、酣畅淋漓的感觉。尤其是对于电竞游戏来讲，这种生理上的愉悦是玩家最基础的需求，无论是目标玩家还是潜在玩家，都会对此进行比较。这种生理上的愉悦是综合性的，如果游戏仅能带来一种快感，就会让玩家感到枯燥。因此，在游戏中，各种游戏要素要相互配合和补充，才能够给玩家带来强烈的生理感受。用一句浅显的话来说，就是从各个方面包围玩家，这也是如今 VR 游戏不断探索的方向。在对游戏品牌要素进行设计时，我们就需要考虑，如何让游戏更加符合玩家的生活习惯，引起玩家感官上的生理共鸣，并且能够满足玩家对于游戏环境的控制欲望，从而实现玩家最基础的生理需求。如果不能做到这一点，就很难激起玩家对游戏的购买欲望。

对于一款游戏产品来讲，首先要确定适合的音乐和美术风格，并尽可能地让玩家体验到愉悦感。从美术的角度来说，需要对游戏的整体风格以及核心角色的形象设计进行选择，例如明快的色彩可以搭配可爱活泼的角色造型，同时根据游戏的主题需要判断角色的设计是否需要生活化、细节化等。从音乐的角度来说，不同场景、不同按键都必须使用种类各异的音效或者音乐。要想真正满足玩家的需求，在音乐的设计上必须不断进行优化和调试。对于一款出色的游戏来讲，游戏音乐很有可能成为这个游戏品牌的一大辨识标志，例如《怪物猎人》的主题音乐《英雄之证》，以及《超级马里奥》经典的闯关背景音乐。

2. 安全需求

游戏开发商通常会采用引导、奖励、交易等方式提高玩家在游戏中的安全感。尤其对于重度游戏玩家，也就是核心玩家来讲，他们往往希望能够在游戏中获得现实生活中得不到的感觉。一个新玩家在游戏内能够获得现实中无法得到的安全感，就会让玩家对游戏产生一定的信任和依赖。例如，《DOTA2》之所以新玩家少，大多仍然是老玩家还在坚持，就是因为《DOTA2》的游戏设计者秉持了游戏专业度的角度，并没有设置新手引导，且游戏操作难度本身就很大，让新玩家难以产生安全感。但是，就国内市场来讲，这种做法相对不可取。对于国内电竞市场来讲，其虽然处于快速增长阶段，但是起步晚，并且也没有真正培养出专业玩家的游戏习惯。因此，国内的电竞游戏营销，要培养潜在玩家的游戏习惯，才能不断促进电竞市场的发展。要做到这一点，就要让新手引导真正起到作用，将游戏的玩法、规则、操作以及需注意的事项陈述清楚，让玩家能够更容易地操作游戏，并且获得一定的安全感。同时，新玩家在刚接触游戏的时候自信心一般。因此，游戏内部也要涉及一定的安全保障，要做到在游戏初期玩家缺乏技巧或者道具的情况下，也能够依靠引导和辅助安全过关。例如，在RPG（角色扮演）游戏中，完善的宗派、组队以及师徒规则等，能够让新玩家更快地找到归属感，获得安全感。和现实生活相同，游戏中的安全感往往建立在一定的物质基础上，因此游戏中的交易系统也是十分重要的一环。

按照马斯洛需求层次理论来讲，在满足了玩家的安全需求之后，就可以使玩家的游戏行为得到一定的持续，从而在游戏中进行更多的活动，例如社交、竞技等。

3. 社交需求

美国心理学家戴维·麦克里兰提出了三种需要理论，其中一种需要就是亲和需要，人们希望能够与他人建立一种相互包容、理解、信任的亲密友好关系，并且希望自己能够在群体当中得到接纳、尊重和喜欢，最终获得成为群体中成员的满足。人是社会性动物，无论是在现实中还是游戏里，都需要有社交的归属感。无论是人机交互还是真人对战，游戏都是一种交流的工具，为玩家提供了一种快捷、简便的交流方式。同时，网络游戏不仅为玩家提供交流的主题，还提供交流的空间和渠道。不同的玩家可以通过共同体验游戏当中的全新的世界，进行聊天交友，以及团队合作。电竞游戏就更是如此，通过团队之间的对战，不断培养玩家之间的配合行为，并达到一个团队的默契程度，这更能突出强化交流的重要性。在游戏当中，玩家的背景往往具有很大的差别，而玩家通过游戏可以接触到生活中无法接触的更多类型的人群。甚至一些角色扮演游戏，还能够让玩家在游戏世界中体验真实生活中无法选择的第二人生或第二职业，冲破现实规则的束缚。对于国内玩家来讲，腾讯游戏就完全依托于QQ、微信这两大即时通信工具，能够让玩家感受到和现实生活更加贴近。

4. 体验需求

游戏对于玩家来讲也是一种体验。游戏能够让玩家在虚拟的世界中经历一个完整的故事，并且带给人与现实生活截然不同的体验，甚至在现实生活中难以实现的各种体验。这些体验种类很多，有视觉体验、音乐体验、情感体验等。上文提到的麦克里兰的三种需求理论，其实就是强调要将玩家嵌入到情景当中，进而达到吸引玩家的效果。游戏产品本身就是在为玩家创造一个虚拟的文化、时代背景以及社会环境，游戏过程中所体验到的挑战性、成长性，以及所需的团队协作，这些要素如何通过游戏形象表达出来，并帮助玩家获得良好的游戏体验，是游戏形象策划需要考虑的重要因素。

瑞士精神分析学家和分析心理学创始人卡尔·古斯塔夫·荣格提出集体无意识理论，他认为人的一些原始欲望，是一种经验残留，是集体性的。艺术创作就是体现这种集体无意识的一种途径，并且艺术分为移情和抽象两类。其中，移情是将人的主观情感灌注到作品当中，能够引发人们的情感共鸣；而抽象则是人进行预设，通过建立抽象的世界来抗衡对于自然的恐惧。游戏形象策划实际上也是一种艺术创作，通过寻找玩家心理需求与审美接受的最大公约数，引导玩家向内探索，从而形成与游戏形象的共鸣，最终提高玩家的游戏体验，提高玩家对游戏形象的记忆度。例如，《怪物猎人》当中所采用的龙的形象，实际上就是某种未知力量的原型，玩家通过打龙升级等一系列活动，一方面从视觉方面感受了历史、传说以及神话当中龙的形象，另一方面也是实现了征服未知力量的英雄的情感体验。

5. 尊重需求

在游戏的世界内，尊重需求是玩家在玩游戏过程中很重要的一种需求，甚至可以说是玩家的第一需求。很多玩家在游戏的过程中，希望能够获得现实社会中的荣耀感和优越感，并且受人仰慕和尊敬，这也是游戏创建虚拟世界的一大目标。为了满足玩家被尊重的需求，游戏一般需要设置一定的等级及排行榜，尤其是好友排行榜，与现实生活紧密联系，更能满足玩家被尊重的需求。这也是所谓的，现实中的失败可以在游戏中弥补回来。同时，也可以通过一些游戏线上平台的排他性、稀缺性来捕获游戏的核心玩家，增强核心玩家对游戏专业性的要求，从而使玩家在现实中也能通过购买游戏获得被尊重感。

美国行为主义心理学家伯尔赫斯·弗雷德里克·斯金纳同赫西、布兰查德等人共同提出了强化理论，并认为人们会根据反馈的信息主动适应外部环境的刺激，从而调整自己的行为。游戏中的等级和排行机制，往往会对玩家起到正强化的作用，从而提高玩家游戏行为的发生率。因此，在进行游戏形象策划的过程中，可以利用排他性、稀缺性等辅助手段，从而实现、强化激励作用，使玩家能够进一步产生购买行为。但是，在这个过程中需要注意的是强化的过程是曲线而非直线，因此在强化玩家的购买行为的过程中，也要适当利用自然消退的手段，从而保证每一次强化的结果都能达到最优，而非强化作用的衰弱。这种排他性、稀缺性体现在国外玩家倾向于主机平台的游戏，就是因为主机平台的一部分游戏具有比较强的排他性。

6. 自我实现需求

游戏需要一定的战术、策略以及操作，这也是对脑力的全面锻炼，从而让玩家自主达到自我实现。炫耀是人类的一种潜在追求，每个人都会有意或者无意地炫耀自己擅长的事情，回避自己的不足。让玩家在游戏中获得自我实现的感觉，不仅仅是游戏世界当中的主题，还是为了让游戏成为玩家现实生活中不可或缺的一部分。不同玩家的自我实现需求有所不同，例如获得快乐、消磨时间、转移不满和结交朋友等。这就需要游戏的设计能够让不同的玩家在游戏中进行更加多元化的选择，从而让每一位玩家都能自主地达到自我实现这一需求，这也表明游戏形象并不是一个单一的概念，而是立体的、全方位的。

马斯洛后期的激励理论受到东方观点的影响，他认为自己原本的五层次并不完整，又提出了“Z 理论”，并且认为人需要超越自我实现，达到更高的需求水平，而不是停留在自我需求的满足上。可以说游戏产品本身，对于现实生活中的玩家来讲，就是五个层次当中后两个层次追求的产品和服务。游戏产品的设计本身，就需要能够帮助玩家从尊重需求过渡到自我实现的需求，因此在游戏形象策划的过程中，我们需要建立一个超越现实世界的游戏世界观，在游戏中帮助玩家满足自我实现需求，甚至可以在品牌个性和品牌世界观的层面上，触及一些超越自我实现的需求，才能够设计出玩家喜欢的游戏形象。这也是异世界、玄幻主题的游戏更加受到玩家欢迎的原因，因为这类主题的游戏更容易触及玩家超我的幻想。

7. 综合性需求

对于以上需求来讲，不同玩家可能各有偏重，但是这些需求并不是单独存在的。对于游戏形象策划来讲，不能仅仅考虑个人的因素，更要考虑到游戏形象所处的情景。因此对游戏形象进行情景化的设计也是十分重要的一环，需要综合玩家各个方面的需求，从不同的角度对游戏形象进行丰满和立体化的设计。

5.2 游戏品牌要素和形象

5.2.1 游戏世界观的设计

游戏形象和个性可以从以下几个要素来进行考量：游戏品牌名称、游戏 logo、游戏世界观、游戏角色原型、游戏主画面背景、游戏音乐、游戏道具，以及其他游戏元素。其中，游戏品牌名称和游戏 logo，是给玩家带来最直观印象的要素。但是，在确定这两个要素之前，需要先建立游戏的世界观。

游戏世界观是指游戏开发和策划者要对自己构建的游戏进行一个描述和说明，也就是游戏所拥有的自己的世界规则和背景。游戏世界观在一定程度上来自现实世界观，但是，也会有超越现实世界观，进行夸大和升华的部分。可以说，对于游戏产品来讲，游戏中几乎所有的元素都是游戏世界观的组成部分，例如时代设定、画面风格、角色造型、色彩音乐等。

简单来讲，游戏世界观的层次分为表象层次、规则层次和思想层次。其中，表象层次主要指游戏作为一种综合的艺术形式是如何被设计的，包括了游戏的图像、音乐和剧情。规则层次主要指游戏以什么方式运作，也就是游戏内部的规则，例如《消消乐》需要三个连续相同图案才能够消除。思想层次主要指游戏设计者希望告诉玩家自己对于世界的一种主张，希望玩家能够深入思考并给予认同。思想层次是根据游戏世界观对游戏品牌和游戏 logo 进行确定的最重要的一环。优秀的游戏的设计思想，能够使玩家对游戏形象产生极大的好感，从而提高玩家对游戏产品的黏性。通过对游戏的设计思想的宣传，能够使玩家对游戏产生认同，并且对游戏形象以及游戏品牌产生更深刻的认知。但同时在游戏形象的设计过程中，增加对游戏世界观的体现，也能够增强游戏形象的故事性，从而增加对游戏品牌的记忆点。

1.《魔兽世界》的世界观设计

暴雪公司的《魔兽世界》根据克苏鲁神话，创造了一个存在着六种能量，圣光、暗影、邪能、奥术、生命与死灵的艾泽拉斯大陆，这六种能量相互对立，但是也能够相互转化，如图 5－1 所示。《魔兽世界》的游戏世界观，为许多玩家创造出了一个真实的艾泽拉斯大陆，也为玩家创造了一个热血沸腾的魔兽世界，使得《魔兽世界》成了一个时代的经典游戏品牌。《魔兽世界》的宏大世界观，吸引了众多玩家，至今有很多老玩家还在守护着魔兽世界。但是，由于游戏本身设定了过于宏大的世界观，使游戏后续开发无法将宏大世界观具体化。因此，《魔兽世界》发展到现在，剧情逐渐套路化和快餐化，角色背景设定不足，使玩家逐渐失去兴趣。由此，要吸取的一点经验是，站在可持续开发的角度上，游戏世界观最好相对完整，并且能够不断具体深入下去。

图 5－1 《魔兽世界》世界结构

2.《DOTA2》的世界观设计

在游戏《DOTA2》中，世界由天辉和夜魇两个阵营所辖区域组成，有上、中、下三条主要的作战道路相连接，中间以河流为界。每个阵营分别由五位玩家所扮演的英雄担任守护者，他们以守护己方远古遗迹并摧毁敌方远古遗迹为使命，通过提升等级、赚取金钱、购买装备和击杀敌方英雄等诸多竞技手段，与对手斗智斗勇，为保护己方的遗迹能量而战。因此

《DOTA2》的游戏 logo 就是图 5－2 中的，以河为界，两支队伍对抗的简单几何图形。可以说，《DOTA》系列的世界观以简单的对抗世界观作为基调，而对不同的英雄角色进行响应，并且不断修改和变化。这种从简单世界观入手，不断完善游戏中的角色，为游戏的后续开发提供了便利。

图 5－2　《DOTA》游戏 logo

5.2.2　不同类型游戏的品牌要素和形象

在进行游戏形象策划的过程中，我们需要考虑激励玩家产生购买欲望的有效性和持续性。市场调查的主要目的是通过分析竞品得出哪些激励是更加有效的，从而对游戏形象进行战略选择。而绘制玩家画像的主要目的是了解怎样的激励是玩家期望得到的，并且通过对玩家的需求层次进行划分，为游戏形象的长期开发进行合理的规划。通过激励的有效性和持续性的结合，能够更好地绑缚住玩家的购买欲望，提高玩家对游戏产品的忠诚度。对于不同类型的游戏，玩家的需求内容不同，因此游戏形象设计的侧重也有所不同。

1. 格斗游戏

格斗游戏由于是玩家操控角色进行格斗，因此对于动作的实时性以及图形的表现效果要求很高。在这种前提下，需要考虑使游戏形象设计的简洁性与游戏动作的实时性相配合。并且格斗游戏需要配合游戏节奏的音乐，从而让玩家更好地把控攻击、格挡、闪避等游戏动作的节奏。

根据格斗游戏的特征进行游戏形象策划，首先要考虑的问题就是游戏形象究竟采用的是 2D 表现形式，还是 3D 表现形式。两种不同的表现形式体现不同的游戏个性的基调。同时，游戏音乐也需要具有强跳跃性和节奏性，从而让游戏音乐也成为游戏形象的记忆点。例如，游戏《洞穴打斗者》，选择了“2D 像素风格”的游戏形象设计，为玩家营造出特殊的游戏氛围，一方面使玩家体验到传统单机游戏的画面，从而产生怀旧情感，另一方面实现了对围墙、武器等元素的特殊设计。而畅销的动作游戏《灵魂能力 6》，游戏画面如图 5－3 所示，选择了 3D 的格斗画面呈现，通过精美立体的游戏角色，配合炫目的游戏动作，最终形成了高质量的 3D 格斗游戏。

图 5-3 《灵魂能力 6》游戏画面

2. 即时战略游戏

即时战略游戏强调逻辑思维和管理，注重游戏时间和游戏资源的分配。在游戏过程中需要玩家快速行动，并且进行相应的角色扮演。因此，这一类游戏需要非常大的地图，并且采用倾斜的俯视视角。在游戏过程中最重要的部分是游戏的故事背景，也就是所有的游戏形象都需要紧密贴合游戏的故事背景。

图 5-4 《红色警戒 2》游戏画面

例如，EA Games 研发的《红色警戒 2》，其背景设定是讲述苏联与盟军再次开战的剧情，需要玩家利用时间机器回到大战初期改写历史。因此，如图 5-4，其游戏画面主要采用了能够体现这一背景的红、黄配色，以及军事雷达监测器的元素，从而让人记忆深刻。

3. 多人在线战术竞技游戏

多人在线战术竞技游戏，是目前最受欢迎和普及度最高的电竞游戏类型。这类游戏对游戏地图展开、游戏角色、团队对抗都具有极高的要求。在游戏形象方面，有着易于辨识的角色形象、具有区分度的游戏地图，以及简洁的几何标识。例如，Valve 旗下的《DOTA2》，其 logo 采取了图 5-5 中简洁的几何标识设计，对应了简化的 DOTA 地图，即以河道为界划分

图 5-5 《DOTA2》宣传图

的两个对抗阵营。

4. 第一人称射击游戏

射击类游戏的剧情主要起到渲染气氛和使玩家产生联想的作用，而更重要的是兼顾图形效果和运行速度，并且加入火爆场面以及激烈强节奏的音乐，从而突出游戏的可玩性。同时，第一人称射击类游戏，大多采用3D视角，并且需要考虑游戏界面的视角切换。第一人称射击游戏，由于玩法单一，因此对于游戏中人物角色、装备的设计需要进行精细的考量，从而吸引对装备感兴趣的玩家。

例如，游戏《人间地狱》以第二次世界大战为背景，并且在游戏画面中参考史实资料，对地图、角色穿着、武器和载具进行了逼真的绘制，给玩家带来全方位的射击真实感。从图5－6中可以看出，步枪兵所采用的标准装备：步枪、手榴弹、绷带、弹药箱，都还原了现实。

图5－6　《人间地狱》游戏画面

5.3 游戏logo和名称的设计

5.3.1 游戏品牌名称设计

游戏品牌名称的命名需要与游戏世界观设定相统一，因此大多数游戏都会根据其开发IP的原型进行命名，或者以相应的背景故事和核心角色来进行命名。一方面，玩家通过了解游戏世界观，而对游戏品牌名称产生认同，并进一步实现记忆或购买行为。另一方面，玩家对游戏品牌名称的认同和记忆，也能够帮助游戏玩家加深对游戏世界观的理解和认同，从而对游戏品牌产生黏性。以下是游戏品牌名称的五种普遍的命名方式：

1. 原著名命名

许多游戏都取材于小说和漫画，特别是国内的RPG(角色扮演)游戏，多是基于武侠故事改编，所以直接使用原著的书名，既可吸引原著的读者群，又可起到广告的作用，但此类游戏本身创意不多，主要依靠原著的情节，如《笑傲江湖》《倚天屠龙记》《中华英雄》《风云》等。

2. 以游戏的某一情节、环境和重要道具命名

这类游戏一般在制作上有过人之处，游戏场面制作可以给玩家以深刻印象。游戏以其经典场面命名，能形成品牌效应，例如《恶灵古堡》中那座阴森恐怖的英式古堡，足以让玩家在很久之后想起来还毛骨悚然，为其"古堡"系列的发行立下不小功劳。再如《轩辕剑》中那把威力无比的神剑，也已成为游戏开发商的金牌标志。

3. 以游戏中的角色命名

此类游戏中，玩家是以主人公的视角介入游戏中的，可以是大侠、帝王、杀手、战士、魔法师、企业家、战机驾驶员等各类角色。用角色名命名游戏，可以给玩家较强的代入感，这种命名方式比较普遍，例如《杀手：代号 47》《法老王》《飙风战士》等。

4. 以具有象征性的隐喻式词语命名

这类命名一般比较另类，具有诸如神秘、冷酷、火爆、恐怖、科幻等意味，总之是与游戏的风格一致的，但又与游戏的内容没有直接关系，甚至相当一部分词组之间没有逻辑关系，例如《秘符：上帝之锤》《凶星：解脱》《文明：时间侵袭》《未来零点》等，属于一种符号性的词组。

5. 以游戏的背景故事命名

这类游戏一般制作较大，带有"史诗"或"传奇"的色彩，当然，情节多为虚构，以未来战争、魔法、历险题材为主，如《帝国时代》《星际争霸》《古墓丽影》《生化危机》《伯德之门》等。

此外，在进行游戏品牌名称的设计时，还需要注意以下几点：首先，游戏品牌名称最好能够具象化，利用玩家能够产生具体联想的现实元素，如《星际争霸》，能够让玩家马上联想到星际大战的画面。其次，游戏品牌名称最好足够简短、直白，最大限度使玩家初次看到就产生相对扎实的记忆。如果一定要设计较长的游戏品牌名称，那么在游戏宣传和发行的过程中可以多多利用简称，便于游戏品牌名称的传播。最后，游戏品牌名称需要与游戏整体风格相契合，甚至能够融入游戏品牌的 logo 当中，从而加深玩家对游戏产品和游戏品牌的整体印象。

5.3.2 游戏品牌 logo 设计

游戏品牌 logo 的设计最常用的方法就是进行图形抽象。利用字母搭配几何图形，对游戏世界观、游戏角色形象、游戏品牌名称等内容进行抽象。这种图形抽象的设计方式被广泛应用在电竞游戏的 logo 或者标识当中。一方面，能够节省游戏品牌 logo 设计的成本。另一方面，简洁的设计能够突出游戏形象的重点，并且给玩家以更加直观、深刻的印象。

例如在 TGA 腾讯电竞运动会比赛之前，腾讯为电竞粉丝们带来了 16 款电竞图标，这些图标得到了广大粉丝的连连赞许。[①] 通过仔细观察图 5－7 可以看到所有的图标均是用"V"形做的底板，里面出现的每一个人形代表一款游戏。其中《王者荣耀》的图标人物为刺客角

① 一个设计小白. 腾讯电竞发布 16 个游戏 LOGO。亚索能不能代表《英雄联盟》? [EB/OL]. https://new.qq.com/omn/20190729/20190729A0677Q00.html.[2021－12－01].

色李白，葫芦和剑是他的招牌武器。“吃鸡”类游戏近年来风靡全球，游戏开始位置的随机性使游戏增加了多种可能，跳伞造型就成了这类游戏的标志。除此之外，还有一些比较知名的游戏，例如《欢乐斗地主》《剑灵》《地下城与勇士》《跑跑卡丁车》等，这些游戏均有比较独特的图标。

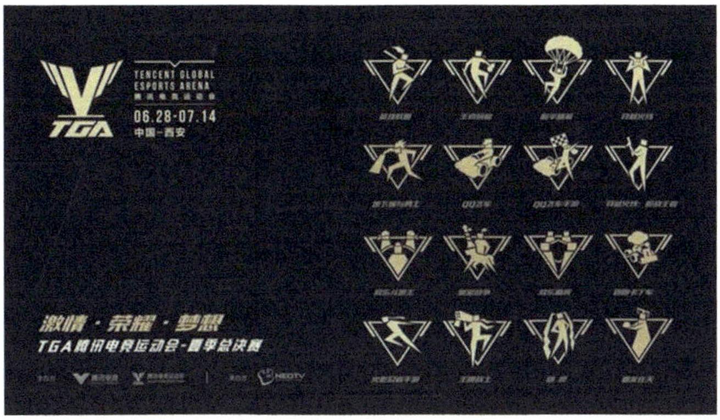

图 5 - 7　TGA 腾讯电竞运动会的图标

任务演练

1. 请列举游戏品牌要素都有哪些，并且试举例说明。

2. 请试说明《超神英雄》的游戏品牌要素及其品牌形象，并进行分析。

3. 请试设计一款对标《和平精英》的游戏，设想其可能具有的品牌要素，并为其命名和设计 logo。

模块三 游戏营销策划

任务六 游戏开发与设计

课前思考

游戏中的虚拟世界：从构想到实现

游戏中有许许多多的虚拟世界和人物，无论是马里奥闯关打败恶龙营救公主，还是魂斗罗中的比尔和兰斯挫败敌方组织的计划，都给玩家留下了深刻的印象。单机和主机游戏通常都有独特的游戏世界架构和故事情节，玩家在进行游戏的过程中完成任务，逐步探索世界和情节。随着网络游戏的不断发展，端游和手游虚拟世界的设定也变得越来越重要。对于《原神》《阴阳师》这类手游来说，剧情和角色本身就是游戏的重要亮点，游戏开发和运营过程中虚拟世界的构建和情节设置都是关键环节之一。很多端游，包括竞技对抗类的游戏也逐渐注重游戏虚拟世界的构建。

《英雄联盟》的世界和英雄设定在初始的基础上进行了系统的梳理和调整，形成了现在的“英雄联盟宇宙”，并随着新的英雄和故事不断进行补充和完善。在“英雄联盟宇宙”中，英雄们来自不同的地区，如“德玛西亚”“诺克萨斯”“皮尔特沃夫”等，每个英雄既有自己的故事，又与其他英雄有种种联系，每个地区、不同派别之间也有千丝万缕的交集。尽管在游戏中，英雄联盟宇宙的设定并不影响玩家游戏，但仍然贯穿在游戏的方方面面，从原画设计、英雄动作、贴图建模、皮肤设定到与相关英雄的对话设计、情节彩蛋等都在落实英雄联盟宇宙的构思。而在游戏外，还有专门的团队构思和发展“英雄联盟宇宙”并通过多种形式呈现给玩家，包括漫画、小说、音乐、视频等。《英雄联盟》世界从想法到落地需要游戏团队的分工合作：策划组的整体构思、情节人物设计，美工组的视觉设计、英雄原画和游戏场景呈现，程序组的编程工作、最终游戏成果，以及其他团队在音频、游戏周边等方面的补充，这个过程需要不同的团队互相协作、互为补充，并在动态迭代中不断完善，向前推进。

任务目标

- 了解游戏开发的流程。
- 熟悉游戏制作四大要素。
- 了解游戏的成本。

任务描述

本任务首先重点介绍了游戏制作的流程，之后详细讲解了游戏制作的几大要素，最后对游戏成本的特点和影响因素进行了阐述。

6.1 游戏制作流程

6.1.1 游戏策划

作为玩家，游戏策划常常是我们“情绪发泄”的对象，游戏体验很好时我们会称赞策划的游戏设计和活动安排，而当游戏出现剧情、可玩性以及活动等方面的缺陷时，我们往往也会先想到策划的责任。作为普通人，游戏策划给我们很近又很远的感受，游戏的核心体验、剧情展开、创意亮点、活动设计都由策划进行构思和规划，仿佛离我们过于遥远，而当游戏中出现设计上的重大缺陷时，我们就会觉得策划的想法不够周全，甚至觉得我们也可以进行策划工作。“游戏策划”四个字本身就具有很多含义。游戏策划是游戏开发公司中的一种工作职位，是电子游戏开发团队中负责设计策划的人员，也是游戏开发过程的核心之一。游戏策划工作的内容主要包括编写游戏背景故事、制定游戏规则、设计游戏交互环节、计算游戏公式以及规划整个游戏世界的一切细节。

游戏策划的关键就是用各种方式将创意、思路、方法等传达给相关人员，并通过各种途径及手段来执行和实现，游戏策划通常就是游戏制作过程中的第一步。策划人员需要认识到制作的是一个有成本的商品，会面临各种风险，而降低成本和避免风险的最有效的方法就是合理规划时间，因此策划人员需要制定一个明确的时间表。对于游戏开发来说，仅仅有好的创意是远远不够的，还需要有将创意转变为规范详细的策划案，使得开发人员更好地理解游戏的创意和理念。游戏策划根据自己的创作想法，结合市场调研得来的数据，并参考其他开发人员的意见和建议，在开发条件允许的基础上，将游戏创意以及游戏内容和规则细化，完整形成策划文档，游戏内容的系统性和表达的清晰性也是策划需要考虑的。

游戏策划的职责主要包括以下六个方面：

① 以创建者和维护者的身份参与到游戏中，并将设计思路传递给编程和美术设计人员。

② 设计游戏世界中的角色，并给予角色一定的性格。

③ 在游戏世界中添加各种有趣的故事和事件，丰富整个游戏世界的内容。

④ 调整游戏中的变量和数值，保持游戏世界的平衡、稳定。

⑤ 制作丰富多彩的游戏技能和战斗系统。

⑥ 设计最新的游戏玩法和系统，带给玩家更好的体验。

游戏最早是从策划开始的，游戏策划是游戏开发的开始。在现在的游戏项目中，美术设计和软件开发已经有了详细的分工，游戏策划的职责则根据工作室团队规模、游戏内容以及游戏大小、工作室文化等差异而有很大的区别。具体来说，游戏策划主要分为八个方面：

第一，游戏主策划。游戏主策划是游戏项目的整体策划者，又称为游戏策划主管。游戏主策划负责设计游戏的整体概念以及日常工作中的管理和协调工作，指导策划组成员进行游戏设计工作。

第二，目标策划。在开放世界的游戏或者大型多人在线游戏中，一个目标策划通常会对已经存在的领域或者因为多个目标而存在的领域进行玩法设计。

第三，任务策划。任务策划和目标策划的职责类似；有时候可以互换。任务策划倾向于支线故事玩法，通常在角色扮演类游戏或大型多人在线游戏团队中设置这一职位。

第四，游戏系统策划。游戏系统策划是对各种系统设计职位的统称，又称为游戏规则设计师，负责游戏的一些系统规则的编写。游戏系统策划和软件开发工程师的工作结合紧密，关注游戏的整体体验，需要提供界面及界面操作、逻辑判断流程图、各种提示信息等，包括：①战斗系统策划。战斗系统策划负责游戏中的敌人、武器、难度平衡以及所有兵种的战斗技能设计，关注玩家在多种战斗场景中的实时体验。在竞技类、格斗类游戏项目中关注动画帧率以及角色分类等设计细节，确保游戏之间的平衡性。②经济系统策划。经济系统策划负责虚拟经济系统的设计、成长以及平衡，主要包括玩家如何获得以及消耗游戏货币。任何需要资源和售卖系统的游戏都需要一个相关的策划来处理经济系统。③多人系统策划。多人系统策划负责定制竞争性的玩法模式以及设计，根据团队规模或游戏类型，有时还会承担多人模式关卡设计师的职责。

第五，游戏数值策划。游戏数值策划负责游戏平衡性方面的规则和系统的设计，又称为游戏平衡性设计师。除了剧情方面以外的内容都需要数值策划负责，甚至包括战斗的公式设计等。

第六，游戏关卡策划。游戏关卡策划负责游戏场景的设计以及任务流程、关卡难度的设计，又称为游戏关卡设计师。游戏关卡策划是游戏世界的主要创造者之一，与关卡美术师紧密合作来实现美术效果，与玩法程序设计师携手制作相关功能，与作家以及创意总监协调，确保该关卡符合整体游戏需要。

游戏关卡策划中有一种多人模式关卡策划，这类策划的职责和基础关卡设计师的有些职能是共通的，只不过要专门负责多人玩法的独特需求和挑战，主要关注的是竞争或者合作玩法的关卡设计，以及特殊模式中的一些元素的放置。

第七，游戏剧情策划。游戏剧情策划又称为游戏文案策划，负责游戏中的文字内容的设计，包括但不限于世界观架构、主线及支线任务设计、职业物品说明、局部文字润色等。游戏的剧情策划不只是设计游戏剧情，还要与关卡策划者配合好设计游戏关卡的工作。

第八，游戏脚本策划。游戏脚本策划负责游戏中脚本程序的编写，包括但不限于各种技能脚本和怪物智能算法等。游戏脚本策划类似于程序员，但又不同于程序员，因为游戏脚本策划负责游戏概念上的一些设计工作，通常是游戏设计的执行者。

游戏策划是把一个纯粹的想象变成一个丰富世界的过程。一个好的游戏策划者不但要对游戏感兴趣、喜欢玩游戏，而且在玩游戏时还要有深度和广度。所谓深度就是需要专心地玩好几个游戏，仔细地研究游戏规则是如何制定的，游戏运行中采用的是哪种策略等。所谓广度，就是要玩很多不同类型的游戏例如角色扮演类游戏、实时策略类游戏、冒险类游戏、益智类游戏、模拟射击类游戏，以便从中体会到一些游戏设计方面的经验。

6.1.2　游戏美术制作

对游戏美术制作直观地理解就是负责游戏的视觉体验，例如游戏中玩家喜欢的某角色造型、样貌、装备等，这些都是需要在美术制作阶段体现出来的。游戏美术制作的策划阶段会形成背景艺术文档，包括原画设定、模型贴图、角色动画和特效等，用于指导下一阶段的美术资源制作。

1. 游戏原画设定

原画师是游戏原画设定的专业人员，他们根据策划的文案设计出游戏的美术方案，包括概念类原画设计和制作类原画设计，为后期的游戏美术制作提供标准和依据。原画制作包括游戏中的道具、角色、怪物、场景以及游戏界面等内容的设计。游戏原画设定是一个很关键的环节，想要让游戏世界观更加天马行空，想要让游戏人物更具有个性，想要让玩家更有代入感，这些都需要通过原画来表现。

2. 模型贴图

这部分工作需要建模师来完成。建模主要包括建立人物、NPC(非玩家角色)、怪物、道具等游戏元素的数字模型。与原画设计相比，人物建模更侧重于实现过程而不是创造过程。针对各种原画设定的艺术风格和技术风格，运用 3D 制作技术具体建立游戏世界，包括模型制作、贴图制作两个流程。建模之后就需要贴图人员进行贴图。行业内有“三分建模、七分贴图”的说法。贴图人员的工作通常是和建模人员的工作交叉进行的。

3. 游戏角色动画

游戏中大都存在着种类繁多的人物、怪物和各种不可思议的动物、植物，以及水流、岩浆、沼泽等各种地形地貌，为了让这一切更加逼真，游戏动画设计师通过三维绘图软件使其活灵活现，让其合理地生活在游戏世界中。

4. 游戏特效

游戏角色在格斗，或者施放魔法与奥义时，就会有非常绚丽的视觉效果呈现，这种视觉效果的呈现就是游戏特效师的工作。游戏特效师从分镜设计、切片动画、特效贴图制作、粒子特效制作到后期合成，依照特效设计思路制作出特效。特效制作是一款游戏体现自己特色的最佳途径，特效的好坏直接影响游戏玩家对游戏画面的认可程度。特效制作需要制作者对游戏表现效果具有足够的把握能力和创造能力。因此,游戏特效制作人员必须具备对游戏表现效果的创造能力、电脑工具的使用能力以及高水平的效果鉴赏能力。

6.1.3 游戏程序编写

游戏是一个不断按某种逻辑更新各种数据(画面、声音等)的过程,是一个连续的循环,不断地按某种逻辑来绘制新的图像并刷新画面。游戏如同一个带有前置终端的实时数据库,该终端实时地接收用户(玩家)输入的各种交互指令,取出相应的数据并将这些数据以各种形式(视觉、听觉等)展现给玩家。在策划阶段产生的技术设计文档运用于程序开发。程序开发包括:引擎编写、脚本编写和代码测试。

游戏程序编写涉及两个方面的内容:

(1) 技术开发团队。客户端开发主要涉及开发和优化客户端代码、单元测试用例和相关文档,完善客户端程序打包、发布的CI流程。服务器端开发主要涉及开发服务器端代码单元测试用例和相关文档,维护项目数据库,安装和部署测试环境。测试开发主要涉及维护和管理CI系统,监督运行单元测试用例,开发专项测试,例如性能测试、自动化测试等。

(2) 交付物件。例如:①技术设计方案,包括代码模块命名、职责代码结构模式及关系和重点技术问题的解决方法。②游戏数据格式,包括库名、表名字段解析和字段内容结构等。③BUG报告单,包括策划案ID重现步骤和现象等。

6.1.4 游戏测试

游戏测试是对游戏设计阶段存在的问题进行修正,找出游戏设计本身存在的缺陷。从测试工程的角度来讲,游戏测试与软件测试的本质是相同的,可以把游戏测试看作软件测试的子类,它继承了软件测试这个大类的特性,又有自己的一些新特性。

1. 游戏测试的阶段流程

(1) 初测期。测试主要功能和关键的执行路径,排除主要障碍。

(2) 细测期。依据测试计划和测试大纲,对游戏的各个方面、性能、用户界面、兼容性进行测试。

(3) 回归测试期。当系统到达稳定状态,复查已经出现的问题和纠正情况,确认未引发任何新的错误时,就可以终结回归测试。

2. 游戏测试的种类

(1) 漏洞测试。漏洞测试也称为"质量保证",主要是为了找到游戏设计方面的问题。

(2) 集中测试。在集中测试中,可以聚集目标玩家群体中的部分玩家,看游戏在满足玩家需求方面的表现如何。通常情况下是出于营销目的而采用这种测试,此时游戏设计师若能参与进来更好。

(3) 易用性测试。使用易用性测试来确保软件易于学习和使用。利用易用性测试来改变、控制或者修改早期关卡来更有效地控制游戏。

（4）平衡测试。该类型测试的目的是找到游戏中的不平衡之处。如果某种类型的玩法，导致玩家忽略了游戏中的其他多数有趣玩法，有趣的游戏也会迅速变得枯燥乏味。如果胜利的途径只有一种，那么其趣味性就不如那些有多种胜利途径的游戏。例如，如果某个玩家存在明显的优势，那么让其他玩家感受到游戏的公平就变得很重要。

（5）趣味性测试。可用、平衡和功能丰富的游戏仍然有可能趣味性不足。这种难以捉摸的"趣味性因素"可能难以刻意地进行设计，但是当处于游戏时，游戏是否有趣就显而易见了。游戏的某些层面可能比其他层面更为有趣，弄清楚游戏的哪些部分需要保持不变是很重要的。

（6）可玩性测试。游戏可玩性测试主要包括游戏世界的搭建、游戏世界玩家交互平台、游戏世界事件的驱动、游戏世界的竞争与平衡、游戏世界文化蕴涵。

（7）压力测试。压力测试是指通过机器或者公共资源，对游戏各项数据以及服务器承受压力的一种测试，一般为有偿性测试。

（8）系统架构测试。测试人员需要对当前系统架构发表意见，及时发现设计上的问题。游戏情节的测试可以从策划人员处得到，前期策划阶段只有对游戏情节大方向上的描述，并没有针对某一个游戏进行具体的情节设计，进入设计阶段后，游戏情节逻辑已经完整地形成，策划人员可以给出情节的详细说明书，由此可以设计出任务测试案例。

6.2 游戏制作要素

6.2.1 游戏故事背景

世界架构、规则和相关元素确定之后，就要开始考虑游戏、主角的故事背景设计。在一个大的游戏架构中，故事背景往往是游戏的开始，由此引出游戏的结构与发展。一般情况下，故事背景的设计观察面比世界架构小，只注重描述游戏主角及其周围的关系。

背景故事是对世界状态的一个交代，任何一个事件都由空间、时间和意识三个维度构成。即使同一时间和空间发生的事，也会因为主观意识的不同而具有不同的性质。背景故事越久远，世界更有历史感，但并不是所有的世界都需要厚重的历史感。

6.2.2 游戏场景

游戏场景是指游戏中除了角色造型以外的一切物品。基本上，游戏中不会动的物体都属于场景设计的范畴，例如桥梁、道路、建筑、花草树木等。场景设计既要有高度的创造性，又要有很强的艺术性，能够体现故事发生的地域特征、历史时代风貌、民族文化特点、角色生存氛围等。另外，根据故事脚本的要求，场景设计要从剧情和角色特点出发，利用色彩、光影结构以及镜头角度等多种造型元素的综合应用，营造出某种特定的气氛效果和传达多种复杂情绪，例如紧张、痛苦、悲伤、烦躁、郁闷、孤独、浪漫、温馨、热情奔放等。游戏场景设计中常用的名词主要包括：

（1）世界：游戏中所有地图的总和。

（2）片区：在游戏场景制作过程中，由一张或多张地图构成的划分性区域，代表一个阶段的空间或一种风格环境下的生物环境与自然环境的危险空间。

（3）地图：玩家进行冒险或与怪物战斗等活动的单个空间场景图。

（4）关卡：游戏地图中使玩家产生行为障碍的事物（一个阶段挑战），如迷宫：以地形障碍为主，由多种关卡因素构成的地图。

（5）战场：专门与敌人战斗所用的地图。综合地图是由场景、迷宫、战场中两类以上要素合成的地图。场景地图是被赋予某种特定作用的一整块指定地图。

（6）实体对象：交互层中仅用于点缀、装饰地图场景，使画面更为丰富多彩的静态图像。

（7）遮罩：在地图交互层中，处于精灵[角色、NPC（非玩家角色）等]与前景层之间。当精灵处于遮罩后方时，通常会出现被遮挡或半透明效果。

（8）前景层：游戏画面中地图层前方的覆盖修饰层。

（9）背景层：游戏画面中地图层后方的远景修饰层，可以由多层背景构成。双重背景地图背景层通常安排为一层或多层移动速度不同的背景，使地图场景有更强的层次感与动感，这样的背景层称为双重背景，也称为卷轴。

（10）图素：用来拼凑地图的图像数据，是组成游戏地图的基本元素。

（11）主图素：用以确立地图风格及特点，构成一张地图主体的最基本图素。

（12）变化图素：随着主图素的修改产生各种变化，使地图显得更为丰富的图素。

（13）参照物：在场景中起到标识与对比作用的固定物件、图素、光影、动画等，以减少玩家在该类场景中的不适与迷失感。

（14）地图规格：游戏地图或场景大小的定义。2D 技术与 3D 技术有很大的差异，2D 平面技术通常以“屏”（游戏整体画面长像素量×宽像素量）进行地图或场景的定义。具体的屏的大小确定之后，在为地图制定大小的时候只需标明屏数。3D 立体技术则以“米”为单位（设计时定义的 8 的倍数的像素）进行立体地图场景的定义。

（15）场景动画、场景光效：仅用于点缀、装饰地图场景，以使画面更为丰富多彩的动态图像或光影。

（16）主题渲染：地图场景上的气氛渲染，一般为一片地图常用的光效、动画或色调。

6.2.3 游戏规则

规则是运行、运作规律的法则。在游戏中，规则也是必不可少的。规则是支撑整个游戏世界观的骨架，客观世界的不确定性是通过概率产生的，通过概率确定事件发展的方向，同时也有突发事件出现的可能。规则策划分为两类：一类是基础法则，指向玩家，是玩家必须遵守的基础法则；另一类是刻意隐藏的规则，例如商店，玩家只关注商店卖什么和什么价格，而策划者还需要总体考虑商店分布、商品范围、价位浮动等情况并根据实际情况进行调整。

在游戏世界中，指导整个游戏运行的规则应该简单，不应该太多，这样玩家才能更容易理解和接受，基于规则的元素才能更丰富。但是建立规则也是很困难和很复杂的环节，不可能一蹴而就。在之后的游戏设计过程中还需要经常增加、修改或删除规则，一个完备的世界应该还有很多细致的规则。

6.2.4　游戏角色

角色是影响玩家融入感的重要因素之一，角色设计在某种程度上反映了这款游戏设计的水平。根据角色是否可以被玩家操控，可以把角色分为玩家控制角色和非玩家控制角色。玩家控制角色一般称为主角，或者直接称之为角色。而非玩家控制角色通常被称为 NPC 角色(non-player character)。对于大型多人在线角色扮演类游戏来说，其核心之一就是主角的设计。主角是玩家在游戏中的代表，也是贯穿游戏始终的载体。整个游戏就是以主角的成长和经历为主线。

游戏角色设定主要分为两类，一类是主角设定，一类是 NPC 设定。网络游戏设计通常按照各种分类标准对主角进行分类，尽可能突出游戏的丰富性和可玩性。常见的分类标准包括：①职业：战士、道士、法师、召唤师、盗贼等；②种族：人类、精灵、兽人、亡灵等；③国家：战国七雄、三国等；④门派：少林、武当、峨眉、华山等。

各种分类的标准在确定大纲时就要很明确，具体的分类标准不是随意确定的，通常是由故事背景或世界观决定的。同时，这些分类既可单独设定，也可综合选择。例如先选种族再选职业，可以有人类的战士和精灵的战士。在具体的表述方式上，流程图和表格都适用。

在确定主角的分类之后，就要确定主角的背景、特色等内容。然后按照主角的分类和故事背景、特色说明、形象设计、属性设计等内容，分别从各个角度加以详细设计和说明。这些内容属于主角的初始说明，而主角的升级系统、技能系统、道具系统等内容，一般是在后期的游戏机制的设计中，在初始设计的基础上确定变化和成长过程。

NPC 设定一般分为情节 NPC 和敌对 NPC。情节 NPC 是游戏功能实现的必要载体，通常为帮助玩家顺利地展开游戏活动，例如系统帮助、情节获得指引、物品买卖等。敌对 NPC 是玩家俗称的怪物，主要作为战斗和对抗的对象。在游戏设计中，为了沟通的简捷和直观，一般把情节 NPC 直接称为 NPC，而敌对 NPC 直接称为怪物。在 NPC 的具体设计中通常需要对角色的种类进行更加详细的分类，然后和主角设计一样，使用表格或其他分类设计形式。

在设计 NPC 之前，首先要了解不同类型的 NPC 在游戏中所起的作用，其作用主要包括两个方面：①提供线索。NPC 角色在游戏中为玩家提供游戏进展的相关线索，为玩家下一步的行动做提示，最好的方法就是利用 NPC 的相关行为向玩家介绍。②情节交互。玩家在购买武器、药品等道具时，需要与特定的游戏角色进行交互，这个功能也是由 NPC 角色实现的。如果缺少这类交互行为，游戏的各个体系将很难进行调节。另外，在大多数网络游戏中，玩家可以通过 NPC 获取任务信息。例如在《梦幻诛仙》中，当满足一定条件时，NPC 会提供任务给玩家。

6.3 游戏成本

6.3.1 游戏成本特点

1. 独特的成本特征

游戏具有较高固定成本、低边际成本的特点，即高研发成本、低生产和复制成本。对于游戏开发商来说，游戏的开发、设计占据了其大部分的成本，游戏投入商业化运营后，随着规模的不断扩大，规模经济效应会使开发商或者运营商的边际成本和平均成本急剧下降。

2. 网络产品的群体效应

网络产品群体效应就是说每个用户从使用某产品中得到的效用，与用户的总数量有关。用户人数越多，每个用户得到的效用就越高，网络中每个人的价值与网络中其他人的数量成正比，换句话说就是网络产品的消费者越多，这种产品的价值就越大。在线游戏的群体效应尤为明显，是游戏运营的基础。因为在线游戏是依托互联网上在线玩家间的协作交流而进行的，在线的玩家越多，玩家所获得的满意度就越高。

6.3.2 游戏成本影响因素

电子游戏最重要的成本是开发成本。开发成本的高低与开发的复杂程度、开发周期、开发人员的开支、开发过程的调试和内测等有关。

1. 开发的复杂程度

如果电子游戏内容单一，一般成本不会太高；游戏设计越复杂，开发的难度更大，则电子游戏的成本也就越高。因此，开发的复杂程度是电子游戏成本的首个决定因素。

2. 开发周期

一般来说，开发周期越长，游戏的成本越高。但是对于开发人员来说，开发周期如果缩短，无疑是加重了他们的工作强度，他们必须在保证质量的情况下，耗费更多的精力。因此，开发周期短也可能会导致开发成本的增高。

3. 开发人员开支

开发人员的工资、薪酬直接关系到电子游戏的开发成本。开发的团队越大，人员越多，那么游戏开发成本就越高；反之，游戏开发团队越小，开发人员越少，开发成本就越低。

4. 开发过程的内测与调试

电子游戏的开发不是一步到位的，而是要经过反复的调试与内测，也因此决定了电子游戏未来的收费。游戏经过的内测和调试越少，游戏开发成本越低，反之则越多。

随着投入不断增加，游戏开发规模不断增大，游戏开发成本也会大幅增长。20 世纪末，电子游戏还处于萌芽和探索阶段。如表 6－1 所示，20 世纪 80 年代的主机巨头雅达利崩溃的主要原因就是《E. T. 外星人》，其 2200 万美元的开发成本赫然在列。至 20 世纪 90 年代，《最终幻想 7》8000 万美元的成本，《莎木》4700 万美元的成本，似乎显示着日本游戏产业的欣欣向荣；据说《最终幻想 7》在美国市场的营销成本就高达 1 亿美元，它是跨世纪最成功的 RPG 游戏，反向奠定了 PS 主机的地位，《莎木》也是设计理念超前的一代名作。

表 6-1　1980—1999 年游戏开发成本示例

发布年份	游戏名称	总费用
1982	E. T. 外星人	2200 万美元
1983	龙穴	300 万美元
1992	创世纪·暗黑之门	100 万美元
1994	银河飞将 3	500 万美元
1995	烈火战车	80 万美元
1995	银河飞将 4	1000 万美元
1996	古惑狼	170 万美元
1997	死亡星球	1300 万美元
1997	最终幻想 7	8000 万美元
1999	莎木	4700 万美元

2000 年以后，大型游戏的开发成本基本在千万美元档，上亿美元开发成本的游戏也不在少数，游戏《命运》有着 1.4 亿美元的开发成本，见表 6-2。

表 6-2　2000—2020 年游戏开发成本示例

发布年份	游戏名称	总费用
2001	搜魂使者 2	1000 万美元
2002	指环王：双塔	2000 万美元
2003	黑客帝国	6700 万美元
2005	金刚	2000 万美元
2006	教父	1500 万美元
2008	神鬼寓言 2	2000 万美元
2009	野性传奇	2400 万美元
2011	刺客信条：启示录	5000 万美元
2014	命运	1.4 亿美元
2020	原神	1 亿美元

任务演练

1. 根据现有的资源情况收集信息，构建一个游戏创意脚本。
2. 请结合你个人的游戏经历，简要评价你玩过的几款游戏。
3. 举出3款不同类型的网络游戏，简要说明他们有哪些吸引玩家的设计点。

任务七　游戏定价

课前思考

免费的游戏真的免费吗？

不同于《魔兽世界》《梦幻西游》这些点卡式消费的游戏，越来越多的电子游戏走向了免费模式。然而，在实际的游戏过程中，玩家或因无法提升游戏内“装备”而困扰，或被各种“福利礼包”所吸引，可能在不知不觉中就进行了消费。我们首先思考一个问题：免费游戏真的免费吗？作为推出了十年之久的MOBA类竞技游戏，《英雄联盟》在2020年仍创下了17.5亿美元的可观收入。毫无疑问《英雄联盟》是一款相当成功的免费游戏，它的成功离不开其盈利模式：

第一，长久的玩家是持续盈利的基础。与出售游戏的模式不同，玩家持续的游戏体验是免费游戏持续获利的前提，因此免费游戏通常没有类似“游戏通关”的结局。《英雄联盟》的很多玩家都希望通过游戏提高“段位”，这个目标具有长久性，刺激着玩家持续进行游戏。只有保持玩家与游戏的黏性，鼓励玩家持续游戏并吸引更多的用户，才能实现长久的盈利。

第二，游戏体验的增强和装扮的满足感。虽然玩家进行游戏不需要花钱，但是想要获得更好的游戏体验，让自己在众多玩家中脱颖而出，或者拥有与众不同的视觉体验和装扮满足感，玩家就需要有所付出。在《英雄联盟》中，英雄的获得可以通过游戏任务获得虚拟货币进行购买，如果玩家迫切想要获得英雄又不愿在游戏内付出时间精力，他们就可以直接付费购买英雄，而作为游戏内装扮，《英雄联盟》中皮肤的获得则大部分需要玩家付费购买。

第三，稀有道具和不确定性的刺激。部分游戏不会直接出售某种道具，而是让玩家购买类似于“神秘宝箱”，玩家“开箱子”可以获得随机的道具，这些道具可能很普通也可能很稀有，玩家为了获得未知的奖励去追逐这种不确定性进行消费。《英雄联盟》国服设置了很多“限定”皮肤，只在活动期间售卖，而想要在其他时间获得这些皮肤，就需要在活动的“限定池”中抽取皮肤，如果想在这种活动中有所收获，玩家既需要进行消费也需要凭借一定的运气。

任务目标

- 熟悉影响游戏的定价因素。
- 掌握电子游戏的定价类型。
- 了解游戏的定价策略建议。

任务描述

本任务首先介绍了电子游戏的付费游戏盈利模式和免费游戏盈利模式，之后对电子游戏的定价策略进行了详细阐述，最后介绍了电子游戏的定价技巧以及价格调整方式。

7.1 游戏盈利模式

我国网络游戏行业经过近几年的发展，形成了付费游戏盈利模式和免费游戏盈利模式这两大主要的游戏盈利模式。

7.1.1　付费游戏盈利模式

传统的游戏盈利模式就是付费模式，直至今日，还有一部分游戏公司采用这种盈利模式。现阶段我国网络游戏的收费模式，一般是用户登录网络游戏后按照游戏的时间长短来收费，收费标准一般在每小时0.3—0.7元之间不等。时间收费中有包月收费和混合收费两种模式。其中包月收费是以月为单位由游戏玩家来购买游戏时间，游戏玩家在此一个月内可以无时间限制地进行游戏，当然玩家不在线的时间也是含在包月时间之内的。混合制收费一般是按照游戏玩家的级别来进行收费的，大部分的初级用户不需要付费，而当游戏玩家达到一定级别之后，如果玩家再继续玩游戏，就需要付费了。

在时间收费模式下的网络游戏用户，由于他们的付费方式与其游戏时间、游戏能力相挂钩，因此，这些用户可以对游戏时间灵活掌握，并且这些游戏对他们的吸引力也较大。但是付费模式的缺点也是显而易见的，那就是进入游戏的限制比较多，因此游戏公司必须提高自己的游戏内容及创意，才能吸引玩家。

7.1.2　免费游戏盈利模式

免费模式就是道具增值服务盈利模式，即游戏玩家使用人民币来购买可以在游戏中使用的虚拟货币。在游戏商城里可以使用虚拟货币进行消费，购买对玩家有益的道具来帮助玩家进行游戏升级，这能极大地提高玩家的游戏能力，从而吸引游戏玩家购买这些通过游戏代币销售的道具。

在免费模式下，玩家可以免费进入游戏，在游戏中玩家可以花钱购买增值服务或者继续免费游戏，玩家的消费也有了更大的自主性。免费游戏盈利模式主要包括以下几类：

1. 道具收费模式

道具收费模式是我国目前在网络游戏中主要的盈利模式。在游戏推广早期，运营商常打着“免费游戏”的旗号来吸引玩家，游戏用户在这些游戏中只要不购买道具和服务，确实是免费的。但是，随着游戏玩家在游戏中级别越高，他们需要购买道具和服务的愿望也越强。最后，他们大多会选择出资购买这些服务。

这样的道具收费模式有鲜明的优缺点。优点是游戏用户进入游戏中很容易，门槛很低，大大满足了玩家的需求，随着游戏用户在游戏中的角色提升，他们付费后才可以满足玩家的角色能力需求，运营商随之获得了利润。但同时也正是这些获利使游戏开发商在游戏中设置了过多的道具，给游戏本身带来了伤害，易引起游戏玩家的反感，这也是道具收费模式的缺点。

例如 MOBA 游戏，其收入主要来自玩家的游戏内购买行为。首先，MOBA 游戏中销售额占比最大的是皮肤。当玩家在游戏中力挽狂澜时，角色的全新形象、炫酷特效可以更大程度上满足其成就感；而当拥有精通的角色后，角色的使命感和价值感也会成倍上升。据统计，41%的 MOBA 玩家会购买皮肤，单个玩家年平均支出达 24.9 美元。其次，解锁新英雄也占据了 MOBA 游戏 20%左右的营收。另外，MOBA 游戏特有的增加亲密度的道具、角色的新动作、经验加速等也可取得不菲收入。

2. 广告投放

游戏广告指基于电子游戏的 IGM（In-Game Advertisement），是免费盈利模式的一种，它将广告融合到网络游戏中进行潜移默化的传播。一般是将产品信息植入到游戏的场景、内容和装备中，让玩家在玩游戏的同时可以看到广告，从而受到吸引去消费购买广告中的商品，使广告商获得利润，这种模式是近年才流行起来的。

3. 竞赛组织

电子游戏通过电子竞技比赛来获得盈利也是目前存在的一种盈利模式。电子竞技的名称隐含了两种属性：一个是电子（互联网）属性，所对应的是内容端的游戏内付费，以及相对较新的直播平台付费等模式。另一个则是竞技属性，对应传统体育竞技，在赛事、俱乐部运营方面实现营收的模式。该模式下，盈利主要包括电竞游戏收入、电竞衍生收入、电竞赛事收入。电竞游戏收入指电竞游戏消费总额，即用户在游戏中的付费总金额。电竞衍生收入包括电竞俱乐部及选手、直播平台及主播等的收入。电竞赛事收入包括赛事门票、周边以及赞助广告等收入。以腾讯为例，其知识产权营收中，《英雄联盟》LPL、《王者荣耀》KPL 两大赛事的年度版权收益都达到几亿元人民币。

4. 俱乐部运营模式

电子游戏俱乐部运营盈利部分来源于赞助收入。外设厂商，包括鼠标、键盘、显示器、耳机等，因为和电子游戏的高关联性，是电子游戏俱乐部最热情的赞助商，此外还包括一些汽车、快消品以及电商视频网站等互联网公司。同时，俱乐部参加赛事的奖金、选手的一些代言分成、周边产品销售收入都是电子游戏俱乐部运营收入的重要组成部分。

在本任务中，主要聚焦游戏产品本身和游戏虚拟道具的定价进行阐述。

7.2 游戏定价策略

在介绍电子游戏基本定价策略之前，需要了解什么因素会影响游戏及其相关产品的定价。首先，游戏本身的制作成本和运营投入会影响游戏产品的定价。其次，市场需求弹性也是游戏价格的重要影响因素，玩家的规模、竞争者的情况影响着游戏价格。最后，玩家的购买行为也会一定程度上引导游戏厂商制定价格，促使游戏价格在玩家需求满足度和消费接受度中达到平衡。在此背景下，电子游戏基本定价策略主要包括成本导向、竞争导向和需求导向三种。

7.2.1 成本导向定价策略

成本导向定价法是以产品单位成本为基本依据，再加上预期利润来确定价格的成本导向定价法。成本导向定价法衍生出了总成本加成定价法、目标收益定价法、边际成本定价法、盈亏平衡定价法等具体的定价方法。

成本导向定价法的优点主要体现在两个方面：一方面，它比需求导向定价法更简单明了；另一方面，在考虑生产者合理利润的前提下，当顾客需求量大时，平均成本降低，服务企业会维持一个适当的盈利水平，顾客购买费用可以合理降低。但是，成本导向定价法也有一些不足，例如成本导向定价法不考虑市场价格与需求变动的关系，也没有考虑市场的竞争等问题，不利于企业降低产品成本。

对电子游戏产品来说，成本是价格制定的一个重要因素。一般来说，游戏相关产品开发和运营的投入越大、周期越长，相应的价格就越高。例如，很多手游会推出皮肤道具，皮肤的购买价格往往有所差异，如果某款皮肤的制作请了专门的画师进行设计，并且在美工、贴图、建模和动画上追求最高质量，甚至为皮肤专门设计了特效和音频，这款皮肤的价格通常会高于其他皮肤。

7.2.2 竞争导向定价策略

竞争导向定价法是企业通过研究竞争对手的生产条件、服务状况、价格水平等因素，依据自身的竞争实力，参考成本和供求状况来确定商品价格。这种方法是以市场上竞争者的类似产品的价格作为本企业产品定价的参照系的一种定价方法。这种定价方法主要有三方面特点包括随行就市定价法、产品差别定价法和密封投标定价法。

竞争导向定价法的优点是直接对行业中其他产品所属公司的研发技术、公司实力、产品参数进行分析。不足之处在于易使企业打价格战，造成恶性竞争，企业亏损。企业往往以成本作为定价的下限，将需求作为价格上限，结合市场供需状况进行价格制定。

我国的手游市场经过多年的竞争和发展，在虚拟道具价格的设定上也逐渐形成较为稳定的定价区间，以抽卡类手游为例，除去活动礼包等特殊情况，购买抽卡道具的价格基本集中在平均每抽 10—20 元。

7.2.3 需求导向定价策略

需求导向定价法是企业以消费者对产品价值的感知为出发点的定价思路。其目标是最大程度获取消费者的需求价值。具体有感知价值定价法、心理定价法和歧视性定价法（差别定价法）等。这是一种较理想的定价方式，因为了解消费者对产品的感知价值要比估计产品的生产成本更为困难和抽象。此外，当消费者对产品的感知价值低于产品的单位成本时，就不得不以低于成本的价格销售产品。

需求导向定价法的优势在于可通过市场调查和消费者访谈，得出消费者能够接受的最终产品销售价格和该产品在消费者心目中的价值，并由此差异化定价。以市场为主导，能更好地适应市场，有利于销售。但是，需求导向定价法要求通过大量的市场调查来确定消费者的心理价格，需要投入大量成本；企业很难获得消费者对有关产品价值感受的精准资料；在波动的市场环境中，商品价格不稳定易使消费者厌烦。

需求导向的定价策略在游戏产品定价过程中充分发挥了作用。例如，很多游戏都推出了“通行证”道具，玩家在购买通行证后，通过完成游戏内任务获得积分并逐级解锁相应的奖励，通行证的价格通常比直接购买奖励便宜得多，鼓励玩家通过一定的消费加上游戏内的时间和精力消耗以达到更好的游戏体验，满足了玩家的不同需求，得到了广泛的应用。

7.2.4 电子游戏定价

电子游戏具有“高固定成本，低边际成本”的特点，即高研发成本与低生产复制成本，游戏的设计与开发成本占据大部分，游戏真正投入运营之后，维护和管理费用相比研发成本大大缩减，如何对游戏相关产品进行定价，关系到游戏的销量和收入，也与游戏产品能否持续发展、实现持续盈利密切相关。

游戏产品的定价与普通商品的定价具有显著的差异，仅仅依靠某一种定价策略难以满足现实需要。例如，如果采用渗透定价策略，即以比较低的、满足测试时成本的价格提供游戏的初期付费版本，之后随着游戏质量的改进再一步步提高游戏价格。这种策略一般只有众筹游戏会采用，但众筹却并不一定能将这种定价模式发扬光大。

同时，游戏产品的价格并不是一成不变的，需要根据实际情况进行调整。以“高定价、常促销”策略为例，采取这种定价策略的网络游戏通常初始定价较高，但经常会有促销活动。这种方法适用于游戏发布之初实施，在这种情况下，电子游戏的定价较高，希望可以从初期购买者中最大化收入。这种策略的思路是，如果用户真的非常热爱某款游戏，那就会在发布的时候购买，或者对于价格不像其他休闲用户那么敏感。在游戏发布之后，经常对游戏进行促销，随时间增加促销的力度，直到最后一折销售，以获得所有的潜在购买用户。

“高定价、常促销”策略的优点在于可以在发布之初最大化早期购买者带来的收入，高定价给玩家更高的游戏质量期待，可以给出更多的折扣空间，例如 100 元人民币定价的话，即便是五折还有 50 元的收入。但是，这种方法也能带来潜在的危害，比如游戏发布时玩家很少，所以游戏口碑传播的潜力较低。从短期来看，除了早期购买者之外，玩家们会在评论中表达不满，例如“对于这个价格，我觉得应该有更多的……”就是很常见的玩家评论。从长期来看，这些低评分会影响游戏的整体评价，低的游戏评分会影响游戏随后获得推荐的机会，在曝光率方面呈现较大劣势。而且，这种做法会影响游戏和初期购买者的关系，导致初期购买者后悔提早买了游戏。

总的来说，游戏产品的定价策略通常是几种基本定价模式的组合。目前，主流的游戏产品定价基本分为两种类型：一种模式是出售游戏，玩家购买游戏主体或者游戏时长以获得游戏体验；另一种模式是游戏本身免费，用于提升游戏体验的虚拟道具则需要付费购买。

1. 游戏主体定价

大部分的单机游戏、主机游戏以及部分网络游戏会直接出售游戏主体或游戏时长。一些大型游戏公司会直接销售游戏及其相关产品，例如暴雪公司的部分单机游戏如《魔兽争霸》系列、《星际争霸》系列和《暗黑破坏神》系列等可以直接在其“战网”平台进行购买。任天堂则将电子游戏软件、硬件深度结合，玩家需要购买主机（例如 Switch）和游戏产品（例如《宝可梦》《塞尔达传说》等系列）。对于其他大部分单机游戏开发商而言，选择在游戏平台上发行更为常见，如图 7－1 所示，很多游戏开发商在 Steam 平台上售卖游戏产品。

图 7－1　Steam 平台上部分游戏产品定价

这类游戏产品的定价策略通常是成本导向法和竞争导向法的综合。一方面，不同游戏的开发投入差异巨大。除去开发设备等资产成本，还包含游戏策划、制作、音效等与游戏开发周期成正比的人力成本，游戏成本的巨大差异使得游戏开发商在定价时需要根据制作成本、发行成本、预期收益和预期销量来综合制定游戏价格。另一方面，由于厂商自身及市场环境的影响，单机或主机游戏的定价通常有固定的范围，过高的价格会影响游戏的竞争力。

除了《风暴英雄》等免费游戏，暴雪的付费购买游戏通常将游戏主体价格设定在100—200元人民币之间，如《暗黑破坏神Ⅲ》的无限畅玩包定价198元；《守望先锋》的数字畅玩版在2016年刚推出时定价198元，而后在2019年调整为98元。对于其他大部分游戏开发商而言，特别是通过游戏平台发行的单机游戏，定价则需要考虑竞争游戏的价格，以Steam和WeGame平台上发行的单机游戏为例，20元和40元是两个最为常见的定价标准，而除了大厂商以及制作宏大的游戏，很少有游戏定价能够超过100元。

游戏制作的成本和发行平台的实际情况在一定程度上限制了单机游戏的定价灵活性，游戏厂商需要综合考虑成本收益，选择合适的"定价档位"来决定最终的发行价格。

2. 游戏内虚拟道具定价

对于大部分网络游戏，特别是电子竞技类游戏而言，鉴于巨大的玩家规模，游戏发行商通常不会对基础的游戏本体设定价格，而是通过"免费游戏主体+收费虚拟道具"的形式获取利润。在这种情况下，游戏定价策略，特别是游戏内虚拟道具定价策略，除了考虑成本导向和竞争导向之外，还需要重视玩家的需求。

如图7-2所示，我们以《英雄联盟》为例，并结合其他游戏理解游戏内虚拟道具的定价。在《英雄联盟》客户端中，商店界面是使用游戏虚拟货币购买道具的窗口，《英雄联盟》的游戏虚拟货币分为"点券"和"精粹"两种，大部分情况下，"点券"需要通过现实货币充值获得，在游戏内可用于购买英雄、英雄皮肤、礼包道具等各类虚拟物品；"精粹"由最初的游戏内"金币"发展而来，可以通过游戏任务获得，用于购买英雄等游戏基础道具。

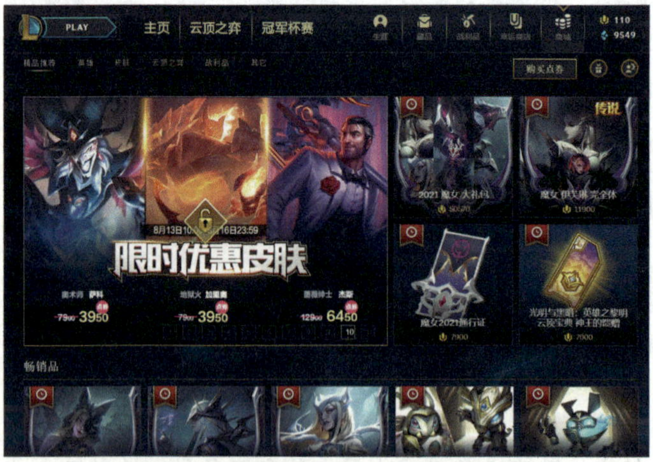

图7-2 《英雄联盟》游戏内商店界面

从这里我们可以看出，《英雄联盟》的虚拟道具基本分为游戏提升道具和体验提升道具两种类型。游戏提升道具主要包括英雄，而体验提升道具则包括游戏皮肤和礼包道具，礼包道具具体又包括皮肤、头像和头像框、游戏载入边框、游戏内表情等。

游戏提升道具保证了完整的游戏体验，玩家可以用游戏内任务获得的虚拟游戏币购买，也可以用现实货币进行购买。这种道具定价方式就体现了用户需求导向，热爱游戏的玩家可以在游戏内完成任务获得提升道具和完整的游戏体验，而迫切想要体验提升道具的玩家也可以通过付费直接进行购买。通过付费渠道购买的游戏提升道具通常定价较低，如《英雄联盟》中通过点券方式购买的英雄大多定价在2500、3500、4500点券，也就是25、35、45元人民币。

游戏提升道具给玩家带来了更加多样化和个性化的体验。《英雄联盟》中大部分的皮肤都需要用现实货币进行购买，皮肤极大地满足了部分玩家对游戏人物观感的需求。《英雄联盟》中皮肤的售价也随着玩家的行为反馈进行调整，2020年起大部分皮肤定价在7900点券和9900点券，即79元和99元，具体的定价根据皮肤稀有度、精美度和活动折扣而有所差异。同时，《英雄联盟》还推出限定皮肤、皮肤抽取礼包、系列皮肤礼包等吸引玩家购买，更满足了玩家个性展示和运气抽奖等需求。

整体来说，包括手游和端游在内的大部分网络游戏都是通过销售虚拟道具获取收益，虚拟道具的制作和定价更多考虑玩家的不同需求，同时，由于行业和同类游戏的发展，虚拟道具的价格也有一定程度趋同。游戏发行商在制定游戏和游戏内虚拟道具价格时需要综合考虑成本导向和竞争导向，并最终满足玩家的各类需求，制定玩家认可的价格。

7.3 游戏定价技巧

在前面的内容中，我们已经学习了影响价格设定的主要因素，了解了三种基本的定价方法——成本导向定价、竞争导向定价和需求导向定价以及这些定价方法在游戏产品中的运用，并且熟悉了电子游戏价格调整的几种类型和实操注意事项。在电子游戏的实际定价中，还有一些定价策略和定价技巧，本节将继续讨论心理定价、组合定价以及分档定价在游戏产品中的具体应用。

7.3.1 心理定价

价格传递了产品的信息，不仅具有经济意义，也具有心理作用。用户通常会认为价格更高的产品质量更好，游戏产品同样如此，例如《英雄联盟》中同一个英雄两款不同价位的皮肤，大部分玩家都会凭直觉认为价格较高的皮肤特效更好、拥有更高的价值。当然，实际定价过程中通常质量较高的皮肤售价也会更高，但是皮肤手感、特效等方面并不一定与价格成正比，一些玩家不会深入体验并准确判断皮肤的质量，而仅依靠价格对皮肤进行评价。

微小的价格差异也能体现产品的差别，就像很多商品以“9”作为价格的最后一位数字来显示实惠，以“5”或“0”结尾代表高端稳重一样，电子游戏产品的定价也是如此。如图7-3所示，《英雄联盟》中很多皮肤售价都是79元或99元，一些道具如通行证、部分礼包等也以“9”

作为价格的最后一位；而英雄以及一些皮肤、福袋等礼包则以“5”或“0”作为价格的最后一位。尽管 99 元和 100 元实际相差并不大，但是对于玩家的心理有着很大的影响。

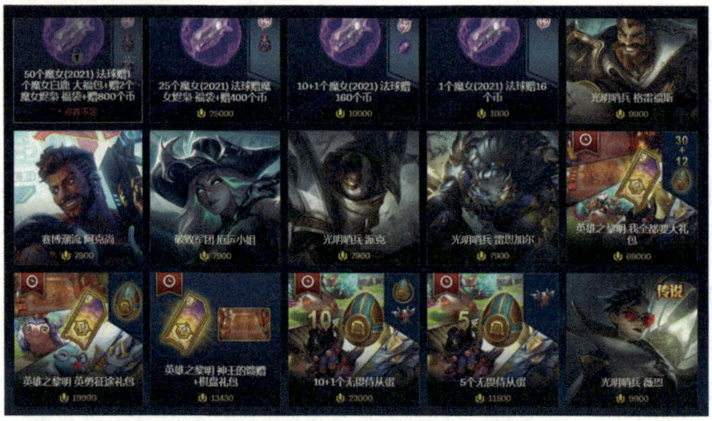

图 7-3 《英雄联盟》部分商品定价

参考价格也是心理定价的一个方面，用户在购买某种商品时会联想到以往购买类似商品的价格和情形，从而形成参考价格。很多公司在制定游戏产品的价格时也会利用或参考玩家的参考价格，甚至在充值额度上也达成了默契。

7.3.2 组合定价

组合定价是指将两种或两种以上的相关产品组合打包，并制定一个合适的价格出售。组合定价也是游戏产品常见的定价策略，不同的游戏产品可以组合出售，游戏及其各种扩展包可以组合出售，游戏内相关道具也可以组合出售。

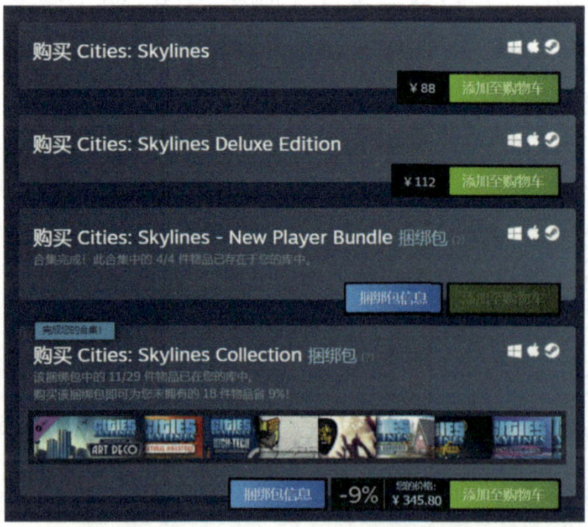

图 7-4 《城市・天际线》的游戏产品组合

很多单机游戏都有扩展包，将不同的扩展包组合出售，或者让玩家自行挑选需要的扩展包进行组合定价是非常普遍的定价策略。如图 7-4 所示，以《城市・天际线》为例，该游戏除了基本游戏主体外，还推出了三十多个可下载内容（Downloadable Content，简称 DLC），这些 DLC 涵盖了游戏场景拓展、游戏内容拓展、游戏主题拓展和游戏背景音乐拓展等很多内容，《城市・天际线》在 Steam 平台上提供了多种形式捆绑组合并且设定了优惠的价格，玩家可以单独购买游戏主体或者某一个拓展包，也可以购买游戏产品组合，还可以自行搭配组合并进行购买。

对于网络游戏而言，游戏内虚拟道具的组合定价也有极其广泛的应用。用于组合的游戏内道具通常是互补的，或者是主道具和副道具的组合。例如《英雄联盟》提供了多种产品组合，既有“英雄 + 皮肤 + 图标”的组合，也有“英雄 + 皮肤 + 炫彩皮肤 + 图标”的组合，图 7 - 5 展示了“英雄 + 皮肤 + 炫彩皮肤 + 图标”的组合，其中英雄、皮肤、图标通常作为主产品，但炫彩皮肤则需要有相应的皮肤才能使用。产品组合的定价通常明显低于各产品单独购买价格之和，旨在引导玩家用优惠的价格获得更好的游戏体验。例如，比起单独购买皮肤，购买皮肤和炫彩皮肤以及图标的组合可以让玩家仅付出一小部分成本（相比于单独购买皮肤或炫彩礼包）就获得完整的体验。如果玩家已有组合产品的一部分，组合价格会按照优惠比例扣除已有产品的价格。

图 7 - 5　《英雄联盟》的游戏产品组合

7.3.3　分档定价

为了更好地满足不同类型玩家的需求，很多游戏采取了分档定价的策略。分档定价是指根据具体的顾客需求，将商品分为几个档次，每个档次设定一个价格。分档定价可以让顾客感受到产品档次高低的差异，为顾客选购提供了方便。采用分档定价策略时，需要注意分档的数量，档次太多而档次之间价格差别太小就无法起到分档作用；档次太少而档次之间价格差别太大，又会使期望中间价格的顾客失望。

分档定价在游戏产品中的应用也非常广泛，例如前面提到的《英雄联盟》新皮肤的价格设定就采用了 79 元和 99 元两个档次，这两个档次也体现了皮肤价值的差别。我国手游的充值档位基本分为两类，一类参考日本手游 10000 日元的单次充值上限，换算成人民币大约 518 元，这种充值档位的手游基本都是日系手游。如图 7 - 6 所示，《公主连结!》的充值档位有 6 元/18 元/40 元/78 元/163 元/263 元/518 元几种。另一类充值档位参考 100 美元的单次充值上限，这种充值档位在手游中最为常见。图 7 - 7 展示了《原神》的充值档位，包括《原神》《阴阳师》《金铲铲之战》等手游的充值档位有 6 元/30 元/128 元/328 元/648 元。不同的档位会给予不同的优惠，这种优惠往往是充值外附赠的游戏虚拟货币，通常来说充值的档位越高，附赠的福利也越多。

图 7-6 《公主连结》充值档位

图 7-7 《原神》充值档位

现在越来越多的游戏开始将游戏礼包与游戏内活跃度密切结合。如图 7-8 所示,《英雄联盟》从 2019 年开始推出皮肤通行证礼包,部分皮肤推出了更加豪华的至臻版,玩家只需要购买通行证礼包,就可以获得通行证,完成对应的任务可以获得不同的奖励,最终兑换至臻皮肤。基础的通行证礼包在价格上与过去的皮肤礼包相同,但是需要玩家在游戏内完成任务获得"代币"来解锁更多的奖励,既促进了礼包的销售,又吸引了玩家在游戏中投入更多的时间与精力。当然,无法在游戏内完成任务的玩家也有获得至臻皮肤的渠道,玩家可以购买其他道具获得"代币",但成本高昂。

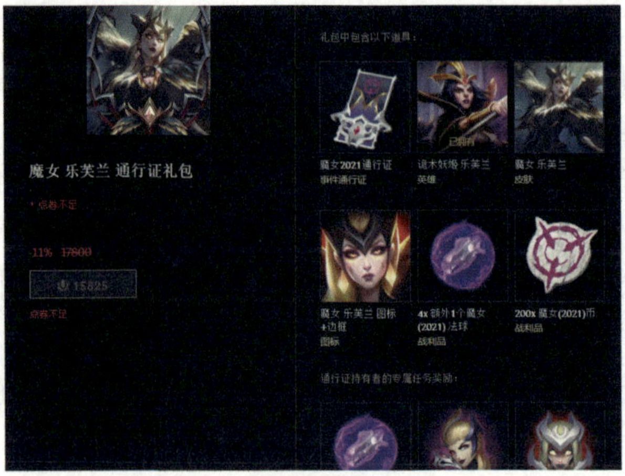

图 7-8 《英雄联盟》通行证礼包

分档定价在手游中也发展出较为成熟的模式，除了不同道具的分档定价，月卡模式也逐渐成为手游的主流。作为一种游戏付费福利道具，手游通常会推出两种档位的月卡，设定的价格通常在 30 元和 68 元，玩家在购买月卡之后会获得不同的奖励，而完成指定任务后还可以解锁更多的奖励。月卡的奖励往往与不购买月卡的奖励并列显示，玩家可以直观地看出购买月卡的福利对比以及自己完成任务可以解锁的奖励，吸引玩家购买月卡。在手游《原神》中，原石是游戏内的虚拟货币，可以用于游戏内抽卡、恢复体力、购买其他道具等。如图 7－9 所示，《原神》提供了两种月卡道具："空月祝福"和"珍珠纪行"。"空月祝福"价格为 30 元，也就是玩家常说的小月卡，购买后立刻获得 300 原石，此后的 30 天每天可以获得 90 原石，总计为玩家提供 3000 原石。"珍珠纪行"价格为 68 元，玩家常称为大月卡，类似于通行证，提供了多种类型的奖励，玩家通过完成纪行任务，获得经验给纪行升级才能获得奖励。无论是小月卡提供的原石奖励，还是大月卡提供了培养角色的各种资源，《原神》提供了分档的月卡来满足不同玩家的需求，这也是手游现在常用的分档定价策略。

图 7－9　《原神》礼包类型

7.4　游戏价格调整

在前面的内容中我们学习了电子游戏定价的基本策略，实际上，电子游戏及游戏内虚拟道具的价格在设定之后并不是一成不变的，无论是一些活动、节日期间短期的打折促销，还是为了适应玩家需求和市场形势的长期降价。价格调整对于电子游戏产品来说并不少见。一般来说，电子游戏价格调整主要包括短期促销价格调整、长期价格调整以及渠道价格调整等。

7.4.1　短期促销价格调整

当公司进行短期促销价格调整时，通常会在较短期限内设定低于正常价格甚至是产品成本的价格，促进消费者产生迫切的购买欲望，进而吸引消费者购买来增加销售。在电子游戏相关产品中，短期促销包括日常促销、节假日促销以及游戏活动赛事促销三种基本类型。

以《英雄联盟》为例，如图 7－10 所示，《英雄联盟》每周会推出几款五折的英雄和皮肤供玩家选择购买，支付渠道有多种选择，包括点券、Q 币等，但最终都需要通过现金支付才能享受到折扣优惠。《英雄联盟》每周半价的英雄和皮肤会进行轮换，以确保玩家有机会能够购买到想要的物品。

图 7 - 10 《英雄联盟》每周半价活动

除了每周精选半价英雄和皮肤，《英雄联盟》在各大节日也会推出折扣活动，例如春节、情人节、中秋节、国庆节、万圣节等都会选择英雄和皮肤进行折扣销售。不仅仅是传统节日，“双十一”购物节等年轻人追逐的节日也是游戏折扣促销的重要时期，如图 7 - 11 所示，2020 年 11 月 11 日到 18 日，《英雄联盟》在电商平台优惠打折的期间也来了一波“双十一”活动，包括多款皮肤半价打折优惠和限定皮肤返场销售，让不少玩家可以在活动期间入手心仪的皮肤。

图 7 - 11 《英雄联盟》节日促销活动

大型的游戏活动、赛事举办期间也是游戏氛围高涨的时期，与热烈的活动和令人兴奋的赛事呼应，在这种时候进行折扣促销更能提升玩家的热情。例如，《英雄联盟》在冰雪节活动期间会推出冰雪节主题的游戏地图和游戏模式，在活动开展的同时也会推出相应的皮肤和折扣活动。2018 年，IG 代表 LPL 赛区首次夺得全球总决赛冠军，掀起了《英雄联盟》的又一波热潮，作为庆祝 IG 夺冠福利的一部分，图 7－12 展示了《英雄联盟》在活动期间推出了商城在售物品全场半价的活动。

图 7－12　2018 年 IG 夺冠后《英雄联盟》全场半价活动

短期促销虽然能促进玩家购买，但也会带来一定的负面影响。例如，很多产品都会在节假日爆发式地进行促销，过度的营销可能带来玩家的厌倦和价格质疑，从而对折扣活动产生厌烦。另外，过于频繁的促销可能会降低游戏产品在玩家心中的价值，导致玩家只会等到打折或促销时才进行购买。

游戏产品采取短期促销的策略需要注意三个问题。

第一，平衡短期促销激励和游戏品牌建设。短期折扣促销的频率不能过于频繁，进行促销活动的道具也需要加以选择，如《英雄联盟》每周折扣选择的皮肤一般是较老的、质量相对较差的皮肤，而在大型活动、节假日促销中则会放出部分高价值的皮肤，这样既能满足玩家的购买需要，又能避免部分道具的价值贬值，维持游戏品牌的长期建设。

第二，关注不同玩家的利益。进行折扣促销的时候需要考虑之前全额购买产品的玩家的需求，很多游戏的折扣活动会受到已消费玩家的抱怨，尤其在产品刚上线不到一段时间就促销的情况下，通常的做法是避免新推出的游戏产品参与折扣活动，或者对已购买产品的玩家进行一定的补偿。

第三，做好促销活动的准备工作。不同于“意料之内”的日常促销和节假日促销，游戏活动和赛事举办通常会给玩家带来更多的惊喜，玩家也会对这些促销活动抱有很大的期待，如果官方没有提前做好折扣促销活动的准备工作，缺少活动方案规划或者活动公布不及时，都会招致玩家的反感和批评。

7.4.2　长期价格调整

在制定价格策略之后，公司需要根据内外部因素的变化进行降价或提价。内部因素包括自身成本和产能的变化，成本降低或产能过剩的情况下公司会主动降低价格以寻求更多的销量，公司战略的调整也会影响价格。外部因素主要是指市场环境的变化，包括消费者对价格变化的反应、竞争产品的价格调整、政策法规的变化等都会影响产品的价格。

鉴于电子游戏产品的特殊性，将游戏的长期价格设定为两年及以上的稳定价格。对于游戏产品而言，长期的价格调整主要受外部因素的影响。随着国内游戏市场竞争格局趋于稳定，同类型游戏相关产品的价格也趋向一致，长期价格调整会在合适的定价范围内根据玩家实际购买行为做出相应的调整。

7.4.3 渠道价格调整

根据销售渠道调整产品价格在实物产品中很常见，由于价格信息的公开性和可获得性，电子游戏产品的价格通常不会因为渠道不同而产生差异。一般而言，网游和页游的价格并没有渠道上的差异，而大部分单机游戏和手游因通过不同的渠道发行和运营，特殊情况下需要在不同的渠道上进行价格调整。

很多单机游戏会同时在多个平台渠道出售，通常来说各平台的价格会保持一致，但是由于各个平台渠道的特殊性，有时需要在特定的渠道上调整价格。如图 7－13 所示，在 Steam 夏日特卖活动期间，Steam 官方会与各个游戏发行商进行沟通，很多发行商会将 Steam 平台上的游戏产品打折促销。

图 7－13 Steam 夏日特卖活动

随着移动终端的发展，现在手游根据操作系统基本分为 IOS 端和安卓端两种类型，自然而然产生两种渠道，而在安卓端中，由于各个安卓手机厂商拥有自身的应用商店，很多游戏又发展出小米渠道、华为渠道、vivo 渠道等渠道版本或渠道服。与单机游戏一样，大部分时候不同渠道的手游相关产品定价也保持一致，但为配合各个渠道的活动等也会有价格上的调整。渠道价格调整同样需要小心谨慎，加之平台通常要求一定比例的抽成，游戏发行商需要与平台保持沟通、协商，在满足玩家整体需求的基础上谨慎调整游戏相关产品渠道价格。

总的来说，游戏相关产品的定价受到多种因素的影响，尤其是市场环境，使得同类型游戏相关产品的定价趋于一致。具体的价格设定和调整通常是多种策略的综合，在定价的过程中始终把玩家的消费行为作为调整和改进的基础，提供更好的产品、设定更优的价格，从而更好地满足玩家的需求，实现游戏产品的长远发展。

任务演练

1. 请分别选择一款付费游戏和一款免费游戏，结合理论分析他们的利润来源。

2. 请选择一款你熟悉的手游，分析本任务中游戏定价策略在游戏内虚拟道具价格设定中的具体应用。

任务八　游戏分销渠道

课前思考

游戏分销平台的竞争

从古至今，鱼和熊掌往往不可兼得，对于电子游戏行业来说也是如此。在国内市场，电子游戏竞争非常激烈，每天都有超过十款新手游上线。面对竞争如此激烈的局面，这些新游戏在选择“合作伙伴”时，也有很强的博弈之争。渠道两极分化严重，联运平台异军突起。目前，中小渠道都遇到了包括用户流失、竞争加剧、融资困难等问题，整体分发能力在持续下降。随着竞争加剧，一些小型渠道，例如主流手机厂商渠道，开始发力，慢慢占据中小渠道市场。此外，以腾讯公司为代表的大型游戏渠道则在不断往外扩张，整合资源。第三方联运平台快速崛起。现在电子游戏市场出现了“供过于求”的局面。一些游戏本身不错，但由于缺乏专业的市场营销能力和渠道关系，很难得到渠道的青睐，联运平台为这些游戏提供了平台。

任务目标

- 了解电子游戏分销渠道的类型和特点。
- 掌握如何进行分销渠道规划。
- 了解电子游戏的渠道营销活动。

任务描述

本任务首先介绍了分销渠道的概念和类型，并在此基础上延伸到电子游戏的分销渠道，最后阐述了电子游戏分销渠道的设计步骤和建议。

8.1　分销渠道概述

8.1.1　分销渠道的概念

分销渠道，就是促使产品和服务从生产者手中顺利传至消费者手中，由各中间商联结起来的通道。它是企业把产品向消费者转移的过程中所经过的路径。

在理解分销渠道时,可以从以下三个方面理解:①分销是产品生产商到消费者这一路径之间的一环,它一端连接生产,一端连接消费。分销就是将产品从生产商输送到特定的消费者手中,完成资源配置。②分销渠道有多种类型,有直销,有分销。生产商会根据自身的情况设计符合自身产品特色的分销渠道,所以每一产品的分销渠道可能不尽相同。③分销包含两种转移,一方面是买卖双方产生的价值流动;一方面是随着价值流动而产生的商品的流动,也就是物流。无论是价值流动还是商品流动,都是围绕产品进行的,都是从生产商到消费者之间的一条通道,这些通道也就形成了分销渠道。

8.1.2 分销渠道的类型

根据最终消费受众的不同,分销渠道可以分为团体用户模式和个人消费者分销渠道模式。根据生产者与消费者之间的距离,分销渠道又可分为以下几种:生产者直接到消费者;生产者经由分销商、零售商或者兼而有之,最终到达消费者。

根据有无中间商参与,又可以将分销渠道分为直接分销和间接分销。直接分销渠道是指生产者将产品直接供应给消费者或用户,没有中间商介入。直接分销是工业品分销的主要类型,例如大型设备、专用工具及技术复杂等需要提供专门服务的产品。间接分销渠道是指生产者利用中间商将商品供应给消费者或用户,中间商介入交换活动。间接分销渠道的典型形式是生产者→批发商→零售商→个人消费者。我国消费品需求总量和市场潜力巨大,且正逐渐由卖方市场向买方市场转化。因此如何利用间接渠道使自己的产品广泛分销,已成为现代企业进行市场营销时所需要考虑的重点之一。

8.1.3 分销渠道影响因素

1. 市场因素

市场因素包括:①目标市场范围:市场范围宽广,适用长、宽渠道;反之,适用短、窄渠道。②顾客的集中程度:顾客集中,适用短、窄渠道;顾客分散,适用长、宽渠道。③顾客的购买量、购买频率:购买量小,购买频率高,适用长、宽渠道;相反,购买量大,购买频率低,适用短、窄渠道。④消费的季节性:没有季节性的产品一般都均衡生产,多采用长渠道;反之,多采用短渠道。⑤竞争状况:除非竞争特别激烈,通常,同类产品会与竞争者采取相同或相似的销售渠道。

2. 产品因素

产品因素包括:①物理化学性质:体积大、较重、易腐烂、易损耗的产品适用短渠道或直接渠道、专用渠道;反之,适用长、宽渠道。②价格:一般地,价格高的工业品、耐用消费品适用短、窄渠道;价格低的日用消费品适用长、宽渠道。③时尚性:时尚性程度高的产品适宜短渠道;款式不易变化的产品,适宜长渠道。④标准化程度:标准化程度高、通用性强的产品适宜长、宽渠道;非标准化产品适宜短、窄渠道。⑤技术复杂程度:产品技术越复杂,需要的售后服务要求越高，适宜直接渠道或短渠道。

3. 企业自身因素

企业自身因素包括：①财务能力：财力雄厚的企业有能力选择短渠道；财力薄弱的企业只能依赖中间商。②渠道的管理能力：管理能力较强和经验丰富的企业，适宜短渠道；管理能力较低的企业适宜长渠道。③控制渠道的愿望：愿望强烈，往往选择短而窄的渠道；愿望不强烈，则选择长而宽的渠道。

4. 中间商因素

中间商因素包括：①合作的可能性：如果中间商不愿意合作，只能选择短、窄的渠道。②费用：利用中间商分销的费用很高，只能采用短、窄的渠道。③服务：中间商提供的服务优质，企业采用长、宽渠道；反之，只有选择短、窄渠道。

5. 环境因素

环境因素包括：①经济形势：经济萧条、衰退时，企业往往采用短渠道；经济形势好，可以考虑长渠道。②有关法规：如专卖制度、进出口规定、反垄断法、税法等影响。

8.2 电子游戏分销渠道

电子游戏分销发展经历了实物游戏点卡→自建直销平台→互联网支付→第三方充值平台和手机支付，分销渠道已经发生了本质变化。

1. 线下销售为主

在网络游戏刚刚兴起的早期，网络宽带以及电子商务尚未普及，网络游戏支付也多以游戏的点卡等实物卡的形式存在。因此，最初的网络游戏相关产品销售均以线下为主。游戏的客户端光盘、游戏点卡等都需要通过庞大的销售渠道网展开并推广到游戏玩家市场，在书店、报刊亭、软件连锁店都能买到网络游戏相关产品。

2. 网吧是网络游戏渠道拓展的主战场

伴随着网络游戏市场与电子竞技活动的不断发展，网吧成为网络游戏服务重要的提供地之一，网吧也自然而然地成了网络游戏相关产品的核心销售渠道。

3. 线下转到线上

互联网经济时代来临之后，宽带逐渐普及，同时网上银行、电子商务迅速推广，客户端光盘逐渐被网上下载业务所取代。点卡等产品的销售也逐渐分流至网上虚拟游戏点卡的交易当中。越来越多的运营商在保持线下销售的同时，开始了线上推广与销售，特别是网吧，其所提供的在线充值业务在网络游戏商的市场推广环节中起着举足轻重的作用。

目前，电子游戏行业存在的主要销售渠道为：以第三方支付平台和网银为代表的线上支付渠道，以厂商平台为代表的直销渠道，以声讯、语音充值为主的电信充值渠道，以及以分销商为代表的传统的线下点卡分销渠道。

线上平台可分为线上自营分发平台和线上第三方分发平台。如图 8－1 所示，线上自营分发平台是指开发商通过独立运营的线上游戏平台，以付费授权和下载的形式将游戏产品或游戏内的虚拟商品销售给消费者的渠道模式。线上第三方分发平台是指游戏开发商将产品授权给第三方运营的线上游戏平台，平台以在线付费授权和下载的形式将厂商游戏产品或游戏内的虚拟商品销售给消费者的渠道模式。

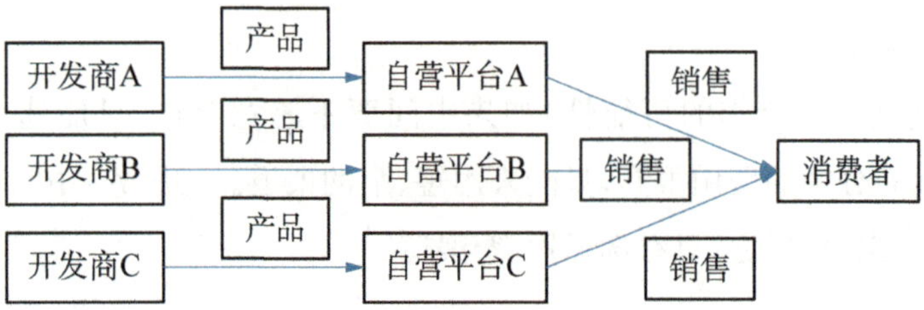

图 8－1　自营线上分发平台渠道模式

美国游戏开发商暴雪娱乐公司 1996 年推出的 Battle. net 是行业内最早出现的线上自营 PC 游戏分发平台。曾推出知名游戏《轩辕剑》系列、《仙剑奇侠传》系列的大宇资讯公司，在 2000 年推出的“软星”游戏平台是这一类平台的典型代表。

随着线上分发模式和技术的不断完善，一些开发商的线上自营平台开始演变成为其他厂商提供游戏分发服务的第三方平台。从商品形式来看，游戏产品和游戏内的虚拟商品仍以数字内容的形式流通。从渠道构成方面来看，线上第三方分发平台由游戏开发商、第三方线上发行商以及消费者组成。如图 8－2，游戏开发商通常以授权的形式，将产品授权给第三方发行商进行在线销售。发行商将所有开发商的游戏产品展示在线上游戏平台，以付费授权和下载模式将产品或游戏内的虚拟商品销售给消费者。

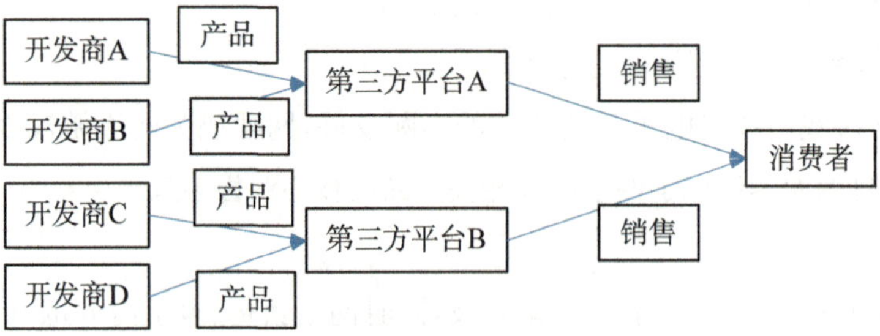

图 8－2　线上第三方分发平台渠道模式

8.3 电子游戏分销渠道设计

8.3.1　分销渠道设计的步骤

分销渠道设计是指通过对各种备选的渠道类型进行评估，创建全新的分销渠道，或改进现有渠道，从而实现营销目标的活动。渠道设计有四个步骤：

1. 寻找和鉴别市场机会。

在设计渠道前进行深入的市场分析与研究，是规避渠道设计不当的最佳途径。通过系统化的市场分析，可以更深入地了解产业环境、目标渠道合作伙伴、竞争对手情况和企业自身竞争能力。在此基础上设计适合自己的销售渠道，也可方便目标消费者选购产品。

（1）寻找市场机会

市场分析的内容包括宏观市场环境与行业环境分析、行业合作伙伴分析、企业竞争能力分析等。宏观市场环境与行业环境分析主要用于对企业渠道建设环境的综合评估，包括宏观环境、行业需求特征、行业供应特征、行业平衡、进入壁垒、价值链、行业业绩等分析项目，可以根据企业自身实际和所在地市场情况有选择地使用。市场分析过程是一个寻找并确定市场机会的过程。寻找市场机会的方法包括以下方面：在现有市场上挖掘潜力，指导现有的产品进一步渗透到目标市场中去，扩大销售量；在现有的产品无潜力可挖的情况下，为现有的产品开发新的市场；在市场开发无潜力时，考虑进行新产品开发；当产品开发潜力不足时，可根据自身资源条件考虑多元化经营，在多元化经营中寻求新的市场机会。

最大范围地收集意见和建议是寻找和鉴别市场机会的关键。在此过程中，不仅要充分利用企业内部各个部门的人脉资源，而且要广泛利用企业外部的信息资源，对市场情报资料全面了解。同时，要注意和各方面（如合作伙伴、现有客户等）保持密切的联系，他们提供的信息更能直接地反映市场需求的变化，对这些信息进行归纳、分析以便发现新的市场机会。

（2）鉴别市场机会

在挖掘出市场机会后，对市场机会进行鉴别就成了设计销售渠道的重要前提。市场机会鉴别的目的是判断该市场机会是否值得投入，盈利的可能性有多大，从而明确该采取何种渠道策略。要使市场机会变成企业机会，该市场机会必须与企业的目标相一致，企业也具有利用该市场机会的能力。因此，寻找和评估与企业目标相匹配的市场机会，是企业正确制定渠道经营战略的重要环节。市场机会的价值大小，由市场机会的吸引力和可行性两方面决定，如图 8－3 所示。

2. 了解和分析消费者需求

要实现预定的销售目标，企业就必须以满足消费者需求为核心，来开展与渠道相关的各项工作。

（1）分析消费者服务需求，调查消费者渠道偏好

营销专家菲利普・科特勒认为，消费者的服务需求主要有五项，如表 8－1 所示：

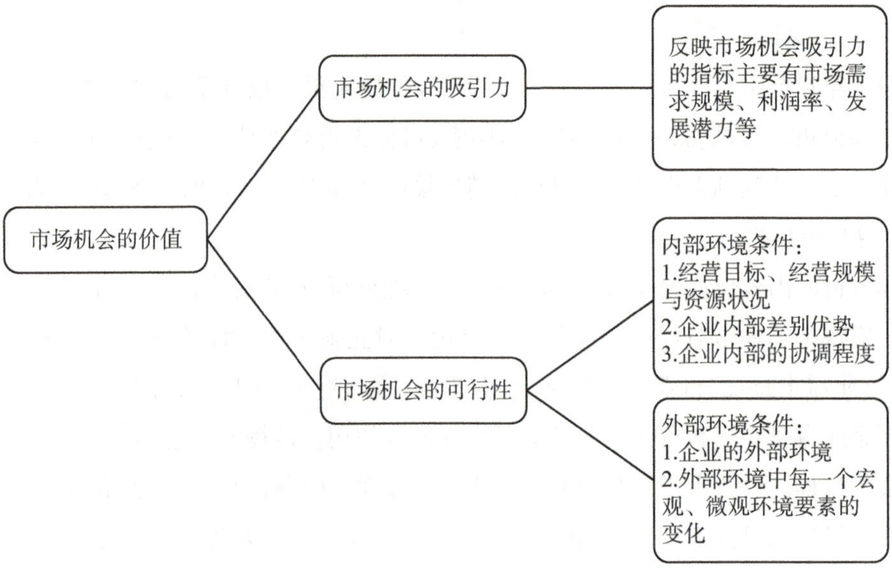

图 8-3　市场机会价值的构成

表 8-1　消费者服务需求

服务需求	描　述	说　明
购买批量	消费者每次购买商品的数量	消费者喜欢反应迅速的渠道
等待时间	消费者通过某个渠道收到货物的平均时间	不同的商品，人们所能接受的等待时间是不同的
出行距离	消费者到商品销售地点的距离	消费者更愿意在附近完成购买行为。不同的商品，人们所能接受的出行距离是不同的
选择范围	提供给消费者的商品花色、品种和数量	一般来说，消费者更喜欢在购买商品时有较大的选择余地
售后服务	为消费者提供的附加服务，包括信贷、送货、安装、维修等	消费者对不同的商品有不同的售后服务要求，销售渠道的不同使售后服务提供的种类和水平也不同

根据消费者的服务需求，还应了解消费者在购买不同商品时的心理和习惯，这样才能更好地满足消费者，实现销售目标。消费者渠道偏好调查，应涵盖不同细分市场的客户，企业可以利用问卷调查来弄清消费者偏爱的购买渠道。

（2）监控消费者购买行为的变化

通过各种方式和渠道，随时监控、掌握消费者购买行为和准则的变化，以便找准其准确需求。随着用户对产品的认知和了解程度的提高、对技术程度把握的加深，其购买行为也在慢慢发生改变。忽视消费者购买行为的变化，那就可能丢失一大片市场。

（3）提供灵活的渠道选择

消费者的购买准则各有侧重，所以应该为他们提供不同选择。例如，对于 PC 购买者来说，看重品牌和售后服务的消费者愿意到商场购买，而重视价格的人会愿意到电子市场中去讨价还价。所以，应针对不同的目标消费群体，设计不同的渠道。总之，应将消费者需求与渠道设计结合起来考虑，这是保证渠道战略成功的基础。

3. 挖掘竞争对手的渠道软肋

企业的渠道设计虽然是一项长期性的系统工程，但也存在一种简捷的渠道设计方法，那就是发现竞争对手的渠道软肋，从而设计出相应的渠道结构，达到有效抑制竞争对手，实现自身长远发展的目的。

那么，如何发现竞争对手的渠道软肋？通常的方法是先展开详细周密的市场调研和分析，但这往往需要大量的时间、人力和财力。在实际操作中，只要把握住 3 个时机，就可以更为简捷、快速地发现竞争对手的渠道破绽。发现竞争对手渠道破绽的 3 个最佳时机，如图 8－4 所示。

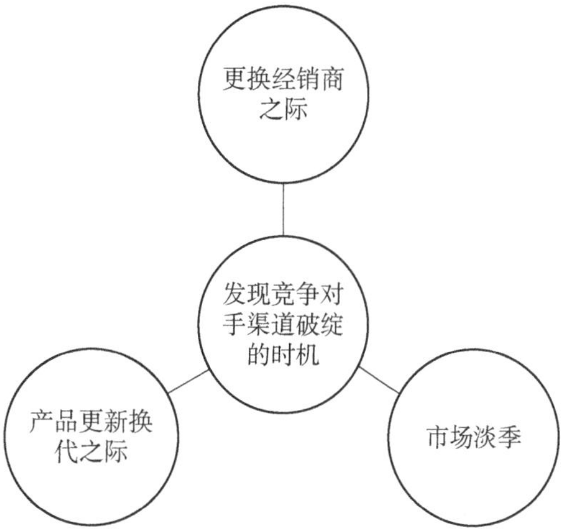

图 8－4　发现竞争对手渠道破绽的时机

一是产品更新换代之际。每种产品都有一定的生命周期，即使是最畅销的名牌产品也摆脱不了这个规律。因此，不少企业在产品还处于成熟期的时候，就会先推出一些换代产品以期望平稳过渡。但由于消费者对新产品的接受需要一个过程，因此，在此新旧产品交替之际，是进入竞争对手市场的有利时机。

二是指更换经销商之际。抓住经销商就抓住了渠道。因此，经销商的实力及能力就成了渠道选择的首要条件。经过一段时期的磨合，经销商与生产企业之间可能由于一些矛盾而分道扬镳。所以，在竞争对手更换经销商之际，也是寻找竞争对手渠道软肋的有利时机。

三是抓住市场淡季。市场淡季的时候，多数企业都偃旗息鼓，或总结、培训，或放任自流、无所事事。殊不知，淡季正是企业开拓市场、领先竞争对手的良机。谁能有效地利用市场淡季、寻找到鲜为人知的新型渠道，谁就能在扩大市场占有率的同时为即将来临的市场旺季做好准备。

4. 选择最佳渠道

在选择渠道时，应以选出最佳渠道作为目标，因为这样才能更快、更多地卖出商品，提高消费者满意程度，为企业带来更多的收益。这就要求在渠道选择过程中，应坚持表 8－2 所示的原则。

表 8-2　渠道选择的原则

原则	说　　明
畅通高效	这是渠道选择的第一原则。畅通的分销渠道应以消费者需求为导向，将产品尽快通过最短的路线送达消费者方便购买的地点
适度覆盖	应深入考察目标市场的变化，及时把握原有渠道的覆盖能力，并审时度势，对渠道结构作出相应调整，勇于尝试新渠道
稳定可控	营销总监一般不应轻易更换渠道成员，更不应随意转换渠道。只有保持渠道的相对稳定，才能进一步提高渠道的效益
发挥优势	在选择分销渠道时，为了争取在竞争中处于优势地位，要注意发挥自己各方面的优势，将渠道结构的设计与渠道产品策略、渠道价格策略、渠道促销策略结合起来，增强营销组合的整体优势

8.3.2　电子游戏分销渠道的设计

目前，电子游戏产业主要线上渠道模式分为自营分发平台、第三方分发平台两种类型，见表 8-3。其中，线上自营分发平台是电子游戏产业在多人游戏产品的单边网络效应影响下产生的渠道模式；而线上第三方分发平台则是在单机游戏产品的双边网络效应影响下渠道模式的典型代表。电子游戏借助网络，所以存在单边网络效应下的分销渠道和多边网络效应下的分销渠道。

表 8-3　电子游戏产业主要渠道模式定义

渠道模式	含　　义
线上自营分发	开发商独立运营的线上平台，向用户集中销售游戏产品并提供服务
线上第三方分发	厂商将产品授权给第三方运营的线上平台，由线上平台销售给客户

1. 单边网络下的电子游戏分销渠道设计

在单边网络效应的影响下，电子游戏产品渠道需要保持线上平台化、服务支持化、厂商独占化的特点，如图 8-5 所示。

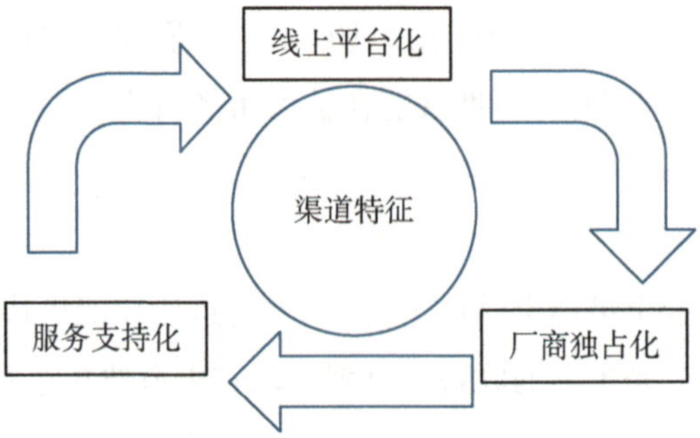

图 8-5　单边网络下分销渠道特点

首先，分销渠道呈现线上平台化的特点，扩大了单边网络效应。电子游戏是依赖于互联网提供服务的数字内容产品，线上分发是最直接、最高效的形式。更重要的是，依托互联网构建线上平台化渠道，有利于厂商扩大用户数量和规模，从而提高单边网络效应，提升用户效用。其次，分销渠道还具有服务支持化的特点，维护了单边网络效应。多人游戏的主要效用是在线互动。因此，除基本的产品分发外，分销渠道还需要具备相应的服务支持功能。这些功能应该围绕产品的内容和玩法设计，以增强用户的多人在线互动体验。例如，提供线上对战服务器、用户匹配机制、防作弊机制，以及虚拟商品等。最后，分销渠道还体现了厂商独占化的特点，避免了单边网络效应溢出。同一个用户在同一时间通常只使用一款游戏产品，游戏时间越长，购买游戏内虚拟商品的可能性越高。因此，为避免其他厂商分流已有的游戏用户，电子游戏产品的分销渠道应当是开发商独占的。

2. 多边网络下的电子游戏分销渠道设计

在多变网络效应的影响下，电子游戏产品渠道呈现线上中介化、需求匹配化、平台共享化的特点，如图 8-6 所示。

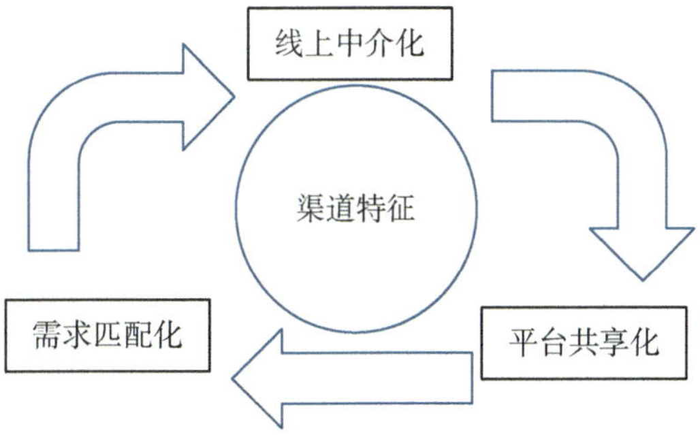

图 8-6　多边网络下分销渠道特点

第一，分销渠道以线上中介的形式构建。通过互联网线上分销产品是分销渠道的基础功能。同时，为了发挥和扩大双边网络效应，分销渠道应当发挥交易中介作用，一方面对接游戏开发商，另一方面对接游戏消费者，成为双边市场对接的媒介。第二，分销渠道具有匹配开发商与消费者需求的功能。对于开发商来说，线上分销渠道应当具有扩大用户规模、提升产品销量的功能。因此，需要具备相应的促销工具。对于消费者来说，虽然厂商规模的扩大提高了产品的数量和种类，但是也增加了信息成本、提升了产品选择的难度。所以，分销渠道应当为消费者提供产品筛选和推荐服务。第三，分销渠道应由众多开发商共享。不同于多人在线游戏的盈利模式，单机游戏的收入主要来源于产品一次性买断。用户购买游戏后的使用情况不影响开发商收益。在这样的情形下，厂商共享分销渠道、扩大共同的用户规模成了更明智的选择。而对于用户而言，厂商共享分销渠道所形成的集聚效应，也扩大了消费者的选择余地，提升了消费便捷性。

任务演练

1. 列出市场上一款常见的电子游戏的分销渠道，尝试分析其分销渠道，评价其成功之处和需要改进的地方。

2. 请为一款游戏设计分销渠道，并详细介绍为何设计这样的分销渠道。

模块四 游戏销售策划

任务九　游戏线下推广与广告宣传

课前思考

《和平精英》的线下推广与广告宣传

你听说过“717 空投节”吗？尽管你可能不太熟悉这个节日，但一提到“空投”两字，相信你能够迅速把这个节日与手游《和平精英》联系到一起。的确，它是由《和平精英》官方于一周年之际举办的游戏周年庆典活动，节日期间，《和平精英》与多个品牌达成合作，举办了一系列的线下快闪活动，将游戏带进人们的现实生活当中。《和平精英》和美团外卖平台的联动就受到广大玩家的喜爱，他们共同推出了定制款外卖炸鸡套餐，玩家可凭获胜战绩领取大额外卖红包，低价享受“空投”套餐。除了炸鸡，游戏官方还与哈根达斯合作，在上海、南京、杭州、深圳等四地打造《和平精英》主题店，推出限定联名款冰激凌套餐，以吸引玩家从线上走进线下门店，沉浸式享受手游甜品。除了美食福利，玩家们还可以在合作商家线下店面里享受游戏特权，也可以到 ChinaJoy 中国国际数码互动娱乐展览会的《和平精英》展区中参与互动赢得更多精美的游戏周边。

“大吉大利，晚上吃鸡”的流行语在《和平精英》的广告宣传中也发挥着重要的作用。例如，2021 年春节期间，《和平精英》就推出了“新年吉合，大吉大利”的春节广告片，“吉合”谐音“集合”，与游戏中的快捷喊话相呼应，又寄托了新年吉祥团圆的美好祝愿，同时将各种新年情景和游戏场景无缝衔接，号召玩家在春节期间集合吃鸡。除此之外，《和平精英》还在春节档电影《唐人街探案 3》中植入广告，电影中不仅在地铁站的场景中出现了游戏的广告画面，还有群演喊出“和平精英”“大吉大利今晚吃鸡”的口号。《和平精英》的线下推广和广告宣传都充分体现了游戏本身的特色，针对目标群体产生了良好的效果，同时避免了直接推广和广告给受众带来的反感。

任务目标

- 掌握游戏线下推广的方式。
- 掌握游戏广告投放的种类。
- 掌握游戏广告投放成本、效益的计算方式。

任务描述

本任务首先介绍了几种常见的线下推广活动，其次讲解了游戏广告的类型和发展历程、游戏媒介广告的种类以及游戏广告的计费方式和效果评估，回答了游戏广告在哪里投、怎么投和投什么这三个基本问题。

9.1 游戏线下推广

宣传推广对于游戏产品和消费者来说都具有重要的作用。营销推广代表着游戏产品和品牌的声音，促进游戏厂商与玩家建立联系，有利于提高用户忠诚度，同时，消费者也能在推广的过程中建立起对游戏产品及其形象的认知，因此，游戏厂商需要通过营销推广促进产品销量的提升并建立品牌资产。

随着技术的发展，产品推广传播的方式发生了巨大的变化，传统的大众媒体在推广过程中的有效性受到了新媒体的猛烈冲击，过去在一个频道的黄金时段播出的广告可以接触到大量的用户，而现在可能需要在十倍、百倍数量的频道播出才能达到相同的效果。因此，需要更好地利用新的媒介形式进行产品的推广。数字化营销的思维和实践在模块五中有具体的阐述。

线上流量优势巨大，电子游戏还需要线下推广吗？在课前思考中《和平精英》等游戏营销团队已经给出了答案。网络营销具有范围广、流量大等优势，但随着营销商数量的不断增加，竞争加大带来了营销成本的不断攀升。同时，线上广告爆炸式增长，已经泛滥成灾，无孔不入的宣传开始给消费者带来不良的体验。线下推广能够给用户提供更多的场景式体验，因此，线下推广对于游戏厂商而言显得格外重要。

9.1.1 游戏发布会

在推出新产品时，游戏发行商通常会举行新品发布会，广邀媒体报道、曝光，从而迅速引爆网络话题。更专业地说，新品发布会是企业将新研发的产品或技术等信息向外界传递的一种方式。新品发布会是产品或公司提高影响力的好方法，公司会邀请一些权威、流行的媒体参与，并通过电视台、报纸、自媒体高强度的曝光来宣传产品，以提高公司的知名度，更好打开销售市场，从而提高公司收益。有些公司还会邀请一些明星大咖代言产品，深入展示产品，深化大众对产品的了解，增强消费者信任感，从而达到树立品牌、提升形象的目的。

相比传统的发布会，大多数游戏公司在发布会上以宣传游戏产品为主，包括新品游戏及已上线游戏的新版本。当然，对于微软、索尼、任天堂这类拥有游戏设备业务的公司而言，在游戏发布会上也会宣传研发的游戏硬件产品。相比其他类型产品的发布会，游戏发布会更加有活力，游戏公司不仅会邀请一些媒体或明星，还会广邀游戏爱好者参与。他们也十分注重与发布会场中玩家的游戏互动——主办方会举行各式各样的主题活动与演出，并赠送玩家各种游戏周边。不仅如此，有些举办方还会鼓励前来参与的玩家们打扮成游戏里的相关角色，从而营造一种更加欢乐的气氛。不过，从 2020 年开始，大多数游戏发布会采用了线上直播的形式，这种线上直播的方式或多或少给观看者带来一种不真实、不亲切的感觉。

一般来说，游戏发布会有两种不同的形式。第一种是游戏公司作为主办方独立举办的游戏发布会，主要宣发游戏公司旗下的单个或者多款游戏产品。这类发布会主办方可以更灵活地安排会议的内容和形式，但同时需要投入更多的人力、物力与时间。第二种是在第三方平台（通常是在游戏展会上）上与其他游戏厂商共享舞台的发布会，如图 9-1，国际上最为知名的 E3（电子娱乐展览会）展前发布会，它为厂商们提供发布新游戏、游戏新版本或游戏硬件的平台，拥有着极高的媒体曝光率。虽然参与共享发布舞台的游戏公司不需要投入很多的资源，但如果想登上 E3 这类高知名度发布会舞台，游戏厂商还需要有过硬的口碑或制作出水平较高的游戏产品。不过，在共享舞台上，尽管有一些参与发布会的游戏厂商还未开发出完整的游戏，甚至游戏制作还处于原创阶段，他们总是绞尽脑汁制作出一部优秀的预告片，以求登上媒体的“年度最期待游戏 TOP10”，从而博得市场关注，引爆玩家舆论热点。

图 9-1　2019 年 E3 展前发布会舞台

9.1.2　游戏地推

游戏地推是指游戏公司进行产品推广的地面工作人员在网吧、高校、商圈和社区等各种地面市场进行实地宣传。一般而言，当新游戏上线时，游戏发行商会通过各种渠道进行营销活动，获取更多流量并吸引潜在玩家下载、注册。在这个环节中，游戏地推成为最为直接有效的“拉客”手段，游戏公司大多会聘请第三方地推公司，让地面推广人员直接与潜在客户面对面接触，进而引导客户预约、注册并下载游戏。一般情况下，这些地推公司获取的报酬与客户的有效下载量或注册量直接相关。

根据游戏类型与目标人群的不同，地推的场合也会有所不同，目前最常见的地推场合主要有网吧、校园、商圈与社区。如果所推广的产品是 PC 端游戏，由于这些游戏需要在电脑上运行，为了让推广对象能够在现场参与游玩，网吧理所当然地成了 PC 端游戏推广的主要阵地。在开展地推活动之前，地推人员需要做一些准备工作，他们会调查网吧的经营状况，收集网吧上座率、海报位置与客户游戏偏好等信息，随后根据这些数据策划市场推广内容，并与网吧经营者进行商谈。如果双方达成合作，地推人员会在网吧张贴摆放一些游戏相关的宣传品，包括海报、广告、喷绘、车贴、传单等，并在电脑上安装相应游戏。有一些地推人员还会与网吧达成进一步合作，开展更多有趣的活动来鼓励更多玩家参与到游戏当中，常见的有电脑包机活动、游玩奖励活动等。包机活动指的是合作方包下网吧部分电脑设备与游玩区域，为玩家提供免费体验游戏产品的机会，或者是邀请一些玩家参与业余竞技比赛。而游玩奖励活动则是指当玩家在游玩某个推广游戏并达成相关成就时（例如，玩家在《英雄联盟》游戏取得五杀），活动主办方会奖励玩家相应的奖励（如赠送网吧上机时长、饮料、相关游戏周边等），从而吸引玩家自费参与，成为游戏的新玩家。

除了在网吧，商家与合作方还可以为客户提供登入游戏的 PC 设备。在其他场合，地推活动难以为客户提供大型的游戏设备，所推广的游戏产品载体受限于手机移动端。相比网吧地推，这些地推人员的工作也较为简单，其工作内容包括分发传单、无线传输游戏安装包、引导客户注册与下载游戏等。如果地推产品为移动游戏，地推人员一般以学生为主要的推广对象。从竞技类到养成类再到休闲类等，这些充满活力的年轻玩家更愿意尝试不同类型的手游，也正因如此，在大多情况下校园是游戏地推的绝佳场所。当然也有例外，以传统的棋牌类型的手游为例，这类游戏对于高年龄段的群体具有更高的吸引力，针对这些人群，地推活动一般会在社区与街道开展。另外，我们有时候也能看到在大型商场中举办的一些《××斗地主》《××麻将》等棋牌类手游比赛，由于游戏规则简单，路人可以当场下载游戏并报名参加，获胜者还可以获得相应的奖品，这类地推活动能够快速吸引到大量玩家参与，但同时也需要更多资金与人员的投入。

然而，由于近年来部分地推活动的欺诈行为，人们开始有意识地拒绝这些地面推广活动，推广效果大打折扣，再加上逐渐高昂的人工成本、地域覆盖范围有限等问题，地推活动的弊端也逐渐显露出来，游戏公司逐渐倾向于举办其他类型的线下推广活动。

9.1.3 渠道终端营销

除了新产品发布初期的造势，游戏发行商还要注重中后期热度的维持。游戏发行商还会与各分销渠道方达成进一步的推广合作。以具有浓厚主机文化的美国与日本为例，在当地市场上，主机游戏的线下分销渠道非常成熟，主要集中在超市、便利店与游戏零售店。这些店铺主要售卖相关的主机设备、外围设备、游戏光盘与其他游戏周边，发行商便与这些零售商达成合作，在线下门店举行一系列的优惠促销活动与海报宣传等推广活动，从而吸引玩家购买相关游戏产品。虽然近几年来，美国与日本的线下游戏零售店受到电子商务与游戏数字化的打击，美国最大的连锁游戏零售商 GameStop 就在 2020 年关闭三百多家线下店，但是渠道终端营销仍然是游戏发行商重要的线下推广手段。

而在中国，游戏市场以 PC 端与移动端的游戏产品为主，这些数字版游戏并不依赖于线下的分销商与零售商。与手游与端游的市场相比，由于政策限制与不同的游戏文化，中国的主机游戏市场黯淡，其零售商规模也较小。国内的主机游戏零售商主要是个体经营，它们主要集中在电脑城，所售卖的游戏产品数量与种类十分有限，一般以海外或港区版本为主，由于主机游戏引进政策限制，海外主机游戏发行商难以和这类个体户展开合作。这些零散的游戏零售商，承担的风险较大，突然的跑路与转型已见怪不怪。

虽然中国主机市场份额较小，但由于人口基数大，主机市场仍具有一定的消费潜力。例如，在 2015 年，国内游戏机生产与销售全面解禁，索尼、微软、任天堂等主机游戏企业纷纷涌入中国。然后在一些大型商场里或繁华的街道，我们开始看到一些装修精美的游戏实体零售店。这些零售店销售的游戏产品种类丰富，并且供应较为充足，它们大多是国行主机设备的官方授权店，所销售的主机游戏多为国行版本。虽然这些零售店销售的游戏和设备的价格通常高于网店里的价格，但为游戏厂商提供了良好的推广的渠道——这些零售店的装修风格前卫，把自己打造成一个玩家国度，吸引玩家前来"打卡"并上传到网络社区，还鼓励玩家在门店里免费使用游戏主机，试玩店里主推的游戏，从而促使玩家购买一些游戏产品。中国主机游戏市场往往难以跟上全球主机游戏市场的营销节奏，需要针对中国市场单独设计一套营销活动。

在以数字版游戏为主的中国，很多游戏厂商也开始发掘线下的营销渠道，与其他品牌联名，共同举办跨界营销活动——游戏公司将游戏 IP 形象授权给其他品牌进行线下的产品的生产及推广等活动。例如《阴阳师》手游发行商就曾与肯德基进行合作，举行了一系列的快闪活动，如图 9－2 所示，推出特供定制款游戏主题套餐、八家限时主题门店、在店游戏的特别奖励，玩家可以到店"打卡"，感受主题装修氛围，并和自己喜爱的游戏人物合影留念。除了主题餐厅，游戏厂商们还会举行各种五花八门的跨界营销活动，例如《王者荣耀》与 MAC 的联名口红、《雷霆战机》与七匹狼的联名 T 恤、《风暴英雄》与王老吉的定制版黑凉茶等。这些另类有趣的跨界营销的方式，使得线上游戏不再束缚于互联网，而是走进玩家们的现实生

图 9－2　肯德基《阴阳师》主题门店

活，拉近游戏与玩家的空间距离，用更加直接的方式刺激玩家的感官神经，促使玩家前去参观、消费，并在互联网平台上打卡分享，实现“线上 + 线下”的口碑传播。

9.1.4 展会推广

自己找地推公司、做发布会、发掘渠道，这些线下推广方式看似都很费心思，有没有什么较低成本的方法可以有效地接触到市场用户，并将产品信息与品牌价值传递给他们呢？参展其实是一个很不错的选择。知名的游戏展览会总能吸引大量游戏玩家、游戏零售商、分销部、研发商、投资商与媒体的参与，为游戏厂商提供了流量巨大的线下推广平台，是游戏厂商宣传自己的绝佳机会。

游戏展会除了为各游戏厂商提供发布游戏产品信息的舞台，它们还支持游戏厂商在游戏展示区中打造自己的互动空间，每个参展游戏企业都会精心装饰自己的活动区域，希望给前来参观的人们留下深刻的印象。在这个区域内，游戏厂商通常会向游客们展示自己的游戏产品并邀请他们试玩，还会策划一系列的互动活动。它们可能会邀请一些游戏知名 coser、游戏主播或电竞大咖前来现场与玩家互动，也可能会赠送玩家们一些纪念礼品或游戏中的专属福利等，以吸引并助力玩家开启全新的游戏之旅。在游戏展会上，游戏厂商还会与主办方合作举行更加大型的营销活动，例如举办一些电竞赛事与游戏主题表演等，也都有着不错的传播作用。此外，一些游戏展会主办方还会单独设立一个独立游戏主题展区，为游戏开发商提供一个作品展示与商务洽谈的舞台与桥梁，从而实现开发商与发行商和各平台的资源对接。

作为会展业的组成部分，在游戏产业强劲发展的带动下，游戏展览业现在已经非常成熟，也为游戏相关产业带来了巨大的经济效益。如果游戏厂商想打开国际市场，它们一定不能错过这几个非常知名的游戏展会，分别是美国的电子娱乐展览会、德国的科隆国际游戏展与日本的东京电玩展。它们是全球最知名、规模最大的游戏展会，聚焦着全球游戏产业流量，是全球游戏爱好者的天堂，也是国际游戏厂商线下推广的重要渠道，下面对这些展会进行简要介绍。

1. 美国电子娱乐展览会(The Electronic Entertainment Expo)

美国电子娱乐展览会，简称 E3，自 1995 年开始举办，于每年的 6 月至 7 月期间举行。它在全球电子娱乐产业中有着至高无上的地位，是全球规模最大、知名度最高的互动娱乐展示会。每年的 E3 展会也被誉为“电子娱乐界一年一度的奥林匹克盛会”。与主要面向普通观众的游戏展会不同，主办官方将 E3 大展定义为“制作中的电脑游戏、电视游戏及相关周边发布会”，属于商贸展，主要是面向游戏产业业内人士开放的一个商贸交流展会。由于其巨大的国际影响力，各大游戏厂商纷纷在该展会上呈现本年度的“重量级”产品，游戏产品在 E3 展会上的成功与否在某种程度上预示着该产品的市场前景，可以说是游戏产业年度商战的一次预演。图 9-3 展示了 E3 电子游戏展的任天堂专区，很多玩家在试玩新游。

图 9-3　E3 电子游戏展的任天堂专区

2. 日本东京电玩展(Tokyo Game Show)

东京电玩展,简称 TGS,始办于 1996 年,一般于每年 9 月份在日本东京千叶幕张国际展览中心举办,至今已经发展成为全球第二大、亚洲最大的游戏展会,其规模仅次于美国 E3 游戏展。东京电玩展的内容集中于各类游戏机及其娱乐软件、电脑游戏以及游戏周边产品。虽然 TGS 参展商以本土企业为主,但仍然吸引了亚洲乃至全球的游戏厂商前来参与,国内游戏公司米哈游就于 2019 年带着旗下的《原神》和《崩坏 3rd》参展。不过,在众多参展商中,索尼依然是参与度最高的、规模最大的游戏产商。图 9-4 展示了东京电玩展一般展区中的 PS(索尼 Play Station)舞台,玩家们都在等待新游的宣发与更多相关资讯的发布。

图 9-4　东京电玩展一般展区中的 PS 舞台

3. 德国科隆国际游戏展(Gamescom)

德国科隆国际游戏展由创办于 2002 年的原莱比锡游戏展(Games Convention)发展而来,于 2009 年改至科隆举办,一般于每年 8 月中旬举行。它是世界第三大游戏展会,是欧洲最大、最权威、最专业的综合性互动式游戏软件、信息软件和硬件设备的大型国际展会，也是游戏厂商和全球特别是欧洲地区玩家及媒体交流信息的主要平台。科隆国际游戏展不仅为当地的旅游业作出重要贡献，还是科隆市一年一度的盛宴。每年展会期间，科隆市还会举行 Gamescom 城市节，在莱茵河大都市的中心地带为来自世界各地的游客们提供精彩的娱乐活动。图 9 - 5 展示了德国科隆国际游戏展举行的角色扮演比赛现场，Gamescom 鼓励更多"奇装异服"的访客们参与。

图 9 - 5　德国科隆国际游戏展角色扮演比赛现场

4. 中国国际数码互动娱乐展览会(ChinaJoy)

提到中国的游戏展会，最让人印象深刻的就是中国国际数码互动娱乐展览会，它是中国最大规模也是最隆重的游戏展会。ChinaJoy 创立于 2003 年，于每年的 7 到 8 月份期间在上海的新国际博览中心举办。ChinaJoy 已成为在国际上极具有影响力的游戏展会。它不仅是中国游戏行业一年一度的盛宴，也是国际游戏厂商将游戏产品与技术带入中国市场的绝佳机会。2019 年，ChinaJoy BTOB 互动娱乐展区海外参展企业就超过了 200 家。作为一个综合性、专业性的游戏展会，ChinaJoy 仍在不断地丰富和扩展其展会内容，除了游戏娱乐产业，涉及动漫、互联网影视、互联网音乐、网络文学、电子竞技、潮流玩具、智能娱乐软件及硬件等数字娱乐多领域。

ChinaJoy 的成功离不开政府及相关政策对游戏产业的大力支持。从 20 世纪 80 年代开始，盗版游戏横行中国游戏市场，研发团队辛苦制作的游戏被随意复制兜售，严重阻碍了本土游戏产业的发展，大大削弱了中国游戏市场的国际影响力。而 ChinaJoy 的成立意在加强国内电子娱乐产业行业的管理模式，规范游戏产业市场，从而助力中国数字娱乐产业健康、快速发展。具体来说，就是打击盗版和非法复制等违法行为，鼓励正当经营和正版电子娱乐产品的生产和销售，使国内优秀游戏厂商的电子娱乐产品在国际上赢得认可，进而树立中国在世界范围内的保护知识产权的正面形象。因此，ChinaJoy 在展示新产品和传播新技术的同时，也成为政府传达产业政策、了解产业发展、获取市场信息以及吸收国内外游戏企业建议的窗口。图 9 - 6 展示了 2018 年 ChinaJoy BTOB 的韩国企业展区，这些独立游戏开发商在中国寻求合适的发行商以及合作伙伴。

图 9-6　2018 年 ChinaJoy BTOB 的韩国企业展区

9.1.5　赛事推广

在游戏展会上我们可以看到一些业余的电竞比赛，其参与选手多由游戏主播、业余战队或平民玩家组成，他们为观众带来颇具娱乐性的竞技表演。而职业的电子游戏赛事如体育竞技一样，具有更高的专业性，参赛对象以游戏俱乐部为主，职业选手间的高端操作更是让人热血沸腾。电竞比赛项目一般以电竞游戏中的对战类游戏为主，运行设备主要是 PC 端与移动端，一般在体育馆或电竞赛馆举行。电竞赛事通过广播电视、互联网和社交媒体等媒介的传播，向全国乃至全球玩家展现精彩、刺激的游戏竞技内容，是一种强大的营销手段。如今，电竞赛事总体趋势从地方向国际转移，吸引着各国游戏俱乐部与玩家参与其中，并带动了世界各地电竞产业的发展。

中国电子竞技虽然起步较晚，但经过行业的不断规范、主流媒体的关注以及政府的扶持，我国电竞赛事组织也举行了许多电竞赛事。另外，在直播媒体与社交媒体的助力下，电竞赛事也逐渐走进大众视野。也因其泛娱乐性，吸引着越来越多的用户群体观看并参与到游戏当中。在中国，影响力较大的大型独立电子游戏赛事主要有《英雄联盟》相关的 LPL 英雄联盟职业联赛和德玛西亚杯、DOTA2 职业联赛、PUBG 中国职业邀请赛、中国区《守望先锋》挑战者系列赛、《穿越火线》职业联盟电视联赛，以及移动端的王者荣耀职业联赛、和平精英职业联赛等。大型系列赛事有暴雪旗下的黄金系列赛(《炉石传说》《风暴英雄》等一系列暴雪游戏赛事)、国家体育总局主办的 NEST 全国电子竞技大赛(包括《英雄联盟》《王者荣耀》《和平精英》等多个热门游戏项目)、面向全国高校学子的创联赛等。

除了国内赛事，中国电竞赛事也积极与国际接轨，中国电竞队伍也踊跃参与到全球赛事当中。来自中国的职业玩家们就在世界电竞舞台上留下了许多高光时刻——英雄联盟全球总决赛 S8、S9、S11 的总冠军，DOTA2 国际邀请赛三届总冠军，CFS 世界总决赛五连冠，2019

年守望先锋联赛太平洋赛区的冠军。在2018年雅加达亚运会上，中国队伍还在《英雄联盟》和《王者荣耀》电竞项目中斩获冠军，虽然在当时电竞项目只是表演项目。由于其竞技性逐渐被大众认可，电竞在2022年杭州亚运会上成为了正式的比赛项目。

一般来说，一个游戏的全球赛事是该游戏各项赛事中含金量最高、竞技水平最高、知名度最高的比赛，取得冠军是站上世界之巅的象征。这些国际赛事一般由游戏官方或者一些权威性机构举办，获胜队伍则能够获得丰厚的奖金，成为世界的焦点。这也是为什么国际性的顶尖赛事总是能吸引世界各地的顶尖队伍与职业玩家报名参与。而国际赛事的名额总是有限的，所以地方性的职业赛事往往成为入选大型国际赛事的第一道筛选关卡，只有当年在地方职业赛事中取得优异成绩的队伍与玩家才有机会站上世界竞技的舞台。

国际电竞赛事赛制十分复杂，不同赛事的具体规则内容有很大的不同，赛制也在不断迭代更新。这里以世界范围内规模最大、赛制较成熟的英雄联盟全球总决赛为例，简单介绍其赛制规则。英雄联盟全球总决赛的参赛队伍来自全球的12个赛区及联赛(如中国大陆的LPL赛区)，比赛主要分为三个阶段，分别为入围赛、小组赛、淘汰赛。小组赛一共有16个席位，其中的12个席位提前被各赛区的顶尖队伍锁定，剩下4个席位由参与入围赛的16个队伍竞技胜出。每个赛区根据其规模和水平确定其在国际赛事中的入围赛与小组赛的名额，LPL赛区凭借着2018与2019年夺冠的优异成绩，在2020年取得了宝贵的4个入选名额——LPL排名前3的队伍可以直接锁定国际赛事小组赛的席位，第四名则要参加残酷的入围赛，与来自其他赛区的15个队伍同台竞技。而来自规模较小、竞技水平较低的赛区的队伍，即使是当地的一号种子，也需要参与入围赛，才有机会晋级小组赛。入围赛结束后，这16支队伍按种子分类抽签分为四组，同赛区小组遵循回避原则，每个小组内进行双循环BO1(一局定胜负)比赛，最终每组的前两名，一共8个队伍进入淘汰赛。淘汰赛中，通过随机抽签，让每个小组的第一对阵另一个小组的第二，同小组半区遵循回避原则，进行单淘汰赛制BO5(五局三胜)，最后决出总冠军。

9.2 游戏广告投放

广告投放是企业重要的营销方式，是一种十分有力的推广手段。它可以增加公司产品的曝光率，刺激消费者的需求，从而帮助企业影响消费者的购买行为，引导消费者购买推广产品。从长期来看，公司投放广告的目的不仅是实现即时的销售增长，还在于建立品牌，帮助企业树立正面形象，培养消费者对产品的信任和忠诚度，以提高公司的声誉。对于网游，特别是对手机端游戏而言，游戏市场竞争十分激烈，流量对于游戏运营商来说极其重要，越多的流量意味着越多的玩家，越多的玩家意味着越大的市场与越大的利润空间。中国的头部游戏公司占七成以上，大多数中小型游戏运营商无力在游戏质量和市场营销资源上与这些运营商竞争，于是将眼光放在了游戏的广告推广上，通过投放大量的广告获取用户，吸引人们点击链接，进一步引导新玩家下载、安装、注册和付费。

9.2.1　游戏广告的类型和发展历程

1. 游戏广告的类型

在地铁、电视、商场、社交媒体、各种 App 上，在各种时间、各种地点、各种场景，我们总能看到各种各样的广告，广告计划制定需要与广告投放的媒介相匹配，按照媒介的使用对游戏广告进行分类，主要有以下五类。

(1) 印刷媒介广告

印刷媒介广告通常也称为平面广告，包括报纸广告、杂志广告、海报、宣传单、包装等。在互联网普及之前，大众报纸和杂志是游戏厂商常见的广告投放渠道，同时也涌现出很多专门的游戏杂志，例如《游戏机实用技术》聚焦于各种游戏机及其游戏，内容包括游戏资讯、新游评测、游戏攻略等，受到了广大游戏迷的欢迎。

(2) 电子媒介广告

电子媒介广告主要是指以广播、电视、电影等为载体投放的广告。游戏广告过去很少出现在电视上，但随着行业的规范，游戏广告的电视投放量从 2013 年起不断上升，网易旗下的《梦幻西游》选择周杰伦代言，通过电视广告的强大传播能力吸引了很多年轻玩家。

(3) 户外媒介广告

户外媒介广告是指以街道、交通工具等为载体投放的广告。例如，2021 年 3 月，上海中山公园地铁站变身"王者峡谷"，地铁站通道两侧墙面换上了《王者荣耀》的海报，更有按钮触发游戏内角色的语音，吸引了众多玩家体验打卡，取得了良好的宣传效果。

(4) 数字媒介广告

数字媒介广告是指以互联网为传播载体的新型广告形式。随着互联网的崛起，互联网用户数量激增，可以说哪里有互联网，哪里就有人打广告，如今互联网新媒体已经成为广告投放的主要渠道。

(5) 其他广告

其他的游戏广告类型还包括直邮广告、销售现场终端广告等，例如，在地推中提到的在游戏零售店、网吧等售卖终端，通过游戏展示、商品陈列、展板等方式传递的广告就是销售现场终端广告。

2. 游戏广告的发展历程

游戏广告投放的渠道也在随着技术的发展与硬件设施的升级更新不断变化，从端游和页游时期算起，中国的游戏广告投放渠道已经至少出现了四次迭代。

在 2010 年之前，中国游戏市场还处于端游和页游时期。这一时期玩家人数较少，以硬核玩家为主，线下广告投放渠道则主要是网吧、游戏媒体杂志等。由于端游与页游的运行需要计算机设备的支持，其中页游还可以快速方便地在浏览器上运行，使得游戏论坛、门户网站、搜索广告成了主要的线上广告投放渠道。而到了2010年，功能机开始流行，这一时期的手游主要是功能机的Java小程序。由于未成熟的手机网络组件与昂贵的网络费用，用户很少会在功能机上直接下载游戏，因而游戏发行商会通过手机运营商达成合作，将游戏预装在出产的手机中，让用户在购买手机后就能直接游玩内置游戏。

到了2013年，伴随着智能机的普及，移动互联网进入红利期，大量用户开始在手机设备上使用互联网。在初期，由于智能手机品牌众多、集中度低等原因，腾讯应用宝、360手机助手、91助手等第三方应用商店成为手机游戏主要的分发中心。游戏广告主则在这些平台上投放广告，或者直接与平台方达成合作，让应用出现在更显眼、更靠前的位置以提高游戏应用的曝光度。而之后随着智能机企业对于App生态的重视和手机市场的集中，智能机官方自建的应用商店成为新的分发中心，广告投放渠道自然也转移到这些官方平台上。

在2017年之后，移动互联网红利逐渐消退，广告市场迎来超级App主导时期。如今由于头部App（如微信、微博、抖音、快手等）占去了手机用户的绝大部分使用时间，用户主动使用应用商店下载App的频率大大降低。游戏广告主便把广告的投放转移到这些热门媒体平台上，积极与Google Ads、百度推广、巨量引擎这类广告公司或者一些自媒体内容创作者达成合作，例如B站UP主、抖音网红等，形成了我们目前见到游戏企业在头部App上投放广告的新格局。

9.2.2 数字媒介广告的种类

在互联网时代，数字媒介广告作为一种重要的游戏广告类型，包括信息流广告、横幅广告、搜索引擎广告、插屏广告、开屏广告和视频贴片广告等。

1. 信息流广告(Feeds)

信息流广告是一种在社交媒体用户好友动态、资讯和视听媒体内容流中的广告。这种穿插在原生内容中的广告，对用户来说体验相对较好，不容易引起用户的反感情绪。值得注意的是，信息流广告是建立在大数据分析的基础上的，各大媒体平台通过对用户行为的数据收集与分析，以实现广告的精准投放。因此，信息流广告一般是广告主首选的广告方式。广告市场对信息流广告的需求量越来越大，几乎所有的互联网媒体平台都推出了信息流广告服务。

由于移动终端平台载体的差异性，信息流广告在不同应用中的呈现也有所不同。如图9-7所示，在浏览器应用中，推荐内容的中间就穿插了一则广告，而对于用户更常用的社交平台，信息流广告在微信中更多地投放在朋友圈和公众号推文中，让用户在刷动态和相关内容时就能看到相关广告。在微博中，信息流广告则体现在更多的方面，既可以穿插在所关注博主的动态中，也可以投放在某个博文或视频内容的最后；既可以以链接条目的形式出现在热搜榜吸引用户点开，还可以出现在微博广场和推荐中。这些多样的信息流广告夹杂在原生内容中，在不经意间吸引着用户，等待着用户的点击和关注。

图 9-7　游戏信息流广告示例

信息流广告不仅出现在动态内容中，也出现在各类资讯和视听媒体内容流中。在微信公众号的推文最后，时常会出现一则广告，这类广告通过极具特点的图片或视频以及简短的介绍吸引用户。在推文中设置广告也是可取的，这类广告通常会找相关领域的公众号合作，例如游戏专业媒体、热门主播、游戏官方公众号等，推文中的广告也以软文为主，在介绍原生内容的过程中穿插广告。图 9-8 展示了微信公众号推文中的广告。

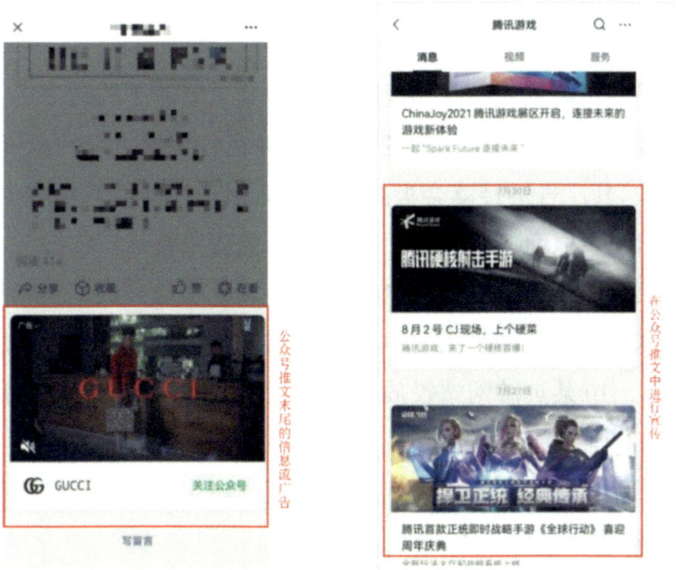

图 9-8　微信公众号推文中的广告示例

2. 横幅广告(Banner Ad.)

横幅广告，又称旗帜广告，是网络广告最早采用的形式，也是最常见的广告形式。Banner 广告就像是报纸和杂志上的广告，将广告主投放的图像信息以一块横跨于网页上的矩形公告牌的形式展示给用户，一般位于网页显眼的位置。如图 9－9，与纸质广告不同的是，Banner 广告的图像信息可以是静态图片，可以是 GIF 格式文件，也可以是 SWF 动画图像。Banner 广告不仅仅传递信息，还吸引用户点击并链接到广告主的网页。

图 9－9　横幅广告示例

图 9－10　页游网站投放的搜索引擎广告示例

3. 搜索引擎广告(Search Ad.)

搜索引擎广告是一种触发式广告，是当用户在搜索引擎输了关键字后，在搜索结果中展示的一种广告。它需要广告主确定相关的关键词，并在各搜索引擎的竞价系统中竞价购买该关键词的使用席位，其广告链接就会根据竞价排名出现在网页的相应位置。除了传统的搜索引擎，各大应用商店、电商、资讯类应用软件也开始提供搜索广告服务，让广告主的产品在用户搜索时优先展出。不可否认的是，搜索广告是转化率最高的广告类型，因为用户搜索的内容与用户的需求高度关联，搜索广告可以通过引导用户消费行为，帮助用户购买或下载到所需产品。如图 9－10 某页游网站投放的搜索引擎广告所示，在百度搜索中输入“fps 游戏”，该广告链接位于搜索结果的第三位。

图 9－11 展示了小米应用商城的搜索广告，在搜索栏中输入“手游”二字，这些推广的游戏产品会优先跳出，以引导用户下载、安装。

4. 插屏广告(Interstitial Ad.)

插屏广告也是一种触发式广告，是在用户进行开启、暂停、切换、退出等相关操作时，以

图 9－11　小米应用商城的搜索广告示例

图 9－12　某移动应用内的插屏广告示例

图片、动图、视频等表现形式出现的半屏或全屏广告，具有强烈的视觉效果。由于每当用户进行页面切换、关闭、暂停播放等动作后，他们在心理上已经完成了一次完整的操作，此时插入的插屏广告就能避开用户正常使用应用的时机，从而减少对用户的干扰，避免用户对这些广告产生厌烦情绪。因此用户更能接受这类广告形式，也更有可能点击这类广告。如图 9－12 所示，是某移动应用内的插屏广告，用户可以点击链接转到游戏下载中心，也可以点击左上方的“×”号关闭该广告。

5. 开屏广告（Splash Ad.）

开屏广告，又称启动页广告，是 App 中屏占比最大的广告。它是在用户开启加载应用时，同样以图片、动图、视频等表现形式出现的一种全屏广告。与插屏广告不同的是，开屏广告一般只有 5 秒的展示时间，在展示完毕后会自动关闭并进入应用主页面，用户也可以手动跳过。一般来说，由于用户会出于某个目的打开手机应用，他们在应用开启时会保持很高的注意力，开屏广告就更有可能给用户留下印象，从而达到良好的曝光、宣传效果。图 9－13 为贪玩游戏公司在虎牙直播 App 上投放的开屏广告，贪玩还与郭富城在虎牙平台上进行了相关的直播推广活动。

图 9－13　贪玩游戏公司在虎牙直播 App 上投放的开屏广告

6. 视频贴片广告(Roll Ad.)

视频贴片广告也叫视频插片广告，它是视频媒体平台上很流行的一种广告形式。它通常以横版视频广告的形式出现在视频播放之前、之间、之后三个位置，可以算是电视广告的延伸。这种长时间的视频广告为视频媒体带来了巨大的利润，现在几乎每个视频网站上都提供投放视频贴片广告的服务。但对于用户来说，如果不充值会员，他们就无法跳过广告，而这种带有强迫性的视频广告往往会触发观众的逆反情绪，用户也就更不愿意点击这类视频了。为了避免这种情况发生，视频平台也开始提供图片贴片广告服务，这种贴片广告一般以图片或动图的形式，出现在正在播放的视频当中。图 9－14 展示了常见的视频贴片广告。

图 9－14　爱奇艺视频软件上视频播放前投放的视频贴片广告

广告投放渠道一定程度上限制了广告的素材类型。最常见的游戏广告素材有图片、视频、HTML、文案等。其中，视频类素材凭借其生动有趣的展示方式与丰富可视化的视频内容最受青睐，也是推广效果最好的广告素材类型。随着全球移动网络的发展和流量资费的降低以及短视频 App 的爆火，视频类素材的广告占比将会越来越高。图片类素材制作成本较低，展现效果直观，是最为传统的广告素材之一。HTML 素材的广告是依靠 HTML 语言所编写的网页广告，是为推广产品量身定制的一种网页广告，广告主可以随意设计网页内容与风格。文案素材可以是游戏的介绍、游玩感受、游戏资讯等，一般投放在游戏论坛与游戏资讯平台上。

9.2.3　游戏广告的计费方式与效果评估

1. 游戏广告的计费

面对如此多类型的广告渠道，我们应该选择哪一个呢？选择广告投放渠道所要考虑的因素有很多，并不只是一味选择曝光效果最好的，也要考虑到投放成本、周期等其他因素。随着互联网广告产业的发展，互联网广告的计价方式十分透明，以下是几种常见的互联网广告计费方式。

(1) CPM(Cost Per Thousand)

CPM，即按千次展现计费，是一种展示付费广告。这种计费方式与户外展示广告非常相似，只要平台展示了广告主的广告内容，广告主就需要为此付费。以微信朋友圈广告为例，在上海地区，在朋友圈投放广告每曝光一次收费 0.1 元(仅供参考)，千次展现计费 CPM 则为 100 元，若实际曝光量为 50 万次，则需要缴纳 5 万元的广告费用。一般来说，除非广告主需要迅速扩大企业知名度，或者采用 CPM 计费模式的平台转化率可观，广告主一般不希望采取这种计费方式，因为广告主需要为那些只观看而不点击广告的用户行为买单，其利益难以得到保障。图 9－15 展示了微信朋友圈信息流广告，如果你在朋友圈刷到了一条这样的广告，在该页面停留超过一秒就意味着有一位广告主需要为你的“看到”付费了。

图 9－15　微信朋友圈信息流广告

图 9－16　抖音信息流广告

(2) CPC(Cost Per Click)

CPC，即点击付费，是根据广告被点击的次数进行收费的一种计费方式。也就是说只有广告主投放的广告被用户点击之后，广告平台方才会收取费用，而展现广告是完全免费的。以抖音的信息流广告为例，每条广告的 CPC 价格通常为 0.2 元(仅作参考)，如果用户点击了广告主投放的广告链接，抖音广告系统就会收取广告主 0.2 元的广告费。这种计费方式十分直观且有保障，已被市场认可与采纳，市场上百度竞价、百度网盟、淘宝直通车、腾讯广点通等广告平台就是采用 CPC 计费模式收费。为了提高收益，广告平台也希望观看到广告的更多用户能够点击这些广告，于是他们根据目标受众的画像信息，更加精准地投放给可能喜欢这些广告产品的用户，以提高广告投放的效率。图 9－16 展示了抖音信息流广告，在 CPC 计费规则下，如果你不点开广告主提供的链接，无论你刷多少遍这个广告视频，广告主都不需要为此付费。

(3) CPA(Cost Per Action)

CPA,即按用户行为计费,也就是当用户点击广告并完成广告主设定的某种行为后,广告平台才对广告主收取费用的一种计费方式。根据广告主的不同利益诉求,设定的行为也会有所不同。对于游戏广告主来说,通常是以用户注册账号或下载游戏的行为为收费标准。CPA 与 CPC 这类计费方式看似能够保障广告主的利益,其实也有恶意刷单的风险。为了控制推广费用,广告主还需要通过 IP 追踪等其他工具识别这些虚假的点击或注册行为,从而在广告费用清单中扣除相应费用。

2. 游戏广告的效果评估

通常,在广告投放后,我们还要进一步追踪广告投放的效果。得益于便捷的互联网数据采集系统,相对于传统的户外游戏广告投放,通过数据分析工具,广告主可以更加快速地计算出互联网广告的投放效果,从而调整广告投放策略。以下是互联网广告投放效果评估常用的几种指标:

(1) 点击通过率(Click-Through-Rate)

点击通过率,简称 CTR,指网络广告的点击到达率,计算方式为广告的实际点击次数(严格意义上是点击广告后到达目标页面的数量)除以广告的展现数量。如果 1000 个人中有 200 个人在观看某广告后点开该广告,该广告的 CTR 就是 20%。CTR 衡量的是广告吸引用户注意力的成功程度。点击率越高,说明用户对这个广告感兴趣的程度越高。相反,如果 CTR 很低,可能是由于用户需求与广告文案的相关性不高,这时广告主就需要修改文案内容以吸引用户眼球。对于搜索引擎广告来说,CTR 点击率较低的原因还可能是其展现量本来就低。广告展现量低说明用户搜索相关关键字的频率较低,也就是广告主所投放的广告展现在用户面前的机会较少。在这种情况下,广告商可以扩大对其他关键字的购买,以增加展示广告信息的机会。

(2) 转化率(Conversion Rate)

转化率,简称 CVR,是用户从点击广告后成为一个有效激活用户甚至付费用户的转化率,计算公式为 CVR=(转化量/点击量)×100%。如果上述点击通过的 200 个用户中有 50 个用户在点开游戏广告后注册了账号,那么该广告的 CVR 就是 25%。CVR 是考核投放渠道点击用户是否真实、是否优质的重要标准,低的转化率可能意味着存在恶意刷单的虚假用户,也可能代表该广告投放平台上的用户不是游戏的潜在用户,也可能是下载或注册页面信息与广告信息不符,用户不愿继续点击游玩。

在广告投放结束之后,广告主还需要评估这次广告投放活动的投入产出比。对于游戏产业来说,大多游戏广告主的利益诉求是获取更多的真实用户,所以其广告产出的计算标准就是有效激活的用户数量。在这种情况下,投入产出比就是游戏公司为每一个用户的注册、下载或付费购买行为所要付出多少广告成本。投入产出比越高说明广告投放的性价比越高,广告投放效果也就越好。如果投入产出比很低,广告主就需要做进一步的调查——点击用户是否存在虚假注册行为、投放广告平台上的用户质量是否优质、广告平台收费标准是否合理，或者广告内容是否有吸引力、关联度是否太低，并做出相应的调整。

任务演练

1. 电子游戏线下推广主要有几种方法？请选择一款你熟悉的游戏，结合该游戏线下推广的实际情况进行分析。

2. 游戏广告的类型主要有哪些？试分析每种类型的优势与不足。

3. 如果你负责一款棋牌类游戏的推广，你会选择哪些广告渠道进行宣传？请说明理由。

任务十　游戏市场推广计划书

课前思考

游戏市场的推广方案

游戏行业的竞争日趋激烈，无论是端游还是手游，强 IP、好 IP 逐渐被头部企业抢夺，游戏产品的市场推广显得格外重要，直接决定了游戏是否被玩家熟知和接受，产品是否能够继续存活。想做好一次游戏产品的推广，不仅需要精准定位用户群体、想出独特的创意，还需要有一个完整而系统的方案。下面是某网络游戏市场推广方案的目录。

《×××》市场推广方案

0	方案概要
1	环境分析
	1.1　产品及市场
	1.2　用户分析
	1.3　推广手段分析
2	推广计划
	2.1　整合营销方案
	2.2　线下宣传活动
	2.3　线上推广活动
3	传播策略
	3.1　广告建构策略
	3.2　数据分析策略
4	服务保障

在这份市场推广方案中，首先是方案概要，该部分是整个方案的浓缩，简单明了地阐

述了方案意义、落地背景、推广计划和传播策略。第二部分是环境分析。首先描述了游戏产品的定位，并对市场概况、同类游戏产品进行了分析。用户分析方面，对用户群体进行了细分，突出了推广活动的核心目标群体并展示了其特征。接着，策划团队结合游戏自身与目标用户的情况分析了现有市场推广的不同手段。第三部分是推广计划，首先给出了游戏市场推广的整合营销方案，通过可视化图表展示了推广计划，接着在具体的宣传推广中分别阐述了推广手段、活动设计、方案落实以及进度安排、费用预估等内容。第四部分传播策略则是针对第三部分推广计划的各类活动，选择相应的传播策略和媒介渠道，并与方案目的和意义对应起来。最后一部分服务保障对团队要求、人员培训等保障性工作进行了说明。

任务目标

- 明确拟定市场推广计划书的原因和目的。
- 掌握市场推广计划书的撰写方法。
- 了解市场推广计划书撰写的注意事项。

任务描述

本任务主要介绍了游戏市场推广计划书，在撰写计划书过程中要明确和包装游戏产品，在此基础上制定总的和分阶段的市场推广计划，并制定相应的宣传和保障计划。同时，本任务还指出了市场推广计划书撰写的注意事项。

10.1 市场推广计划书撰写的准备工作

游戏产品的市场推广计划书是总结营销者对游戏产品和市场的认识，并表明公司计划如何实现推广目标的书面文本。市场推广计划书是游戏产品营销推广流程中最重要的成果之一，它包含一定时期内对推广方案以及资源配置的战术性指导，为产品甚至公司的发展提供了方向和工作重点指导。市场推广计划书规定了想达到的目标，并且告知了达成推广目标的阶段和方法，通过具体的计划和策略来实现推广目标。

在着手撰写计划书之前，首先需要回答几个问题：为什么要撰写市场推广计划书？这份计划书有什么意义？只有回答了这些问题，我们才能在撰写过程中紧扣目的，并且为了达到这个目的而不断改进。或许有人会说："市场推广计划书的目的不都是扩大产品销量吗?"拓展用户、争取利润固然是市场推广计划书的主要目的，但是在这个目的之下的细分也是有必要的，游戏产品的不同阶段、不同的目标群体都会对计划编制的原因产生影响。同时，除了单纯追求用户规模与经济利益，品牌资产的提升、危机后的恢复、相应政策调整等情况也需要得到关注。

通常来说，当游戏产品开发完成，需要进入市场并积累玩家时，市场推广计划书就显得格外重要，这时撰写计划书的主要目的就是“获取新玩家”。当然，“获取新玩家”的目标也可以出现在游戏产品发展的其他阶段，例如，游戏在稳步发展中需要拓展新玩家，在受到竞争对手挤压或是对游戏内容进行了调整等情况下获取新用户同样是有必要的。

当游戏运营趋于稳定时，推广重心一般会从新玩家的获取转向现有玩家群体的巩固，“完善用户基础”往往是这一阶段市场推广的重要目标，通过线上或线下的活动，对接游戏体验，同时加强与玩家的互动，让现有玩家驻扎在游戏内，这时的推广还需要密切关注玩家反应，及时了解玩家的需求并进行改进，在这个过程中稳定已有玩家并塑造游戏口碑和品牌形象。

随着游戏产品开发与运营的进一步成熟，用户群体趋于稳定，新玩家的获取愈加困难，已有玩家的游戏热情和关注度开始下降，此时的市场推广则需要关注“减少老玩家流失”。相比于前两个阶段，这时市场推广更侧重于已有玩家，特别是曾经玩过但后来放弃游戏的玩家群体，尽管这类推广较难开展，但制定有针对性的推广计划策略，进行相应的宣传，有时也能取得不错的效果。

这里我们按照一般游戏产品的周期举例说明了市场推广计划书撰写目的存在的差异，但现实中的变化往往速度太快又难以预料，一次严重的游戏 BUG、政策的变化、特殊事件带来的公关危机等都会影响市场推广计划。即便没有这些意外，市场推广计划书在实施的阶段可能也会过时，在这种情况下还需要努力去做推广计划吗？实际上，快速变化的内外环境并没有使推广计划变得无用，而是对计划的可行性和灵活性提出了更高的要求，这就需要营销团队在制定计划时更加注重保障策略，同时做好计划执行中的反馈工作，不断调整推广计划以适应实际需求，与时俱进。

10.2 市场推广计划书撰写的流程

市场推广计划书的编写规范一般包括封面页、目录、概要及计划书的各个主要部分和附录部分。不同的营销团队撰写的市场推广计划书的主要部分存在一定的差异，但是一般都包括方案概要、项目背景、推广目标、战略制定、组织流程、时间阶段、预算及价值评估、反馈和调整等模块。考虑到互联网时代下营销渠道的变化与多样性，本书将传播和保障计划单独列出并加以说明，实际撰写中可以根据实际情况调整布局。

一般来说，市场推广计划书的撰写主要有三个原则。第一，市场推广计划书的语言使用必须简洁生动、通俗易懂。避免过多冗长而又不是重点的语句内容，同时保证执行计划书的相关人员能够看懂内容并执行相关工作。第二，必须包含市场推广计划和关键保障计划。关键保障计划主要包括推广的策略和预算等计划。第三，需要保证市场推广计划书的真实性。真实性体现在计划书的方方面面，既包括游戏产品的包装宣传、市场环境分析，也包括市场推广计划的可行性和预期结果，增强真实性的一个重要方法是使用关键、明确和量化的信息。

10.2.1 明确和包装游戏产品

市场推广计划书的第一个主体部分就是明确和包装游戏产品。只有深入了解游戏产品的定位和价值，在市场和竞品分析中提炼出游戏产品的优势和特点，才能明确目标玩家群体，相应地包装游戏产品，从宣传形象、推广标语等方面服务于最终的推广目标。该部分主要包括以下几个方面。

1. 产品分析

游戏产品分析是对产品本身的具体分析，包括游戏类型、玩法介绍、产品特点、主要吸引点等。以赛车类游戏为例，产品玩法大多为“以赛车为载体，闪避为核心玩法”，游戏特点和主要吸引点则根据具体的游戏产品各有差异，如“3D 游戏视角”“真实操作感”等。

2. 环境分析

环境分析主要包括游戏及细分游戏的市场分析和竞品分析，竞品分析又包括竞品的玩法、特点、市场背景和传播策略等。游戏市场环境的分析方法主要有 SWOT 分析、PEST 分析等，环境分析可以采用市场报告等形式进行阐述。以大型多人在线角色扮演类(MMORPG)游戏为例，MMORPG 游戏在国内已经发展了很多年，大多有丰富的人物角色和各类装备，并通过不同的加点模式增强了游戏的可玩性。如果想推出一款“3D”主打的 MMORPG 游戏，则需要考虑众多竞争产品，各大游戏厂商也已经各立山头，占据了很大一部分市场。想要在 MMORPG 游戏市场有所作为，需要在战略上有所思考，突出游戏亮点，抓住核心玩家，赢得市场机会。

3. 用户分析

用户分析是对游戏玩家目标用户进行分析，用户特点的分析主要包括用户属性，用户的游戏爱好，用户对游戏的期待点、关注点、满意点等。推广团队可以根据初步的用户分析特点划分用户群体并提炼出用户画像，最终根据玩家类型、玩家特征选择产品切入点来吸引不同的玩家用户。玩家用户画像的建立在任务三中有具体阐述。在分析用户特征时，可以按照用户自身属性和用户接触的游戏类型两个维度划分四个象限，在每个象限内给出最重要的特征描述。另一个好的用户分析方法是选择一些用户让他们提前玩游戏并填写游戏体验表，将设想的用户特征、用户对游戏的关注点与实际体验报告比较分析，进一步补充和完善游戏产品面向的玩家群体。

4. 产品包装

想要成功地推广游戏产品，除了游戏自身硬实力，还需要产品包装的好形象来促进游戏推广。营销团队需要结合游戏产品的特点和玩家需求，在游戏产品表现形式和传播标语上下功夫，让人耳目一新，产品包装需要贴合游戏特点和传播定位，同时要有一定的张力和号召力，宣传标语也要简洁通顺，易于传播。对游戏的产品包装而言，创意无疑是重要的，这种包装创意可以体现在形象和标语上，也可以在推广视频、户外宣传中体现，将游戏产品进行包装并通过各种形式展现和传播出去，才能让推广计划更好地实施。

10.2.2　制定整体推广方案

基于前面的产品分析、环境分析、用户分析和产品包装，营销团队需要根据推广目标、市场情况和用户实际制定推广计划，推广计划包括整体的推广方案和具体的推广计划策略。

1. 方案总述

对整体方案的总结陈述。例如，以“英雄，永不止步”为主题，结合游戏周年庆，通过一系列线上加线下推广活动与玩家进行沟通，吸引新用户，提升已有玩家的活跃度和引导玩家回流，建立奋进不止、积极快乐的游戏品牌形象。

2. 推广阶段和时间轴

确定推广计划的大概阶段和时间轴。例如，“推广第一阶段：线上、线下宣传阶段，××年4月15日—××年4月30日；推广第二阶段：游戏活动推广阶段，××年5月1日—××年5月10日”。

3. 推广阶段对应策略

确定不同推广阶段的总体策略。例如，“第一阶段：线上广告投放，校园、网吧地面推广；第二阶段：线上广告投放、游戏内外结合宣传、直播推广等”。

4. 推广阶段对应用户

确定不同推广阶段的目标群体。例如，“第一阶段：以线上、线下刚接触到游戏的潜在玩家与曾经尝试过游戏但后来放弃的沉睡玩家为主；第二阶段：以游戏内稳定玩家、新玩家和回流的老玩家为主要目标群体”。

5. 推广阶段对应渠道

确定不同推广阶段的传播渠道。例如，“第一阶段：移动终端应用程序广告渠道，校园、网吧海报宣传；第二阶段：微博热搜宣传、直播平台推广等”。

10.2.3　制定阶段推广计划

1. 阶段主题

具体阐述推广阶段的主题。

2. 阶段目标

明确推广阶段的具体目标，最好有可以量化的指标。例如，“通过应用程序的广告投放，使得广告页面跳转到游戏官网的数量达到××，游戏官网访问到游戏下载的转化率达到××”。

3. 阶段目标用户

进一步细分和明确推广阶段的用户及其特点。例如，“以对××类型游戏感兴趣，并且喜爱××画风的潜在用户为目标群体，他们经常使用××应用，关注××类信息”。

4. 阶段具体策略

具体阐述阶段推广策略。例如：××年4月15日—××年4月30日，在微信上投放开屏广告，广告类型为动画，体现游戏××的特点和周年庆活动，开屏广告被点击后将跳转到应用商店游戏下载界面，下载界面在图片和描述中突出游戏亮点和活动设计，吸引用户下载。

根据不同推广阶段的推广目标制定相应的传播计划。例如，当推广目标是拓展新用户时，传播计划可以是通过线上、线下的全面宣传吸引潜在用户进入游戏，这一阶段可以选择垂直媒体、社群媒体等互动性较强的传播媒介；当推广目标是稳定现有用户时，选择游戏社群、常用的社交媒体更易发挥作用，传播计划则可以是通过与玩家的互动保持游戏活跃度；当推广目标是唤醒沉睡玩家时，借助专业的游戏媒体进行游戏产品的展示与游戏品牌的宣传或许更能够唤起老玩家对游戏的兴趣。

5. 阶段活动设计

针对不同推广阶段的目的设计相应的活动。

（1）活动时间

确定活动的具体时间安排。

（2）活动目的

明确活动的目的。例如：通过与××的联动，吸引××的用户尝试并进行游戏，进一步拓展游戏IP，提升游戏品牌知名度和影响力。

（3）活动内容

说明活动的内容。例如：活动期间，通过××渠道进入游戏的新用户可以享受特定福利；在××线下店消费指定产品，可以在游戏中获得相关积分或道具；将××联名活动分享至社交平台，可以获得一定的奖励等。

（4）活动流程

活动开展的具体流程，包括活动策划、相关合作方的沟通谈判、渠道选择、平台和场地安排、海报和视频等宣传内容的设计、广告投放、游戏更新等。

（5）活动推广渠道

活动推广渠道，即活动宣传的传播渠道。例如，“在校园地面推广中，与××高校合作，在校园生活区、体育馆设置活动海报，海报内容包括游戏及活动宣传图像、标语，以及游戏官网和游戏下载的二维码”。

10.2.4 预算计划

市场推广的预算也是计划书的重要组成部分。一般来说，市场推广的费用主要包括相关方合作投入、广告投入、设备投入、场地及设备租用、人员及其他保障性投入等。以绝大多数市场推广都需要的广告投入为例，如果我们想在A市进行游戏产品推广，并选择了微博开屏广告和地铁站户外广告两种渠道，预算计划的广告投入可以描述为“(1)××年4月15日—××年4月30日，在A市投放微博开屏广告，合计预算××万元；(2)××年4月1日—××年4月30日，在A市××地铁站站内液晶屏展示位投放宣传海报，合计预算××万元”。

预算计划需要根据推广经费和市场的实际情况进行制定，要在不超出推广经费的限制下尽可能地完成推广目标，因此，推广计划的制定不能脱离预算而尽情发挥，不同阶段的重要性有所不同，推广方案中各渠道的预算配比也需要根据推广目标进行制定，对应的预算计划也应有不同的侧重。

10.2.5 其他保障计划

除了传播计划和预算计划，市场推广计划书还需要包括其他保障计划，包括部门团队计划、人员配置计划、风险和应急计划等，在实际制定计划书的过程中，推广团队需要根据企业实际情况、推广规模等增加或删减相应的计划。

10.3 计划书撰写的注意事项

一份好的游戏市场推广计划书绝对不是一堆数据和表格胡乱拼凑在一起的大杂烩，它应该条理清晰、脉络分明、线路明确、层次感强，读起来清爽无比。为了达到这个目标，游戏市场推广计划书的撰写需要注意一些基本事项。

1. 确定总体方法

在制定游戏品牌市场推广计划书时需要全面考虑各方面影响因素，做好市场推广计划书编写的前期准备工作，使市场推广计划书的编写工作得以顺利开展。

2. 根据需要进行设问

以提问的方式使问题具体化。在具体编写计划书并阐述某一议题时，可以以设问的方式使问题具体化。所提问题的答案依不同企业的具体情况而不同。

3. 始终瞄准最终产品和服务

企业的最终产品和服务价值是企业价值的基础，企业生产过程其实就是价值的创造过程，在计划书的编写过程中应该牢记游戏品牌的价值创造，并经常进行价值评估。

4. 尽早获得协助

组成市场推广计划工作小组，同时与外部的顾问进行密切的联系，在编写游戏市场推广计划书过程中遇到困难应及时请求帮助与指导。

5. 不断检查修正

在修改市场推广计划书的过程中，应该认真征求游戏市场推广计划小组以外的人士及游戏专业人士的意见，以增强计划书的规范性和可读性。

6. 要通俗易懂

不要让游戏推广计划看上去难以理解。例如，如果游戏产品非常复杂，技术含量很高，必须确保相关人员能够理解与推广计划相关的所有复杂信息，不能期望相关人员拥有和你一样的专业知识，他们可能没有专业背景和对游戏行业、游戏产品和服务的了解。

任务演练

1. 请选择一项你熟悉的电子游戏赛事，查找相关资料，概述赛事运营流程，分析赛事宣传与游戏品牌的关系，思考可能的赛事准备工作。

2. 游戏市场推广计划书主要包括哪些部分？选择 1—2 个推广渠道，为你熟悉的游戏撰写一份市场推广计划书。

任务十一　游戏数字营销

课前思考

“阴阳师”的用户挖掘与增长之道

2016 年 6 月 1 日，《阴阳师》开放安卓首测，这款 3D 日式和风回合制 RPG 手游在公测后迅速风靡，无论是活跃用户数量还是游戏畅销榜单上的排名都取得了很好的成绩。与大多数抽卡制、回合制手游不同，《阴阳师》并没有在短暂的火爆之后走向衰落，尽管有风波、曲折，但始终在市场上占据一席之地，甚至经常登顶畅销榜单。具体而言，《阴阳师》的好成绩得益于其游戏运营，充分发挥了数字时代的优势。

首先，精准把握用户需要，产品定位吸引玩家。日式和风与中国元素、精良画作与强大 CV、PVE 与 PVP 游戏模式的融合都使得《阴阳师》游戏更能吸引玩家。其次，全面关注玩家体验，促进用户留存发展。剧情与活动的结合、养成机制产生的黏性、游戏中的社交体验、大型活动设计中的用户体验共同形成了《阴阳师》带给玩家的高体验感。最后，扩充游戏品牌延伸，保持、增加用户黏性。《阴阳师》除了游戏本身的发展，还构建了全面的相关产品，如游戏内活动与皮肤、相关 IP 衍生和强大的社群网络，既促进了用户从游戏内到游戏外、线上到线下全方位参与，又在各类活动中吸引到了更多游戏玩家群体，增加和保持了用户黏性。

纵观《阴阳师》的发展之道，我们不难发现其产品发展和运营过程中始终以玩家为中心，关注玩家所想、满足玩家需求、解决玩家问题是《阴阳师》不断进步并取得成功的重要法宝，而实现对玩家及时、全面地了解并做出回应和改进，则是技术发展赋能数字营销的体现。通过微信公众号、微博、贴吧、官方网站等渠道与用户进行接触和交流，游戏改进、活动设计等都能够使得玩家充分参与其中，增加用户黏性，对于游戏相关问题引发的热议也能做出相应回应并进行公关。以玩家为中心进行游戏开发和营销，正是电子游戏数字营销的核心所在。

任务目标

- 了解数字营销的概念。
- 掌握电子游戏数字营销实践的 4 个阶段，并讨论如何设计游戏产品发展增长战略。
- 讨论数字营销对电子游戏发展的意义。

任务描述

本任务首先介绍了数字营销的概念以及 AARRR 漏斗模型，之后详细阐述了电子游戏数字营销实践的 4 个阶段，用户认知、用户转化、用户留存和用户分享。

11.1 数字营销概述

在传统的营销工作中，营销活动的开展依赖于“4P”组合，即确定产品(product)，选择合适的产品定价(price)和分销渠道(place)，并进行促销(promotion)。这种营销战略和方法一定程度上取决于营销人员的知识、经验和市场判断，在较为稳定、易于判断的市场环境中更加适用。随着互联网等新兴科技的发展，发挥互联网的优势改进营销活动已经成为企业界的共识。互联网可以帮助企业精准定位用户群体、及时把握客户需求、不断拓宽营销渠道，最终帮助企业用更低的成本获取更高的利润。

肖恩·埃利斯和摩根·布朗在《增长黑客》中提出了数字时代通过低成本实现爆发式增长的营销策略，即深入分析用户数据、抢抓新技术机遇、更加注重构建用户联系以获取自发增长的营销手段。肖恩提出了 AARRR 漏斗模型，如图 11－1 所示，由于其掠夺式的增长方式，该模型也被称为海盗模型。AARRR 模型是黑客增长技术方法的核心。它强调，在不同阶段，分析用户参与行为的深度和类型，将增长目标拆分并不断迭代优化，最终达到快速增长的目的。

图 11－1 漏斗模型

AARRR 取自五个单词的首字母，贯穿了黑客增长的全过程。

Acquisition(用户获取)：获取用户对每个企业都十分重要。随着互联网的普及，用户可以从不同渠道了解到产品信息，企业也可以降低成本、高效获取用户。

Activation(用户激活)：获取用户之后，企业需要引导用户真正使用产品，并在这个过程中保证用户拥有良好的体验，避免用户短暂尝试后放弃产品。

Retention(用户存留)：企业都认识到留住用户的重要性，只有使新用户留存并成为老用户，才能更好地降低成本获得收益，为客户和企业创造更大的价值。

Revenue（获得利益）：用户获取、激活和留存的最终目标都要体现在收益上，企业需要通过一些方法实现收益。

Refer（推荐传播）：充分利用现有用户的社交影响力和高度发达的社交网络，使用户主动向他人推荐产品，可以实现良性的增长循环。

漏斗模型现在已经被众多公司使用并且取得了可观的成果。这种增长依赖数据驱动，通过漏斗分析的方式对每个营销环节进行监测和分析，找到存在缺陷的地方并加以优化，依靠、针对性利用资源，实现最大化的扩张、增长。当然，漏斗模型更多地提供了互联网时代下营销工作的实践方法，使传统的营销工作可以更精确、更深入、更高效地开展。在大数据的时代，我们分析数据并非仅仅停留在数据上，而是为了更好地了解用户、服务用户。营销的目标和本质并没有改变，我们仍然要通过产品和服务吸引新的用户、保持和发展用户并从客户身上获得价值。我们需要具备数字营销的思维，与时俱进地装备上先进的“武器”，更好地进行营销工作。

游戏行业的营销工作同样受益于漏斗模型。从游戏产品开发开始，到游戏的宣传和上线，再到游戏的运营和留存，数据分析都发挥着重要的作用。我国端游市场稳步发展，手游市场高速增长，玩家群体以熟悉手机、电脑等移动终端，密切使用互联网的用户为主，互联网也是绝大多数玩家接触、尝试和进行游戏的主要渠道，因此，对于游戏产品来说，数字营销十分重要。具体来说，电子游戏数字营销包括用户认知、用户转化、用户留存和用户分享四个阶段。

11.2 用户认知

11.2.1 用户认知概述

营销的第一步就是发现用户的需要，而想要真正认识、了解用户的需求，我们首先需要了解用户认知。用户认知是一种心理过程和思维过程。用户为了达成某种目的，通过各种渠道收集信息，并对信息进行加工、处理、储存以及在需要的时候进行应用，这样的过程就是用户认知。用户认知体现在日常生活的方方面面。当我们提到西式快餐，很容易想到肯德基或者麦当劳，脑海中浮现出它们经典的上校图案和“M”标识，以及可能会进一步联想到其畅销餐品，这就是肯德基和麦当劳建立起的产品和品牌在用户心中的认知。同样，当我们准备购买一种不熟悉的产品时，往往会通过网上搜集或向他人询问的方式来获取信息，我们会根据特定需要和自身习惯对信息进行筛选、整合和处理，进而做出购物决策，而在这个过程中，不同商家对产品的宣传呈现以及产品传播的口碑就会影响我们的认知，进而影响我们的消费决定。

用户在选择产品或服务时，通常会通过各种渠道对产品或服务的性能、价格等多方面属性进行了解、对比和分析，进而根据自身需要做出决策。对于不同的用户而言，这个过程并不是完全相同的。从用户自身角度来看，他们获取信息的渠道可能存在差异，比较产品或服务的各个方面会有所侧重，做出决策时也会有直觉和理性上的偏差。从外部因素来看，用户同样会因为不同的条件产生不同的认知，从而构建自己的认知框架，进行比较并做出消费决定，正是由于用户认知会受到外部因素的影响，产品或服务的提供者需要思考从什么方面、怎样影响用户认知。无论是有趣的标识、顺口的广告语、引人入胜的宣传画或视频，还是高用户体验、完善的后续服务甚至良好口碑的传播，都能够帮助用户建立对产品或服务的认知。

11.2.2　游戏用户认知

游戏产品同样可以构建用户认知。例如，提起 MOBA 游戏，大多数玩家都会自然地想到《DOTA2》和《英雄联盟》等游戏。相比这些趋于成熟、规模较大、用户广泛的游戏来说，更多的游戏在建立用户认知上还有很长的路要走，尤其在游戏产业飞速发展、游戏产品迅速迭代的现在，用户认知对于游戏的发展及营销工作至关重要。游戏用户认知需要让用户了解游戏的基本信息和操作方法，同时知晓该游戏与同类产品相比有什么差异和特点，展现游戏独特的竞争力。在此基础上，具有一定规模的游戏还会形成品牌效应，加深和巩固其在用户心里的地位。

需要注意的是，在促进用户建立认知的过程中，用户的实际参与是不可或缺的。营销活动一开始就与用户息息相关，例如通过获取内测用户的游戏反馈，与玩家保持持续沟通，发现游戏的亮点和独特性，从而在后续的工作中有更加贴近用户的认识，使得用户认知的构建从单纯的营销者的直觉构想转变到与用户的实际体验相结合，才能更好地把握和满足用户需求，促进认知构建，以便进一步挖掘潜在用户。

相比一般商品或服务，游戏用户认知的建立有以下独特之处：

1. 创新与稳健并行

创新往往是促进用户认知构建的重要方法。全新的事物、全新的产品会给用户带来新奇感，促使用户尝试产品。《绝地求生》在 2017 年发行之后近乎横扫游戏圈，一个重要的原因就是其独特新颖的游戏定位。绝地求生的题材、基于 FPS 沙盒类游戏的玩法、战术与操作的融合、装备合成的系统、较低的游戏门槛和紧张刺激的游戏内容，使得《绝地求生》不仅吸引了传统 FPS 玩家，还迎合了包括 MOBA 在内的其他类型游戏的玩家，迅速风靡并取得成功。虽然，创新可以快速、高效地建立用户认知，但大多数游戏无法做到足够多的创新。因此在用户认知的建立中，更需要以玩家为中心审视游戏产品，关联用户已经建立的认知，突出游戏自身特色并进行整合和优化，从而制定用户认知的构建战略。

2. 明确目标群体、进行渠道推广和保持用户交流

随着数字技术的发展，人们获取信息的渠道更加多样化，给游戏产品的营销工作带来了机遇和挑战。一方面是更多的推广渠道，还有高效且伴随反馈的信息流动；另一方面是便捷

渠道带来的激烈竞争，游戏产品想要突出重围更加困难。想要有效地在用户心中构建对游戏产品的认知，需要明确目标群体、合理选择推广渠道并保持与用户的交流。

明确游戏的目标群体需要从游戏产品角度和用户自身角度两方面进行分析。一方面，营销者必须对游戏产品有明确的定位和认识，从而能对目标用户进行大概的了解和简要的分层；另一方面，营销者需要对目标用户的人口特征如性别、年龄等，以及目标用户的需求如休闲、社交、竞技等有一定的预测。充分预估目标用户的类型和特征，区分不同的游戏玩家，以便进一步确定核心的目标群体和可能的潜在用户，从而可以有针对性地开展后续工作。确定潜在用户之后，运营商需要选择潜在用户经常接触的渠道，针对性地进行游戏推广以建立用户认知。不同的渠道可能需要不同的推广方式，传递的信息不仅需要体现游戏自身的价值和核心竞争力，还要有不同的侧重。只有将适当的内容通过合适的渠道传递给需要的目标群体，才能引起用户的关注。同时，游戏营销者在推广的过程中也要保持与用户的交流。现在信息的流通越来越实时化、双向化，这就为营销者及时了解推广效果提供了可能，只有与用户保持密切的交流，第一时间获取用户反馈，及时调整并加以改进，才能精准有效地帮助用户构建认知，促进营销工作更好地开展。

游戏用户认知建立需要注意以下几个方面：①我们需要认识到构建用户认知并不是依靠简单的信息堆砌，而是要突出重点。游戏营销者需要提前为用户过滤掉不需要的信息，化繁为简，将重要的、简化的信息直接传达给用户以便其建立认知。②游戏运营商也需要抓住游戏的特性，例如在游戏加载、切换等页面提供游戏信息和内容简介，让用户了解游戏的操作和背景，帮助玩家更好地熟悉游戏，潜移默化地构建玩家对游戏的认知。③与同类顶尖游戏的关联也可以加深用户认知，巧妙地"蹭热度"可以提升游戏的知名度，在用户已有的认知中建立起对该游戏产品的认识。

11.3 用户转化

11.3.1 用户转化概述

帮助用户构建对产品的认知，吸引到潜在用户之后，下一项工作就是使潜在用户真正转化为产品的使用者。用户转化的过程中，用户从了解产品到使用产品的过程中的每一个步骤都需要精心设计。用户如何接触和获得产品？产品体验过程中，需要体现出哪些产品价值？在实际使用产品的过程中又可能会遇到哪些阻碍？如何避免和改进？这些问题都是需要我们反复思考和不断完善的。

提高用户转化率的核心在于让用户迅速、愉悦地体验到产品的核心价值。用户越快地认识到产品的重要性和价值所在，并且体验的过程越流畅越顺利，该用户就越有可能成为产品的实际使用者。想要让用户快速认识到产品价值，需要寻找到用户在使用过程中阻碍他们获得这种价值感的因素，然后通过不断的测试和改进来提高用户转化率。如何让新用户快速、顺畅地体验到产品价值？以下是用户转化的基本的流程。

第一步，我们需要找到用户获得价值感的路线和所有节点。不同的产品或服务的价值获得途径是不同的，在这个过程中，我们需要明确产品自身的价值所在，然后列出新用户从接触产品到认识到价值所需的全部步骤。需要注意的是，这个过程只是获得产品价值感的全部步骤，我们不能主观揣测用户的行为和背后的原因。寻找节点需要通过研究用户的行为数据，对用户展开调查才能确定。

确保用户快速、顺畅地体验到产品价值的第二步是计算每个步骤的转化率。我们需要了解新用户初次使用过程中每一个步骤、环节的完成比例。常用的方法是创建漏斗报告，根据第一步确定的关键步骤，包括用户访问、注册、激活、使用等，寻找每个关键步骤的用户比例。在跟踪关键行为转化率的同时，我们还需要跟踪用户接触产品的途径或渠道，区分渠道差异和不同渠道可能产生的阻碍因素。

用户转化的最后一步就是根据这些信息针对性地改进新用户获得和尝试产品的过程。我们可以通过问卷调查等方式对用户进行调查，发现潜在的阻碍新用户使用产品的因素，进行相应的改进以挖掘具有潜力的用户增长方式，让新用户在初次使用过程中更快地感受到产品的价值，获得更好的用户体验，从而提高用户转化率。

11.3.2　游戏用户转化

游戏产品的潜在用户可能是新用户，也可能是其他游戏产品转化过来的用户。在玩家接触游戏时，我们可以通过问卷调查等方式了解用户寻找、进入游戏的渠道和途径，对相应的渠道加以改进和完善。游戏用户的转化一般从用户接触开始，经过用户通知、游戏内测、游戏正式宣传、游戏公测以及扩展推广等阶段。每个环节都有新用户，但是这些用户又有各自的需求和特点，我们需要密切把握每一个阶段，完善用户体验。

随着游戏市场的不断发展，越来越多的游戏呈现在玩家的眼前，如何突破同类产品的束缚成为首要问题。游戏开发和运营商需要格外重视用户的初次游戏体验，促进游戏价值的快速、高效传达，确保及时抓住玩家兴趣，以求在竞争者中脱颖而出。如果玩家在尝试游戏的一开始就感觉与已有游戏重复较多、没有新意，即使游戏的真正特色还没有体现出来，玩家往往也会放弃这款游戏。因此，很多时候不需要在用户的初次体验中完整地展示游戏全貌，而是在必要的游戏介绍基础上有针对性地体现游戏的核心价值。另一方面，用户在尝试一款游戏时，往往有自己的心理预期，这种预期可能来自官方的产品介绍、音视频信息，也可能来自他人推荐，游戏需要与推广的内容保持一致，尽量让玩家初次上手就体验到想要的游戏场景，从而迅速抓住玩家的心，留住玩家继续探索游戏内容。在玩家了解游戏、下载、安装以及新手引导的整个过程中都需要畅通体验渠道，保证用户快速、愉悦地体验到游戏的精彩之处。

以游戏内测为例，游戏内测中玩家行动的基本流程如图 11－2 所示。玩家在进行游戏内测时需要经过报名、资格确认、内测开启、提供反馈以及与游戏官方互动几个阶段，而每一个阶段又有具体、细节的流程和环节。例如在反馈的过程中，反馈内容有很多方面，基本的关注点是游戏的BUG问题，包括游戏的兼容性、安全性、游戏性能等，以及游戏是否足够吸引玩家，是否有初步完整的情节，以及一些游戏涉及的平衡性的问题，而反馈获取的方式又可以分为游戏内部和游戏外部两种基本渠道。在整个内测过程中，我们要尽量保证玩家在每一个环节都有良好的体验，在适当的步骤与玩家保持交流和沟通，获取玩家的反馈和建议，改进内测过程和游戏开发，为后续可能的二次内测以及游戏的正式公测做好铺垫。

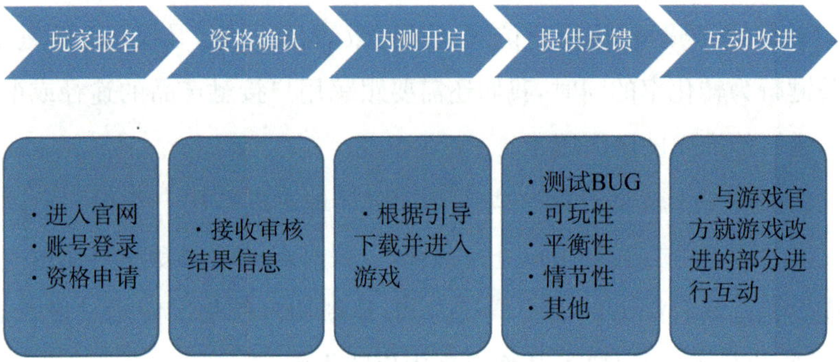

图 11－2　游戏内测中用户操作流程

传统对于用户反馈和意见的获取依赖于产品使用者现实中的问卷调查和访谈，而在数字化的时代，运营团队可以步步跟踪用户在每一个步骤中的情况。例如特定时间游戏网站的访问量是多少？通过官网预约报名的用户数量有多少？真正下载并尝试游戏的账号数量又有多少？在内测玩家进入游戏后，他们在游戏中的活跃情况如何？具体在游戏的哪个阶段流失玩家比较多？又是哪些活动或任务让玩家放弃游戏？我们都可以通过跟踪获取第一手的真实数据。依赖这些数据，运营团队可以充分掌握玩家在每个阶段的活跃情况，及时与玩家进行互动沟通，挖掘降低玩家热情的节点以及原因，相应地进行改进以完善玩家体验。这个过程中，问卷的设计和发放能够基于特定信息更有针对性地进行，例如对活跃度下降的玩家通过邮箱发放问卷，内容可以集中于游戏存在的问题、不好的体验感出现在哪里、玩家想要的是什么，而对活跃度比较高的用户可以在游戏内发放问卷，重点挖掘用户喜爱的地方并征求、完善建议，保持游戏的高体验感。

游戏用户转化是一个动态完善的过程。除了上述具体展开的游戏内测过程，运营团队还需要与游戏策划团队、宣传团队等保持密切交流，针对玩家反馈的问题进行调整和优化，再关注用户的后续反馈，形成动态循环。在内测完成之后，部分游戏可能还需要进行第二次内测，相比游戏稳定性，二次内测往往更加关注游戏的平衡性和体验感，挖掘玩家青睐的地方，做好游戏的优化和细节方面的改进。尽管有内测对游戏的不断优化，公测的过程依然可能出现很多问题，我们仍需要持续关注各个阶段的用户转化情况，给玩家提供良好的体验，突出游戏产品的魅力所在，最终提高用户转化率。

11.4 用户留存

11.4.1　用户留存概述

越来越多的公司开始关注用户留存的问题。通常情况下，获取新用户的成本要远高于留下老用户，尤其在依托网络平台、竞争日趋激烈的现在，每流失一个用户就会造成巨大的损失，而提高新用户的忠诚，将其留存为老用户，意味着获得更多收益的机会就更大，因此，每个运营管理者都会力图留住顾客，用户留存成了一项重要的工作。尽管用户留存的重要性已经被大多数公司认可并进行改进，但实际中用户流失的比例仍然很高。只有留住用户、减少用户流失带来的损失，才能给企业带来持续收益。

用户留存分为了三个阶段：初期、中期和长期。我们要区分不同阶段的用户，通过不同的策略促进用户留存。在留存初期，用户将决定持续使用产品还是只使用一两次就放弃。留存初期有一个优势，在这个阶段用户从产品中获得的价值越大，他们就越有可能继续使用产品，建立起用户与产品的黏性。留存初期非常关键，用户在初期选择继续使用产品，在一定程度上反映了用户对产品的认可，尽管可能存在一些不足，但至少存在改善用户体验的机会，在后续的工作中不断完善产品和服务。留存初期的时间长度并不是固定的，我们需要根据行业的情况和用户行为的分析来确定产品留存初期的时间长度。

留存初期之后，就进入到留存中期阶段。在这个时期用户尝试产品或服务的新鲜感开始消失，使用用户渐渐趋于稳定。这个阶段需要密切关注用户可能的需求变化，不断满足用户需求，让用户逐渐习惯产品或服务，不需要其他渠道的刺激，用户会自然而然地想起和使用产品或服务。例如，很多人在闲暇时间会自然地打开抖音刷取视频动态而并不需要外界的提醒，显然抖音已经成为其日常生活的一部分。

最后是长期留存。用户的长期留存通常面临两个问题，一个是用户需求的变化导致用户对产品的依赖降低，另一个则是相关产品的竞争替代。在这个阶段，我们需要确保产品能继续为用户带来更大的价值，不断调整和改进产品或服务，升级现有功能或推出新功能以满足顾客的需要，让用户感受到产品的重要性以避免用户流失。腾讯 QQ 自问世以来获得了极大的成功，现在的 QQ 和十多年前相比存在着巨大的差异，这就是 QQ 为应对用户需求在功能和外观上持续改进造成的结果，即便如此，微信还是迅速发展并且分流了很大一部分 QQ 用户，无论是 QQ 还是微信，用户的长期留存都需要长期的关注。

11.4.2　游戏用户留存

对于游戏行业来说，当潜在用户尝试游戏并转化为实际玩家后，如何留住这些玩家就是最需要考虑的问题。游戏用户的留存本身就存在周期性。一方面与游戏生命周期相关，大多数游戏都会经历一个从产生期、形成期、成熟期到衰退期的过程，在不同的阶段中，用户的留存率有所差异。另一方面，用户自身也可能由于学习、工作、心理情感等原因在游戏中有不同的活跃度，长期来看也会因为年龄、兴趣、精力等因素对游戏的投入有所变化。其他很多因素也会影响到游戏用户的留存，例如相似游戏类型竞争者的出现，游戏自身出现的重大问题导致用户突然流失等。想要实现游戏的长期发展，面对竞争者的威胁仍保持较高的竞争力，游戏制作和运营商都需要关注用户留存的问题。那么，如何做好游戏用户留存？

1. 明确游戏产品的更新与优化

只有给玩家提供良好的游戏体验，不断满足用户的需要，才是在激烈的竞争中保持用户稳定与增长的基础。没有良好的游戏产品，其他任何工作都只是空中楼阁。

2. 游戏运营的过程需要用户参与

随着科技的发展，我们可以通过多种渠道关注用户活跃度的变化，与玩家保持密切联系，及时了解用户需求，对问题进行改进和完善，提升玩家的体验感，必要时需要游戏内与游戏外相结合增加用户喜爱度。

3. 活动设计和游戏拓展要循序渐进

单一的游戏模式容易被竞争对手效仿和复制，游戏往往需要通过活动策划和游戏延伸拓展来调动玩家的积极性，避免玩家流失。在设计活动和扩展游戏边界的过程中需要把握好节奏，既不能长期平稳没有新意，也要避免短时间内剧烈变动，让玩家能够稳定、积极地活跃在游戏中。

4. 加强突发事件的应对能力

游戏运营通常是长期的工作，运营过程中不可避免会出现一些突发事件，这些意外情况可能来自游戏内，也可能来自游戏外。例如一次不合理的游戏调整，或是政策规则改变对游戏产生的巨大影响，都会影响用户留存。游戏运营过程中需要加强对于突发事件的应对能力，及时了解玩家诉求和事态进展，第一时间提出相应对策并发布官方信息，避免用户大规模流失。

5. 针对性地应对流失用户

由于各种各样的因素，游戏用户的正常流失是不可避免的。我们需要持续了解用户活跃度，分析流失用户的不同情况，有侧重地进行用户回流工作。例如，对于活跃度逐渐降低的用户，可以通过游戏活动和游戏内福利等方式进行刺激，增加玩家黏性、增强忠诚感。至于完全弃游的玩家，首先需要通过各种途径了解用户流失的原因，对于有机会回流的玩家，可以以大型活动为契机，通过邮件、短信等方式针对性地唤回用户，争取流失用户的召回。

11.5 用户分享

11.5.1 用户分享概述

当用户在使用产品或服务的过程中获得了良好的体验，用户分享将是产品推广的一个好方式。相比传统人际圈子的用户分享,互联网提供了更加多样的分享渠道,分享受众也更加广阔。用户分享不仅局限于线下、线上的好友之间,越来越多的平台企业提供了广泛的分享方式。当你在淘宝或者京东上购物时,可能会通过用户评价来比较不同的产品,而用户评价就是一种用户分享,又例如你通过小红书或者虎扑,关注某一产品的评价帖子,这实际上也是一种用户分享,而当你将产品信息通过微信等社交渠道发送给好友,你也在不知不觉中完成了一次用户分享。积极的用户分享可以形成口碑营销,给产品和企业带来良好的声誉和口碑。相比较传统以产品官方为主体的宣传和推广,人们对于用户分享的内容往往更有好感、更加信任,因此也更能达到营销的效果。

对很多企业来说,用户分享已经成为用户体验的有机组成部分。很多用户本身就存在分享的需求,想要将好的产品和优异的体验传达给他人,在产品或服务的使用过程中加入分享机制,一些用户会主动进行分享。站在营销人员的角度,引导用户分享的内容应具有艺术性,一方面要能够展示产品优点、吸引其他用户,另一方面又不能过于直接和强势,以免被看作过度营销,降低已有用户分享的意愿。分享的渠道和方式也需要精心考虑,营销者在设计分享环节的时候需要把握好分寸,尽可能将引导内容无缝嵌入用户体验,促使用户通过合适的渠道完成分享。

时效性和便捷性带来了用户分享的积极影响,但同时也会遇到一些问题。当产品的负面信息,甚至是恶意信息被用户广泛传播时,也会给产品企业造成巨大的伤害和损失。我们在促进积极的用户分享时也要注意对消极影响的控制。这个过程中我们仍然要重视产品或服务的质量,产品或服务满足用户需求和体验是最重要的前提,只有在这个基础上才能发挥用户分享的积极作用,而不是本末倒置为了分享而分享。

11.5.2 游戏用户分享

游戏用户分享是指游戏玩家将游戏中的操作、体验、感受等分享到游戏社群或其他社交平台,促进游戏产品的传播和推广。积极的游戏玩家分享可以提高用户满足感、增强用户黏性、形成口碑营销,有利于游戏推广。由于游戏产品对于大部分人来说是非必需品,不同的玩家群体对游戏的偏好也大不相同。从分享的发出端来看,很多玩家不愿意分享、分享什么样的内容都是问题,而到了分享的接收端,很多人会自动过滤掉接收到的信息,分享转化率往往偏低。但是,游戏中的用户分享也具有一些优势比如:游戏由于其虚拟性,营销者可以通过提供游戏内奖励来引导玩家进行分享,同时,部分用户在游戏中本身就具有强烈的展示需求,使得用户分享更具有主动性。

分享系统是指保证用户完成分享动作的完整系统。分享系统除了承载游戏内的分享功能之外,也包含分享功能的展现方式以及确保用户完成分享动作的一系列机制。我们需要最大限度地提升和改进用户分享系统,为游戏产品获取新增和回流用户,促进游戏产品的良好声誉树立和品牌建立。设计分享系统的目的是提供分享窗口,优化用户的分享过程。游戏用户的分享转化率越高，说明分享系统的设计越成功。需要注意的是，用户对分享系统的感知强度，会直接影响用户的分享转化率，但是二者不是简单的线性关系，随着用户对分享系统的感知强度增加，用户的分享转化率往往先逐渐升高，再逐渐降低。具体来说，分享系统作为一种“提示”存在，玩家注意到这个“提示”，对其产生兴趣并进行分享，但当这种“提示”逐渐增强，超过玩家的接受范围，用户会对“提示”产生厌烦，消极甚至抵触分享。因此，游戏产品设计分享系统时，需要格外注意玩家的接受程度。

那么，在具体的实践中如何促进用户分享？我们可以从分享系统的要素出发，完善玩家分享的过程，分享系统有三个要素，分别是分享点、分享触点和分享反馈。

1. 分享点

分享点是指用户在游戏体验的过程，可以进行分享的时间和场合。分享点需要具备两个条件：用户的游戏节奏放缓以及用户有意外的体验，只有分享的时间不影响游戏的正常体验，而分享时正好用户有意外的体验，玩家才会更加主动进行分享。

2. 分享触点

分享触点是指分享点上用户感知到的内容，分享触点引起用户分享动机。分享触点需要让用户感到不一样的体验，具体来说可以是一个不常见事件，例如，一局游戏中超神五杀的时刻；或者是一个精彩的画面或巧妙的情节，让玩家止不住赞叹。分享触点的意义在于对用户造成刺激，并且提供具体的内容将无形的游戏体验具化为有形的分享内容，引导用户完成具体的分享动作。

3. 分享反馈

分享反馈是指在用户完成分享行为后，给予玩家一定的奖励，强化其分享行为。用户成功分享并回到游戏后，如果及时接收到奖励，用户感知到这一反馈后在下次会更倾向于完成分享动作。在这个过程中，我们要确保大部分玩家可以感知到奖励对自己的好处，一方面在奖励的设置上要保证奖励对玩家有用，另一方面在奖励的发放上要通过各种方式告知玩家奖励的价值。

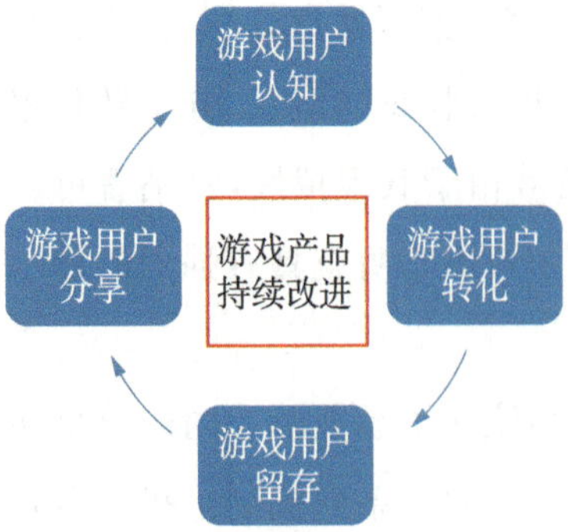

图 11－3　游戏产品数字营销思维

游戏行业的迅猛发展吸引了很多目光，创造了众多机遇的同时也带来了巨大的竞争压力。想要在游戏行业中保持稳步增长，需要不断突破自我、积累经验并抓住机遇，形成良性的上升循环。在这个过程中，企业需要秉持数字营销的思维，做好游戏用户认知、转化、留存、分享工作，如图 11－3 所示。实现用户增长的循环闭合，最根本的一点始终是关注用户，从用户的角度出发，不断改进和完善游戏产品，才能适应激烈的竞争和变化的环境，在行业中立于不败之地。

任务演练

1. 请阅读《增长黑客》，熟悉海盗模型并理解数字营销思维的核心。

2. 试分析技术在游戏用户认知、用户转化、用户留存和用户分享中的应用。

3. 请选择你熟悉的游戏类型，设想一款该类型新游戏，思考新游戏的亮点并设计游戏产品发展增长战略。

模块五
数字化时代的游戏品牌营销实践

任务十二　游戏新媒体运营

课前思考

内容营销及常见的误区

相信很多人对华为的海外宣传片《Dream It Possible》印象深刻，在这个短短四分钟的音乐短片中，生动描述了一个女孩追逐音乐梦想的成长历程，从孩童时期祖父教女孩弹钢琴到女孩外出求学经历挫折，在学习、工作和情感中成长，演奏生涯进入辉煌，祖父却离开人世……朴实的片段却能引起强烈的共鸣，视频中并没有直接突出华为的产品，却在很多不经意的瞬间切过人物使用华为手机的画面，串起了亲情、成长、磨砺和爱情，潜移默化地展现出华为的产品和品牌的温情，在"润物细无声"中传播着品牌的理念。

在"人人都是自媒体"的时代，内容营销逐渐成为一种热门的营销策略，比起传统的"硬核广告"，内容营销往往设计引人入胜的情境，在巧妙的构思中加入宣传内容，获得用户的青睐而又避免直接广告引起的客户反感。内容营销是指以营销为目的，以内容为载体的商业传播行为，运营者通过新媒体等渠道，通过文字、图片、视频等形式将内容传递给用户，引起用户体验、参与和分享等行为。

内容营销需要对新媒体运营有动态的把握，可以在所有的渠道和平台上进行，投放的平台需要运营者根据内容和受众进行选择。内容营销不是传统媒体单纯的内容展示，并非简单地为顾客提供产品的"内容"，还要注意什么"内容"能够吸引顾客，"内容"能为顾客提供什么，"内容"如何构建用户与产品和品牌之间的联系，才能真正吸引用户了解和参与。内容营销不是一味的病毒营销，比起产品或服务信息的爆炸传播，内容营销更加注重用户的体验，依靠"质"而非单纯的"量"来提升顾客对产品和品牌的认知，最终使内容在用户社交圈层广泛传播。

任务目标

- 了解新媒体运营的概念和优势。
- 了解新媒体运营的主要平台与内容差异。
- 掌握电子游戏新媒体运营的方法。

任务描述

本任务首先介绍了新媒体的概念和特点，并阐述了新媒体与游戏运营之间的关系，之后详细介绍了主流的新媒体平台，以及电子游戏运营在这些平台的实战应用。

12.1 新媒体概述

12.1.1 新媒体的含义和特点

近年来，随着数字网络技术和移动终端的飞速发展，新媒体逐渐成为一种新兴的媒体形态。新媒体给我们带来的影响是广泛而深刻的，无论是社会政治、经济和文化领域，还是个人的思维方式和生活习惯，都有新媒体带来的巨大改变。或许你结束了一天的学习和工作，在公交地铁上打开"微博"或是"央视新闻"等客户端了解实事资讯；或许你在微信公众号上订阅了喜欢的作者和团队，在闲暇时候翻一翻推文评论几句；又或许你沉迷"抖音""快手"，刷完一条短视频又刷一条，沉迷其中无法自拔……新媒体正迅速并潜移默化地改变着我们的生活，影响着社会的方方面面。

什么是新媒体(New Media)？1967年，美国哥伦比亚广播公司(CBS)的技术研究所所长戈尔德马克(P. Goldmark)发表了一份关于开发EVR(Electronic Video Recording，电子录像)商品的计划，第一次提出了新媒体的概念。1969年美国传播政策总统特别委员会主席E.罗斯托(E. Rostow)在向尼克松总统提交的报告书中多次使用"New Media"，从此"新媒体"一词在美国流行并传播到全世界。联合国教科文组织对新媒体的定义就是网络媒体。总的来说，新媒体是利用互联网技术和数字技术，通过移动终端向用户提供信息和服务的媒体形态。

新媒体之所以"新"，在于其与报刊、广播和电视这些传统媒体相比，融合了新的技术手段，具有新的特点和优势，也以新的方式影响人们的生活。新媒体的特点主要表现在以下几个方面：

1. 数字化的广泛运用

新媒体的发展离不开数字化技术的发展，从信息的获取、编辑，到平台的上传、发布，都依托于互联网技术和移动终端的发展。数字化的广泛运用也是新媒体信息量丰富、传播速度快、用户互动高等其他优势的根本保障。

2. 内容的丰富性和多样性

新媒体的发展提供了更多平台和渠道，除了传统以权威媒体为主的信息发布源，每个用户都能生产和获取信息，使得信息量迅速增长，出现"信息爆炸"的现象。网络数字技术的发展也使得新媒体可以传播多种形式的信息，从文字到图片、从音频到视频，各种形式的组合大大丰富了传播内容的多样性。

3. 信息传播的即时性

互联网工具的发展缩短了信息编辑所需的时间，尤其当用户成为信息发布者时，发布的内容通常编辑得更少。新媒体平台和渠道的简化更大大压缩了信息发布的过程，节省了刊物印刷、出版的时间，突破了广播电视播出流程的限制，信息传播速度更快。用户获得信息和服务的便捷也大大加强了信息传播的实效性。

4. 传播过程的双向性

用户获取和发布信息的即时性带来的最大优势就是传播过程的双向性，这也是新媒体挑战传统媒体的最大武器：实现了信息传播的双向性。用户自主选择了解和接收的信息，同时可以对信息进行评价和反馈，而信息发布者也能及时获得反馈并选择做出回应。新媒体的发展实现了发布者和用户之间的双向实时交流，并且进一步在发布者、用户和平台之间构建起沟通网络。

如图 12－1 和 12－2，总结上述内容，在传统媒体和新媒体的传播机制中，我们可以从信息发布者、信息传播渠道和信息用户三个方面总结一些差异。从信息发布者的角度来说，传统媒体的发布者只是单向发送信息。选择的渠道也较为单一，没有或较少有信息接收者的反馈，而在新媒体中，信息发布者可以选择多种渠道，并且与信息用户有双向的接触和沟通。从信息传播渠道来看，传统的渠道较为稳定和单一，例如文字信息通过报刊传播，音频和视频信息主要通过广播和电视传播，而新媒体的传播渠道较为广泛，能承载的内容形式也较为多样，信息发布者可以根据自身需要选择一种或多种渠道。从用户的角度来说，传统媒体的用户只是信息接收者，他们只能被动接收信息，缺少反馈交流的渠道，而新媒体的受众可以自主选择获取信息的渠道和接收的信息内容，并且可以与信息发布者和其他用户进行沟通和交流，用户参与程度得到极大的提高。

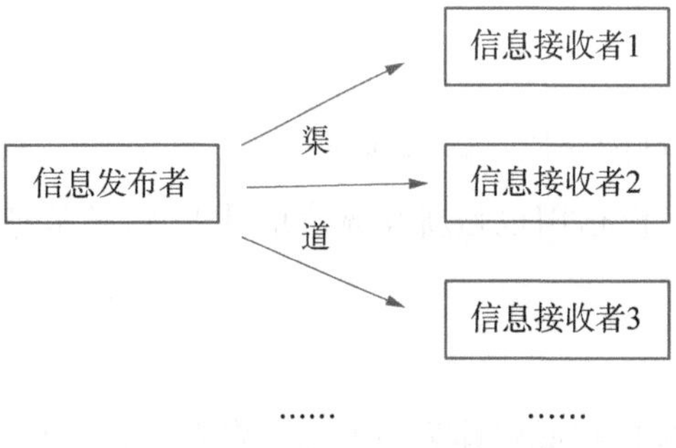

图 12－1 传统媒体传播机制

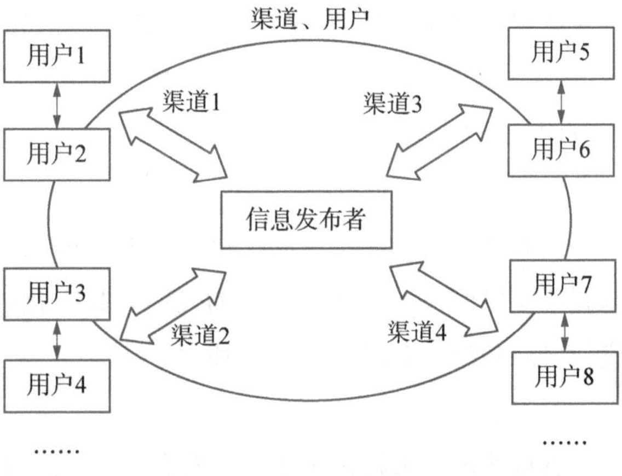

图 12－2 新媒体传播机制

12.1.2 新媒体与游戏运营

从前面的内容我们已经知道，游戏行业的发展与互联网的发展同样关系密切，电子游戏新媒体运营在这个背景下也就显得十分重要。与传统的运营工作相比，电子游戏新媒体运营在这几个方面有了更高的要求。

1. 信息即时性对于内容热点和真实性的要求

一方面，在飞速变化的环境中，新的事物总是不断涌现，尤其是游戏这种更新迭代较为频繁的行业，新游戏的推出、游戏内容的更新、电竞赛事的举办都有可能成为人们关注的热点，游戏运营需要紧扣玩家的需求，提供更好的服务。另一方面，由于媒体平台的下沉，信息的爆炸式扩充不可避免地带来冗余信息和虚假信息的激增，游戏官方在新媒体运营的过程中，需要在及时传播信息的基础上注意传播内容的客观性和真实性，以保持一定的权威性和良好的信息发布者形象。

2. 充分发挥新媒体运营高效率、低成本的优势

在数字营销中，可以通过技术手段对营销过程的每个环节进行监测和分析，寻找问题并加以优化。同样，在新媒体运营的过程中也需要充分发挥这些优势。新媒体运营针对的受众更精准，运营成本相较传统媒体也有一定的降低，在具体的运营过程中还可以通过具体的指标来分析运营活动的成果，如公众号的订阅数和推文的阅读转发量、游戏活动宣传获得的实际效益等，这些共同显示了新媒体运营高效率、低成本的优势。

3. 运营过程中用户的高度参与

新媒体传播的双向性也给运营工作的互动性提供了可能，传统的运营方式往往是单向的，获得反馈少，运营工作的实际效果难以衡量。而在新媒体运营的过程中，用户高度参与运营工作，无论是直接的评论和反馈，还是间接的用户关注度的变化，都反映了运营工作的成果。这种互动拉近了玩家与游戏运营商的距离，如何通过新媒体运营给玩家良好的体验，增加黏性、提升忠诚度，避免不好的行为造成玩家流失成了一个重要的问题，也对电子游戏新媒体运营提出了更高的要求。

12.2 游戏新媒体运营平台

12.2.1 公众号平台

1. 游戏公众号平台概述

公众号是一种新兴的平台，实现了公众号主体和订阅者的双向交流。一般来说，公众号主办者会通过公众号发布信息，而订阅者看到信息之后可以通过留言、回复等方式表达自己的看法，公众号提供了互动沟通的平台。如图 12－3 所示，主要的公众号平台有微博、微信和贴吧等。

图 12－3　主要的公众号平台

公众号平台的作用包括：①发布官方权威消息。企业运营的公众号通常需要经过认证，代表了企业官方，公众号运营的主要任务常常是产品或服务的推广，公众号推送的信息代表

了官方权威的信息。②扩大受众范围，构建用户网络。公众号信息的传播形式主要是群发推送和转发裂变，面向的受众包括所有订阅者以及订阅者转发所影响的潜在用户，受众范围大，用户网络广泛。③加强与用户的双向互动与深入交流。公众号主体可以通过平台与用户进行沟通和交流，克服了传统媒体信息单向传播的局限，形成了互动网络。④直接面向用户，信息发布和反馈获取的时效性加强。公众号相比传统报纸、电视等媒体，不仅直接面向用户，并且可以及时获取用户反馈，在信息发布和沟通互动的各个环节都有很强的时效性。

游戏公众号主要用于发布官方信息、吸引用户、推广游戏、分享内容、了解用户的需求和问题以及游戏活动运营。通过公众号的反馈了解所在游戏类型及其玩家的情况，作为官方平台向用户展现游戏的方方面面，突出游戏产品的差异化，并作为获取用户反馈的渠道，及时了解用户需求，解决问题，加强应对突发事件的处理能力。游戏运营是多方面的，公众号的推送只是其中的一部分，游戏公众号的推送既需要注重推送的数量，又要注重推送的内容，例如文案撰写、活动策划、获取游戏用户体验和需求、用户维护与推广以及市场合作等。游戏公众号也可以形成自己的风格特色，设计一些固定的栏目帮助玩家增加游戏体验或者加强社交都是可行的方法。在公众号有一定的订阅量以及内容有一定的阅读量之后，需要加强公众号与用户的互动，维系用户关系，充分发挥公众号的作用。

2. 游戏公众号运营的注意事项

（1）游戏本身与公众号的融合

想让玩家了解并关注公众号，从游戏内引流是最直接的方法，例如游戏中设置公众号链接，设计游戏内福利奖励吸引玩家关注公众号等。通过公众号的扩散和分享也能吸引更多的玩家尝试游戏，以及通过新手攻略等为玩家提供良好的游戏初期体验感，促进游戏本身与官方公众号的融合。

（2）保持用户的关注度

用户对游戏和公众号的满意度、游戏体验和公众号的内容都会影响到用户对公众号的关注，因此对于公众号运营来说，需要保持推送内容的质量和频率，使得公众号成为玩家日常生活的一部分，维系良好的感情，即使玩家由于种种原因弃游，也可能会继续关注公众号及其分享的内容，甚至在合适的时候回归游戏。

（3）选择推送的时间

游戏产品，特别是手游，往往作为玩家休闲娱乐的方式，因此很多公众号选择晚间进行内容推送，以确保用户有时间进行关注，但大量集中的推送也可能使用户忽略此公众号的内容。因此，公众号运营需要根据实际情况摸索自身推送的时间。

（4）注意公众号推送的措辞

游戏公众号往往是官方信息的发布渠道，因此，在推送的内容以及与用户互动时需要格外注意语言的使用，公众号运营的人员需要进行相关学习和培训，在公众号推送和回复时注意内容与游戏产品的相关性，同时避免给用户带来负面感受，保证用户的良好体验。

12.2.2　视频网站

视频网站是指互联网用户在线发布、浏览和分享视频作品的网络媒体。只需要拥有可以上网的移动设备，通过点击或搜索，用户就可以在视频网站上获得需要的视频内容，视频网站营销具有广泛的用户群，营销内容也更直观、清晰，便于被用户了解。但是，视频网站运营成本较高，用户广泛，针对性不强，视频内容发布者也不易进行实时互动和及时获得用户反馈。如图 12－4 所示，主要的视频网站有爱奇艺、优酷、b 站和腾讯视频等。

图 12－4　主要的视频网站

游戏相关的视频在视频网站上一度风靡，无论是游戏官方的宣传片，还是游戏教学和恶搞视频都受到了极大的欢迎，也催生出很多知名视频制作者和制作团队，但随着新兴视频平台的发展和兴起，视频网站上的游戏内容逐渐向其他平台转移，例如游戏专业视频平台（掌上英雄联盟、掌游宝等）承接了很多游戏宣传片以及介绍类视频等，直播平台则以赛事和游戏教学为主，而操作类、趣味视频等则分流去了短视频 App。游戏视频运营的内容主要包括官方发布的资讯、游戏 CG、电竞赛事视频、游戏教学视频、游戏趣味视频等。此外，出于控制运营成本的考虑，企业可以构建游戏自身媒体社群平台，图 12－5 展示了 WeGame 平台在直播板块中设计了视频内容，鼓励用户参与制作等；进行差异化运营，借助其他视频平台搭建自身用户社区，例如优酷自频道，哔哩哔哩专区等。

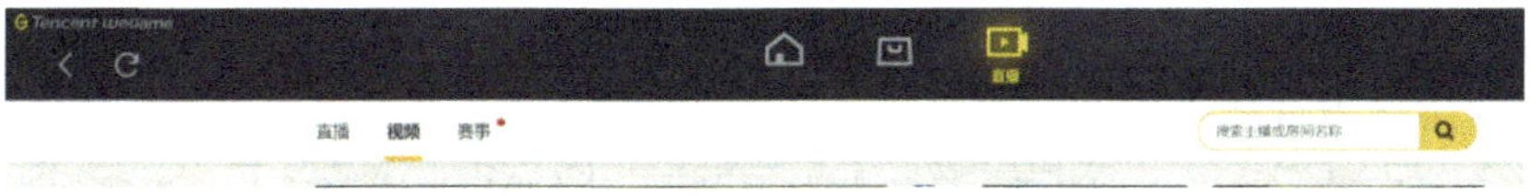

图 12－5　WeGame 平台中的直播板块

12.2.3　短视频 App

1. 短视频 App 概述

短视频是一种视频时间长度较短，主要依托移动智能终端实现快速编辑和分享的一种新型视频形式。移动终端的迅速发展为短视频的兴起提供了技术保障，而人们生活节奏的加快，娱乐时间碎片化则是短视频兴起的重要原因。与传统媒体视频相比，短视频有两个突出的优势：一是视频时间的缩短，二是视频内容的聚焦。短视频的时间长度一般在一分钟以内，本质上更像是对传统视频的有益补充，短视频的制作成本低，传播速度快，可以迎合人们利用碎片化时间休闲娱乐的需求。短视频时间长度较短，通常会聚焦在某一方面着力突出，吸引用户的眼球，使得用户常常刷完一条又刷一条，沉浸在短视频中而不自知。因此，短视频也逐渐被企业发现和重视，通过短视频传递信息、输出产品，成为一种重要的营销手段。短视频在最近几年迅速风靡，但其发展过程并不是一两天的事情。在2014年之前，短视频主要出现在网页端，彼时仍是以长视频为主流，2014年之后4G的发展使得互联网和移动终端更为用户所接受，短视频的发布渠道从单一的网页端走向多元化，无论是微信、微博还是专门的App都出现了短视频的身影，2016年短视频开始在新媒体全面爆发，不仅在优酷、腾讯等主流视频平台占据一席之地，也出现了专门的短视频平台，使得短视频在新媒体发布中成了主流的方式。

图12-6展示了主要的短视频平台。抖音是一款热门的短视频社区平台，针对的用户以年轻人为主，在2016年抖音上线之初，抖音就通过魔性的音乐短视频，强大的社交功能迅速风靡，在抖音上也有游戏相关的短视频。快手的定位则更加接地气，快手上的视频内容更加贴近生活，不依赖时尚元素，更多展示真实世界，展现了短视频的吸引力。微视是腾讯QQ推出的短视频平台，借助QQ的强大社交网络进行传播，由于腾讯游戏的广阔分布，微视在游戏短视频方面有更多的内容。除了专业的短视频App，微信和微博也是短视频的重要阵地。无论是官方公众号的游戏CG和活动预告，还是游戏社区的操作或趣味视频，都在不同的平台通过短视频的形式吸引人们的眼球，短视频在游戏营销方面发挥着巨大的作用。

图12-6　主要的短视频平台

2. 游戏短视频营销的注意事项

(1) 合理选择短视频平台

考虑综合的平台，如抖音、快手，或者类似微视这种偏社交的平台，在不同的短视频平台使用不同的方法，引导不同的短视频内容。

(2) 官方视频号和个人视频号协同发展

注意官方视频号和游戏主播视频号的内容和热度。例如，官方视频号发布最新游戏资讯、赛事进展、活动安排等，并与游戏主播个人视频号加强互动。规划个人游戏主播的风格路线，例如游戏攻略、操作教学、游戏段子等。同时，短视频运营还需要更多的玩家参与视频剪辑创作，例如《英雄联盟》游戏内的英雄时刻录屏，营造良好的游戏外互动氛围。

(3) 活跃并保持游戏短视频的热度

官方发布短视频需要注意视频内容的独特性与连贯性，控制视频时间长度和亮点，顺应用户的接受程度，针对游戏活动、赛事运营等制作相应内容的短视频，维持较高的讨论热度并与游戏本身相互促进。

（4）与其他视频号进行合作

游戏短视频运营不仅可以发展官方和游戏主播视频号，也可以利用各种机会与其他相关视频号互动，例如游戏与其他产品联动时可以与相关视频号进行合作，增强特定游戏的整体热度。

12.2.4　直播平台

1. 直播平台概述

随着互联网的飞速发展和智能终端的进一步普及，人们逐渐摆脱传统固定的信息获取方式，可以在更加自由的时间和地点，进行工作、社交和娱乐，直播行业得到了迅速的发展。一方面，人们可以通过直播实时观看感兴趣的内容，如游戏、体育、综艺等，另一方面，行业商家也利用直播渠道开展营销活动，给予用户更好的体验。直播是以直播平台为载体，由主播在现场实时展现事件发生、发展的过程，并能与用户进行实时交流的播出方式。直播可以分为现场直播、第三方直播、电视直播、网络直播、视频直播、图文直播等，本章提及的直播一般指网络视频直播。

与传统的运营模式相比，直播运营的优势主要集中在以下几个方面：

（1）用户的广泛性。

网络技术的发展和移动终端的普及使得直播面向的用户更加广泛，人们只需要有可以连接网络的设备，进入直播平台就可以获得直播内容，直播提供了更加广泛的用户以及潜在用户。

（2）主播与用户的双向互动。

网络直播具有双向性，主播可以把内容实时展现给观众，同时，观众的需求和反馈也可以实时被主播所了解，主播与用户突破了空间上的限制从而实现了及时沟通。

（3）直播的沉浸式体验。

直播之所以吸引用户，很重要的一个原因是直播相较于传统视频更加真实，没有后期剪辑制作，主播将事件和信息真实地传达给用户，也可以根据用户的需求进行直播内容的调整，给用户带来良好的沉浸式体验。

（4）运营效益的提高。

与传统的营销方式相比，直播营销的成本降低很多，网络平台突破了地理空间的限制，社交网络便捷以及直播用户的广泛性降低了宣传成本，直播收益也比传统运营方式更加可量化，使得运营效益得到极大的提高。

2. 游戏直播平台运营

游戏直播是指展现主播进行或解说电子游戏以及电竞比赛的实时视频内容的服务。游戏直播平台是直播内容以游戏直播为主的网络直播平台，而在直播平台上进行游戏直播的主播就叫做游戏主播。近年来，中国游戏直播行业得到了迅速的发展。2013 年之前，电子游戏的逐渐风靡催生了游戏直播的需求，YY 语音顺应用户需求推出了 YY 直播，与此同时，腾讯也在腾讯游戏嘉年华（TGC）中推出了腾讯游戏竞技平台（TGA），在发展游戏产业，催生一批电竞选手和解说的同时，也促进了游戏直播的出现。随后，一大批游戏平台不断涌现，斗鱼、虎牙、战旗、龙珠等主流游戏直播平台为游戏直播行业的发展提供了主要阵地，这些直播平台迅速吸引了大量的游戏主播，同时与游戏赛事进行合作，吸引了大量用户。同时，直播的游戏类型也有了巨大的发展。主流端游都有稳定的主播和用户群，例如《英雄联盟》《魔兽争霸》《绝地求生》《守望先锋》《剑网 3》《CS：GO》等。单机游戏的直播除了《怪物猎人》《2K》《红色警报》等热门游戏，也有《宝可梦》《塞尔达》《糖豆人》等新涌现的游戏。移动电竞的风潮则进一步推动和丰富了游戏直播行业，无论是《王者荣耀》《和平精英》等竞技类手游，还是《FGO》《阴阳师》等既有 PVE 又兼具 PVP 的手游，都推动了游戏直播的巨大发展，手游的巨大潜力也吸引了《DNF》《英雄联盟》等大型端游，而它们推出的《DNF 手游》《英雄联盟手游》等也在游戏直播中占据一席之地。

2018 年起，中国游戏直播行业逐渐成熟，主要的游戏直播平台也进一步发展或转型，虎牙、斗鱼相继上市，战旗、龙珠转型，熊猫退场，直播平台呈现出两超多强的格局，虎牙和斗鱼成为两巨头，多个大平台包含了企鹅、B 站、快手等。如图 12－7 所示，目前我国主要的电子游戏直播平台包括虎牙直播、斗鱼直播和企业电竞等。

图 12－7　主要的电子游戏直播平台

3. 游戏直播平台运营的流程

（1）目标营销与市场细分，包括调研细分市场、精确定位用户、分析游戏产品。直播营销面向的群体非常广泛，对于游戏直播来说，需要深入了解用户及游戏市场的情况，明确直播受众的定位，分析用户想要从直播中获得什么，是否会参与游戏，在什么地方会进行消费。

（2）直播方案设计，包括选择直播平台、吸引主播参与、设计直播方案。在直播运营之前，需要客观分析自身的优缺点，根据目标用户选择合适的平台，只有选择合适的直播平台，才能取得预期的运营结果。在确定平台之后，需要进一步设计直播方案，选择谁来直播？吸引哪些类型的主播参与？游戏直播的内容主要是什么？能满足哪些用户的需求？直播机位的选择？这些都要有提前的思考和预设，即使后续有偏差也能使直播运营有条不紊地展开。

（3）宣传推广，包括平台宣传、主播宣传、游戏活动宣传。通过各种渠道将直播的信息传播出去，可以与平台和主播进行合作，也可以与游戏内活动进行结合宣传，使得既有游戏用

户和潜在用户都能了解并参与直播。

(4) 流量变现。直播的目的在流量变现的过程中体现和衡量，为了获取更大的流量变现，需要关注直播过程中的每一个环节，使用户在观看直播的过程中有良好的体验并能更多地参与，主播也可以在直播过程中穿插引导，提示用户打赏、购买游戏内外商品、参与游戏活动、体验游戏模式等，最终实现变现。

(5) 游戏直播规范性问题。要注意直播的法律规范和道德影响。网络直播在互联网发展的大背景下蓬勃发展，但同时也出现了一些问题，例如：一些主播文化道德素养并没有跟上，一味迎合部分用户的兴趣，在直播内容上陷入低级趣味，语言措辞低俗不堪，甚至有违法、违规的行为。这类现象在近几年屡屡出现，也造成了非常恶劣的影响。2016 年起，网信办、文化和旅游部等部门也加强了对网络直播的监管力度，游戏直播迫切需要加强主播的道德文化素养，树立榜样主播，营造良好的游戏直播氛围。

如今，国内游戏产业新媒体运营已经逐步成熟，各平台主要的营销内容也不断聚集和完善。如图 12－8 所示，在进行电子游戏新媒体运营的过程中，根据营销的阶段和内容的特点，合理选择相关平台，就能精准地定位用户群体，借助新媒体平台更好地发挥内容营销的作用。

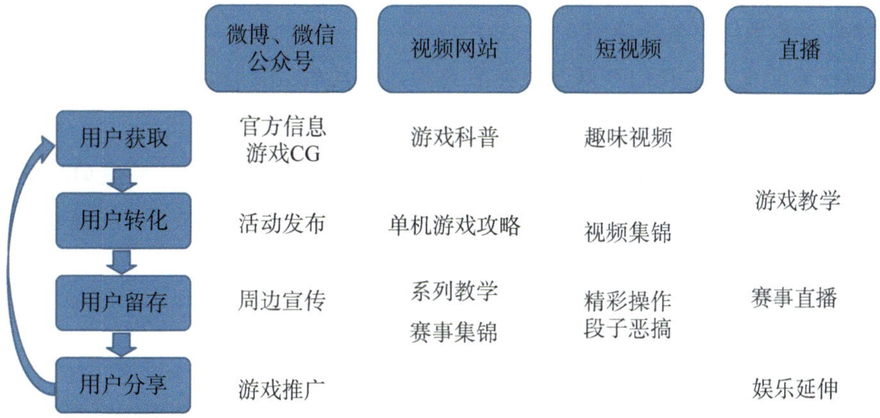

图 12－8　电子游戏新媒体运营

任务演练

1. 与传统媒体相比，新媒体有哪些特点？对游戏运营有什么影响？

2. 选择一款你熟悉的游戏，关注游戏官方在各个平台的账号，从内容等方面总结不同平台的运营侧重点。

3. 请选择一款游戏并在直播平台上关注该游戏板块，思考游戏直播运营需要注意什么。

任务十三　游戏社群运营

课前思考

Steam 打造爆款游戏的社群

Steam 从单纯的游戏平台发展到现在的顶级游戏平台，一个重要的原因就是迎合了玩家的需求，而其中一个突出的地方就是社交需求，Steam 打造了基于游戏的完整社交网络，实现了游戏和社交的互通。Steam 诞生之初只有游戏没有社交，由于游戏较少，漏洞较多，玩家体验也较差，但凭借一些游戏的拉动，使得 Steam 保留了很多用户，同时平台进行不断的更新迭代。随着 Steam 上的游戏不断增多，2007 年 Steam 推出论坛、好友和小组功能，极大地提升了平台的社交能力，形成了游戏讨论、好友社交以及软件内游戏社交的网络平台。2008 年，Steam 开始构建首页推荐游戏、资讯等垂直媒体，完善了官方平台的信息传递。2011 年 Steam 推出创意工坊，游戏功能更加强大，也提供了玩家参与游戏、改进和完善游戏的方式，并在之后得到了充分的发展。2017 年 Steam 社区取代论坛，由于原有的论坛不在 Steam 客户端内，需要从专门的网站上进入，同时软件内社区的发展也与论坛有作用上的重复，因此 Steam 关闭了论坛，进一步发展 Steam 社区，使得 Steam 社群体系进一步完善成熟。

从 Steam 的发展中我们可以看出其生态构建的发展：单纯的游戏平台→添加好友和分析的功能→构建垂直媒体→发展游戏社群→社群进一步下沉和完善。如今，Steam 已经建立起以游戏为主、多层次的社交网络。一方面，基于同种或同类游戏的玩家形成社交圈，另一方面，社交圈也反过来促进不同游戏的传播和推广。Steam 社群的成功也为游戏社群运营提供了广泛的素材和思路。

任务目标

- 了解游戏垂直媒体和游戏社群媒体。
- 熟悉游戏社群的含义和类型。
- 熟悉游戏社群操作实务。

任务描述

本任务首先介绍了游戏垂直媒体的概念和分类，之后对游戏社群媒体的概念、类型、实例和作用进行了详细讲解，最后阐述了游戏社群的建立、宣传、管理和发展等操作实务。

13.1 游戏垂直媒体

在传统的媒介形式里，信息都是自上而下流动的，从发出者开始，经过一定的通道传递给接收者。但这种信息流通的方式具有单向性和滞后性,接收者很难将反馈传达给发出者。不过随着互联网和数字科技的发展,传统的媒介形式也发生了变化,信息流通的通道得到了极大的改善,极大地拉近了双方的距离,使得即时的双向交流成为可能。在游戏媒体中,这种平台的下沉也成了主流趋势,社群就是在这种背景下逐步发展壮大的。

13.1.1　垂直媒体概述

垂直媒体是某个领域的专业媒体,它集中于某些特定的领域,提供有关这个领域的全部深度信息和相关服务。传统的游戏媒体就是通过官方或权威的渠道发布游戏信息从而让用户了解。垂直媒体是按照产品分类进行设计的,信息和服务比较集中,发布的内容也更加专业。同时,垂直媒体的受众更具有针对性,运营活动也更为精细。垂直媒体的优势最主要体现在信息的可信度较高,垂直媒体信息的获取、筛选、审核和发送也都较为严格。

垂直媒体同时也存在一些劣势。一方面,垂直媒体受限于具体的领域,信息和服务较为单一,规模也较小。另一方面,垂直媒体的信息传递渠道是单向的,缺少互动和反馈。现在很多垂直媒体也开始意识到自身的局限,尝试拓宽渠道来建立讨论反馈机制。垂直媒体的另一个缺点是内容和反馈的滞后性,用户无法获得即时的信息,也难以实现实时互动交流。

13.1.2　游戏垂直媒体的分类

1. 游戏平台媒体

主流的游戏平台自身已经构建了综合的媒体,这类平台媒体一方面发布游戏官方资讯,另一方面也有专门的撰稿人和撰稿团队在平台上发布游戏信息。平台媒体发布的内容一般有两种类型,一种是玩家购买的游戏资讯,包括游戏介绍、版本更新、游戏攻略、相关赛事等,另一种是平台游戏新闻,如新上游戏简介、榜单热门、分类推荐等。

2. 游戏官方媒体

游戏官方媒体主要在各游戏官方网站以及在其他平台上的官方渠道发布信息。每种游戏一般都有自己的官方网站,游戏官方媒体会在官方网站、游戏发行平台以及微博、微信等其他平台发布新闻资讯,内容主要集中在该游戏的介绍、更新和游戏攻略,以及游戏相关活动和联动等方面。

3. 游戏专业媒体

除了上述两种与游戏直接相关的媒体,也有一些专门从事游戏新闻传播的媒体,例如兔玩、人民电竞、腾讯游戏、电玩巴士、新浪游戏等。兔玩是国内较大的电竞门户网站,主要聚焦竞技类游戏,向玩家提供电竞资讯、视频以及赛事报道等。人民电竞是人民网旗下的电子竞技社交媒体,主要在人民网电竞板块和微博上传播电子竞技行业的新闻。电玩巴士是综合的游戏门户站,致力于发展中国电玩产业和游戏事业,为用户提供全面的游戏和主机资讯、游戏评测和攻略、游戏视频和资料库。

13.2 游戏社群媒体

13.2.1 社群媒体概述

社群的概念来自英文 community，这里的 community 并非地理意义上的社区，而是通过互联网构建的“虚拟社区”。拥有共同兴趣、特点或喜好的人们通过互联网进行沟通和交流，传递具有普遍价值的信息，这种关系网络就形成了社群。与传统的垂直媒体相比，社群媒体最大的特点就是用户的参与性，相比单方面的信息输送，社群不仅可以提供官方消息，还提供了用户相互交流的平台，具有共同爱好、价值观或需求的用户可以在社群平台聚集。很多游戏平台媒体也开始构建自己的社群，同时具有纵向和横向的信息流通渠道。

社群的产生往往依赖于用户共同的需求或目标，例如在游戏社群中，最常见的就是由游戏种类构建的社群，在这种游戏社群中，用户拥有共同的爱好——对同种游戏的兴趣，具有共同的目标——达到游戏内的目标或其他目标，同时也具有共同的需求——玩游戏中的需求或遇到的困难。因此，社群营销往往基于群体共同的心理诉求，能够引发群体共鸣，获得传统营销达不到的效果。

13.2.2 社群媒体的类型

1. 按行业分类

社群媒体按行业可以分为游戏社群、电商社群、电子产品社群、娱乐休闲社群等。按行业的不同聚集起来的社群是比较常见的，例如电商企业构建自身的社群平台，或者接入其他热门社交网站，通过电商社群将自身的产品、服务、活动等推荐给消费者并进行沟通，促进消费者的购买行为。“直播带货”很大程度上就是基于网络社群，发挥主播个人效应，促进产品或服务的销售。

2. 按用户特征分类

按用户特征可以分为基于共同爱好、身份特征（学生、工作、粉丝等）以及地理区域的社群。社群本身就是有共同特征的人聚集形成的虚拟社区，每个社群的用户都有一些共同点。基于爱好形成的社群是最丰富的，人们通过共同的爱好，如读书、运动、旅游、音乐、花鸟、垂钓等聚集在一起。由于拥有共同的兴趣爱好，成员之间本身就存在强烈的情感联系，自发地组织各类活动，建立起牢固的联系。还有一种社群将身份特征相似的用户建立起联系，如学生家长群，学生家长的身份是社群成员的共同点，这类社群往往拥有强有力的社群领导，通过活动的组织增强成员的主动性，而当身份特征淡化或消失时，社群渐渐也会消失或向其他类型转化。地理区域也是形成社群关系的一种方式，从常见的地区论坛网站，到较为普遍的“老乡群”，具体到共同的街道小区、住宅楼等也有社群，联系这类人群的常常是共同的需求，这类社群的活跃往往集中在特殊的时间节点，如逢年过节、发生了特殊事件等。

3. 按平台载体分类

按平台载体可以分为行业公共平台社群、自建平台社群、综合平台社群。随着社交平台的进一步发展，社群也在逐渐下沉，以微信群、QQ 群作为载体。

13.2.3　常见的游戏社群

1. 基于专业平台的游戏社群

基于专业平台的游戏社群包括 Steam、网易大神等。这类社群往往集合了多种游戏，拥有大量的用户群体，在每种游戏下又细分出专门的社群，提供了用户交流游戏心得的平台，对于游戏内容的沟通也比较专业及时。

2. 基于综合平台的游戏社群

基于综合平台的游戏社群主要有贴吧、微博、虎扑等。这些综合平台也为游戏社群提供了优秀的载体，这类社群兼具游戏和休闲，用户在社群中的讨论不仅仅聚焦游戏本身，游戏相关的资讯、大型活动交流、个人心得体验也有较高的热度。

3. 基于社交平台的游戏社群

基于社交平台的游戏社群主要包括游戏玩家的 QQ 群、微信群。在玩家实际体验游戏之后，对于游戏相关的讨论不仅仅局限于游戏中，游戏外的交流也是增加用户与游戏之间以及用户之间黏性的重要方法。基于社交平台的游戏社群又分为官方和用户自建的，官方的社群需要有官方的管理和成文的规定，用户交流主要集中于游戏相关内容，用户自建的社群除了游戏需要还有较高的社交需要，成员在游戏外也形成密切的关系，以游戏讨论为基础，逐步构建起玩家圈子网络。

13.2.4　游戏社群的作用

1. 推动用户转化留存

游戏社群是游戏官方和游戏玩家交流互动的重要渠道，也是了解用户需求，及时发现问题的第一线，通过社群可以了解到用户规模的变化和用户主要的体验感受，为游戏产品的调整和运营活动的改进提供基础和方向，高效的游戏社群对用户转化和留存具有重要作用。

2. 及时了解玩家需求，不断完善游戏

游戏官方可以从社群中了解用户的需求和问题，对游戏内容进行必要的调整改动，通过社群效应进行游戏的宣传和推广，应对游戏内外产生的突发事件和危机，保证游戏的运营稳步提升，化解风险挑战。

3. 加强用户黏性

社群最大的优势就是提供了横向和纵向的沟通网络，加强了游戏官方与玩家之间、玩家与玩家之间的联系。高效的游戏社群可以给玩家带来参与游戏改进的感受，让玩家认为自己也是游戏发展的一分子，增强游戏与玩家的黏性。同时，社群构建了玩家与玩家之间的沟

通网络，使游戏成为联系玩家感情的桥梁。

13.3 游戏社群操作实务

13.3.1 游戏社群的规划

1. 明确建立游戏社群的目的

在建立游戏社群之前需要明确目的，是用于游戏内测获取信息、用于游戏的宣传推广、提供游戏相关服务增强体验，还是与用户建立联系增加黏性。必须明确社群创建的目的，才能有针对性地展开各项工作，例如，当社群的构建是为了推广游戏时，就需要密切关注用户的规模、流动，跟踪用户的体验以了解游戏改进方向；而社群用于了解用户体验、增加用户黏性时，就需要注意玩家的需求、评论等，对用户的建议或问题给予回应，增强用户参与感。

2. 选择合适的平台载体

明确游戏社群类型，利用官方、第三方或社交平台构建社群。社群平台的选择很大程度上取决于社群目的，根据不同的需求有侧重地选择平台。比如，打开网易游戏官网，选择《阴阳师》进入游戏主页，如图 13－1 所示，在游戏主页都能便捷地找到各种类型游戏社群通道，包括游戏的官方论坛、百度贴吧、官方微博、微信公众号、网易大神上的游戏专区、官方 QQ 群等，这些共同构成了《阴阳师》这个游戏的社群体系。

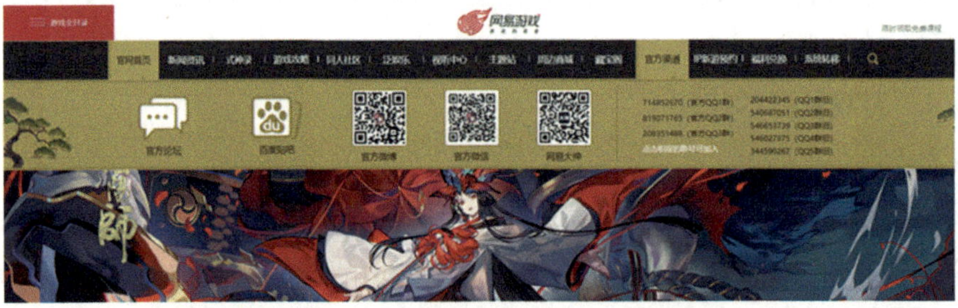

图 13－1　部分网易游戏官网的社群通道界面

3. 定位游戏社群的用户

需要明确游戏社群的用户是哪些人？他们有什么特点和需求？从哪里寻找这些用户？怎样增加用户？只有做好社群用户定位，才能在社群建立后进行有效的宣传推广，促进社群的发展壮大。

4. 明确游戏社群的功能

在规划游戏社群时，运营团队需要始终抱有“这个社区有什么用处？怎样更快、更好地满足用户需求？”的疑问，既充分发挥社群的作用和功能，又避免过度繁琐，让玩家的不同需求能够在社群中迅速得到满足。图 13－2 展示了 NGA 玩家社区《英雄联盟》游戏板块的主页，主页上明确地划分了不同功能类型的模块，例如“新手入门”和“游戏攻略”模块可以帮助新玩家快速上手、了解游戏并参考攻略提升游戏水平；“版本资讯”则介绍了游戏更新的内容，帮助玩家快速了解游戏内容和设定的变化；关注赛事的玩家则可以从“区域联赛”和“其他赛事”中获取最新的赛事资讯；“精华推荐”和“近期热门”则从游戏设定到平台活动等内容都有涉及。

图 13－2　NGA 社区《英雄联盟》游戏板块

13.3.2　游戏社群的建立

根据确定的平台载体构建社群，在综合平台建立社群需要先进行相关认证，然后将社群信息传递给目标用户，主动邀请用户加入社群或通过游戏内外宣传引导用户自发参与，在社群建立的时候需要注意提升和保持社群的热度。以网易的《大话西游》手游为例，游戏在各类媒体平台都建立了官方渠道，如微信、微博、抖音、快手、官方论坛和网易大神等，玩家在游戏官网和游戏内都有链接通道可以直达社群平台，见图 13－3。

图 13－3　网易《大话西游手游》的官网界面

同时，网易游戏的官网界面设置了专门的官方社群板块，鼠标移动到游戏产品上时就会显示对应的社群通道，如图 13－4 所示，这类社群以社交平台为主，玩家可以在官方社群里聊天交友、获取游戏攻略和资讯等。

图 13-4　网易游戏官网界面的社群板块

13.3.3　游戏社群的宣传

社群宣传可以通过游戏官网通知，使用户在了解游戏信息的时候就对社群有所认识，愿意尝试和使用社群。邮件、短信通知也是常用的方法，往往与游戏绑定的账号一致，有针对性地推广社群。游戏内用户的分享宣传，是充分发挥已有玩家用户增加游戏社群新用户的作用，让他们分享游戏和社群体验，带来更多的用户。

“网易大神”是网易游戏官方的玩家社区，网易旗下的大部分游戏产品都在网易大神上建立了游戏社群，这些社群聚集了大量的核心玩家、游戏圈达人和行业大咖等，集合了游戏的官方资讯和活动赛事，打造了网易游戏独特的游戏兴趣社交圈。“网易大神”最初亮相于2018年，想让玩家迅速大量入驻全新的游戏社交圈并非易事，网易大神借助游戏内外的强大宣传和引流能力，通过游戏内互动，设置独家的游戏福利吸引玩家下载并加入社群，通过极致的体验改变玩家“网易大神”只是一个社交产品的看法，这里既有与游戏互通的社交功能和一站式全方位的游戏支持服务，也有最新、最全的网易游戏官方资讯与原创内容，甚至还开拓了玩家参与IP创作的板块，如图13-5所示，鼓励玩家参与游戏创作，从游戏攻略到影音、绘画作品制作等，满足各类玩家的需求。

图 13-5　网易大神鼓励玩家创作

13.3.4　游戏社群的管理

1. 游戏社群的规定

社群必须有简介和用途说明，以及鼓励社群交流的内容，明确基于政策法规、道德的社群禁止活动。社群规定不能太过繁冗，需要简洁、易懂，规定的发布也必须醒目，让入群的成员能很快注意并了解。以网易《率土之滨》游戏为例，游戏的 QQ 社群会以群公告的形式让所有成员了解社群规定，如图 13－6 所示，群规定以游戏的口吻描述呈现，简明突出了《率土之滨》游戏本身，“待主公协同我等在这率土之滨，成就王图霸业”，而玩家在社群中可以“与其他主公共举大事，把酒言欢”，同时也规定了社群红线，例如一些不能做的事以及需要承担的相应后果。

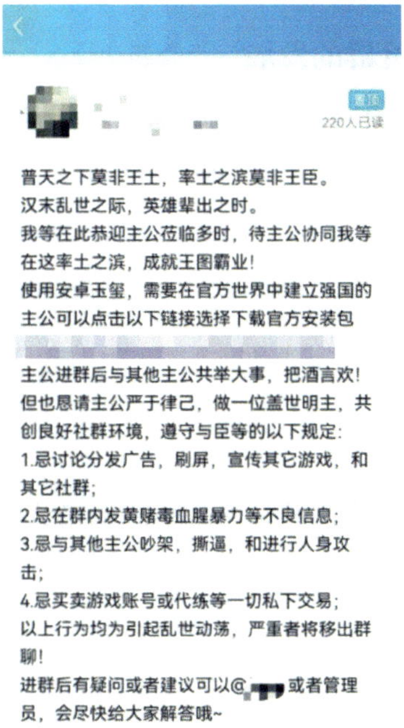

图 13－6　网易《率土之滨》QQ 社群规定

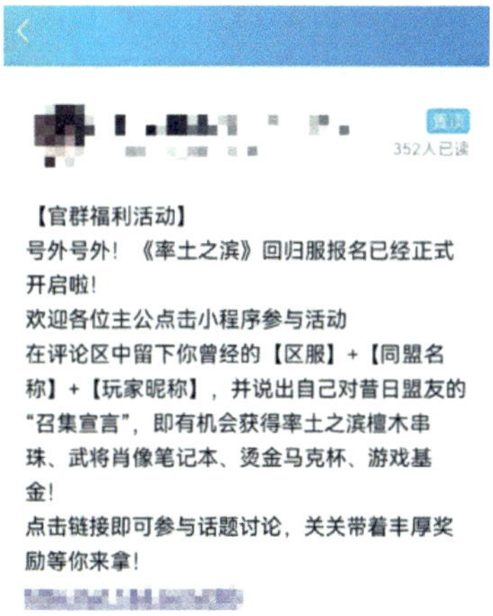

图 13－7　网易《率土之滨》社群活动

2. 游戏社群的用户管理

社群的用户管理主要包括用户的获取（主动引流、成员扩散）和用户流动，及时得到社群规模变化和人员流动情况，同时了解用户需求，加强用户沟通，促进社群的调整和改进，也为游戏运营提供信息和建议。社群的用户管理可以通过后台收集数据进行分析，也可以通过其他方式实现。如图 13－7 所示，《率土之滨》游戏社群会不定期推送一些福利活动，既可以让深度玩家获取游戏福利，也可以加强游戏官方与玩家的联系，促进社群作用的发挥。这类活动也可以让官方加深对用户的了解，评估社群中活跃的玩家数量、社群活动的效果等，以此为基础不断改进游戏本身以及活动开展和运营。

3. 用户体验以及突发事件管理

在社群管理过程中需要保障成员良好的用户体验，尤其是官方人员在交流时更需要注

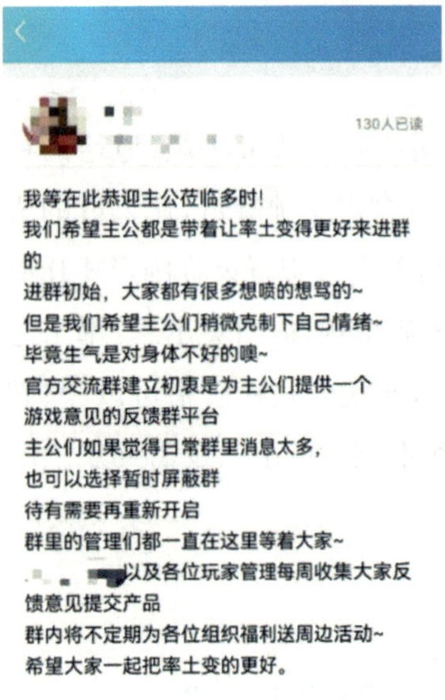
130人已读
我等在此恭迎主公莅临多时！
我们希望主公都是带着让率土变得更好来进群的
进群初始，大家都有很多想喷的想骂的~
但是我们希望主公们稍微克制下自己情绪~
毕竟生气是对身体不好的噢~
官方交流群建立初衷是为主公们提供一个游戏意见的反馈群平台
主公们如果觉得日常群里消息太多，
也可以选择暂时屏蔽群
待有需要再重新开启
群里的管理们都一直在这里等着大家~
以及各位玩家管理每周收集大家反馈意见提交产品
群内将不定期为各位组织福利送周边活动~
希望大家一起把率土变的更好。

图 13-8　网易《率土之滨》社群公告措辞

重语言措辞，营造和谐的交流氛围，化解成员间冲突。应对突发事件应该及时说明情况，关注用户疑虑，在避免突发事件导致的用户大规模流失中发挥作用。作为与玩家沟通交流的第一线，社群内官方的语言措辞必须谨慎、细致，无论是活动发布还是应对突发事件都需要照顾玩家情绪，避免造成不良的用户体验。如图 13-8 所示，《率土之滨》的置顶公告会说明社群作为交流的平台可以收集意见并进行反馈，呼吁成员保持良好稳定的情绪，夯实“共同让游戏变得更好”的出发点，避免玩家与官方站在对立面，在此基础上再进一步优化用户体验。

13.3.5　游戏社群的发展

游戏社群的发展主要包括三个方面：一是发展社群用户，扩大社群规模，帮助游戏运营进一步提升。二是扩充社群渠道，满足不同成员的需求，也随着游戏各时期的运营目标进行调整以提供保障。三是促进多渠道融合，加强社群之间以及社群与游戏的互动和融合，为用户提供更好的体验。

任务演练

1. 请查阅资料，总结《网易大神》游戏社群的建立和宣传策略，分析《网易大神》的优势并思考未来可以在哪些方面进行改进。

2. 请选择一款熟悉的游戏，设计一份游戏社群建设方案。

任务十四　游戏品牌运营

课前思考

《阴阳师》：“以玩家为本”的 IP 运营

《阴阳师》是一款以日本平安时代为背景的手游，依靠画面、剧情、配音和游戏玩法等方面的优势在玩家间引起热议。2017 年，网易创始人丁磊曾表态：“要让《阴阳师》经营十年、二十年”，《阴阳师》也确实取得了卓越的成绩，扛起了网易游戏全球化的大旗。《阴阳师》的成功，除了游戏的高质量外，还离不开其“以玩家为本”的 IP 运营。游戏官方鼓励玩家进行同人创作，形成了以玩家为核心的文化圈，例如官方举办了“大触觉醒”同人创作大赛。活动内容涵盖插画、音乐、COS(角色扮演)、皮肤设计、周边设计等多种类型，激发了玩家的创作热情，为玩家提供自我展示和交流的平台，同时对游戏进行宣传推广，吸引更多人关注这款游戏。此外,《阴阳师》官方推出了多部高还原度的漫画和动画,以及多款衍生游戏,收获了无数好评,丰富了《阴阳师》IP的阵容,构建泛娱乐生态取得了初步的成功。在衍生品方面,《阴阳师》与行业内优质供应商展开深度合作,陆续推出了盒蛋、手办、抱枕、文具、服装、首饰等爆款周边产品,同时还与日本奈尔可集团合作推出了两季音乐剧作品。在上海、北京等城市成功开展了巡演,利用充满魅力的舞台表演,将玩家和观众们拉进了平安京世界中。

任务目标

- 熟悉品牌延伸的概念和游戏品牌延伸实例。
- 熟悉 IP 运营的概念和游戏 IP 运营实例。
- 熟悉品牌授权的概念和游戏品牌授权实例。

任务描述

本任务首先讲解了品牌延伸的概念,并介绍了游戏产业中品牌延伸的实际案例;其次,阐述了 IP 运营的概念和注意事项,同时引入了游戏产业中 IP 运营的经典案例;最后,讲解了品牌授权的概念和相关内容,并列出了游戏品牌授权的经典案例。

14.1 游戏品牌延伸

14.1.1 品牌延伸概述

品牌延伸(Brand Extension)是指在品牌已经具备一定的知名度、影响力和用户基础的情况下,将该品牌运用到新产品或服务的营销策略,能够显著降低成本、减少风险,成为企业推出新产品的常用手段之一。品牌延伸是对品牌整体资产的有效利用,而非简单挂名。可以利用原有品牌的市场形象和信誉,提高消费者的好感度,节省营销成本。而游戏品牌延伸,顾名思义就是游戏产业中的企业,当它们原有的品牌和产品在市场上已经具有较高知名度和影响力时,为了进一步提高自身竞争力,而将原有品牌运用到新产品的策略。在游戏产业中,原有品牌在市场上取得成功后,所具有的较高的市场影响力和一定规模的稳定用户群体,会给企业带来超额利润,企业在推出新的产品时自然要利用该品牌的优势,这样不但省去了新品牌营销推广的费用投入,还借助已有品牌的影响力,将人们对品牌的印象和忠诚度扩展到新的产品上,增加用户对新产品的接受度,减少消费行为的风险性,满足用户日益增加的多样化需求,因而在游戏产业各个领域的品牌营销中都得到了广泛应用。品牌延伸按照推出新产品与原有产品的关系可以分为产品线延伸(Line Extension)与产品类别延伸(Category Extension),前者是指企业推出的新产品与原有产品属于同一类别;后者则相反,指新产品与原有产品属于不同类别。在游戏产业中企业的品牌延伸同样包括产品线延伸与产品类别延伸两类(农海燕,2018)。

14.1.2 品牌延伸的作用

1. 有利于降低新产品入市风险

推出新产品是企业适应科技进步、实现产品更新、满足消费者需求、增强盈利能力、壮大自身实力、在激烈的市场竞争中脱颖而出的必然选择。随着市场化程度的不断提高,产品的竞争越来越激烈,企业推出新产品的风险也越来越大,而企业如果故步自封、仅依赖现有产品线,就会被市场和消费者抛弃。相比之下,品牌延伸是企业推出新产品的有效手段,可以借助品牌效应使新产品一面世就拥有强大的品牌优势,使得企业支出和风险要小得多。

2. 有利于节约营销费用

新产品进入市场后,必须经历一个漫长而艰辛的品牌化过程,才能取得消费者的信任,这种打造品牌和培养顾客认知的成本往往远远超过直接生产成本。在现代市场中,企业为了争取宝贵的销售机会,会通过各种形式的营销活动与顾客沟通,导致企业竞争加剧,抬高了成本,形成了“囚徒困境”。而品牌延伸则很好地利用了企业已有资源,原有品牌已经奠定了牢固的市场地位,对同一个品牌投资营销等同于对企业所有产品进行宣传,反之,对同一品牌下的任何产品进行投资营销等同于对该品牌进行了推广。因此,品牌延伸显著节省营销费用,提高品牌整体投资回报率,支持企业低成本扩张,达到品牌集约投资的目标。

3. 有利于增强品牌的市场形象

原有品牌经过企业长期培育与悉心呵护,已经树立起良好的市场形象,拥有较高的知名度和美誉度,成功的品牌延伸往往可以锦上添花。首先,有利于使消费者发现企业对品牌下的产品不断创新,更深刻感悟品牌的核心价值,强化消费者对品牌的正面认知,形成极具创新力的品牌形象;其次,延伸出的新产品有效满足了消费者日益多样化的需求,紧密融入消费者生活的方方面面,增强品牌与消费者的羁绊,使品牌内涵更贴近消费者,品牌活力更充沛;最后,核心品牌旗下的不同产品在各自细分市场上取得成功后,产品美誉互相呼应,使品牌声势不断壮大,品牌的整体形象和竞争力也得到提升。

4. 有利于企业整体实力的提高

对企业来说,成功的品牌营销可以在以下几方面提高企业整体实力:第一,扩大品牌家族产品阵容,为消费者提供更广泛的选择,从而帮助企业同时进入多个目标市场,增加收益点,扩大产销能力;第二,有利于企业集中投资,集中宣传,把有限资源用在营利性最强的产品上面,取得集约投资效应;第三,有利于品牌资产的转移增值,扩大品牌影响,提高品牌的抗风险能力;第四,品牌延伸还有利于企业多元化经营,扩大经营范围,分散经营风险。

14.1.3 游戏品牌延伸实例

1. 拳头游戏公司推出英雄联盟手游

随着手机性能的提高和移动网络速度的提升,手机移动平台在电子竞技游戏方面具有巨大的潜力，拳头游戏公司看到了手机移动平台因为具有能够随时进入游戏的特性，而网罗了大量的潜在游戏用户，便采取了品牌延伸战略，将《英雄联盟》这一电脑游戏品牌延伸到了手机移动平台，开发了《英雄联盟：激斗峡谷》，即《英雄联盟》的手游版本。《英雄联盟：激斗峡谷》在游戏玩法、故事背景、游戏机制等方面基本沿用了端游的设定，同时针对移动平台进行了操作上的优化，使得玩家们在碎片时间里可以体验到原汁原味的《英雄联盟》游戏体验。图 14－1 为英雄联盟手游的宣传图。

图 14－1　英雄联盟手游宣传图

拳头游戏这一品牌延伸策略，一方面极大地提高了《英雄联盟》品牌的影响力，在玩家之间引发热议。截至 2021 年，《英雄联盟》手游的预约人数已经突破 200 万，这种移动化和碎片化的游戏方式也使得《英雄联盟》与玩家的生活紧密相连，延长了产品的生命周期。另一方面，开发手游版本也是为了从移动平台 MOBA 类游戏市场中分一杯羹，增强自身的竞争力，获取更多的利润。如今，国内移动平台电竞市场潜力巨大。

2. CC 直播组建电竞战队

CC 直播是网易推出的直播平台，以游戏和娱乐直播为主，可以收看各种类型的游戏直播。2023 年，CC 直播注册用户超 2.8 亿、月活突破 4500 万、签约主播逾 20 万名。CC 直播在深耕电竞直播领域多年之后，将品牌延伸到电竞俱乐部领域，正式组建了“CC 直播电子竞技俱乐部”，简称“CC 战队”，开始全方位深耕电子竞技市场，发掘优秀的运动选手，为游戏体育竞技事业开拓全新的运作和养成模式，俱乐部 LOGO 如图 14－2 所示。CC 战队是由 CC 直播与 IG 守望先锋电竞分部合作后成立的一支新兴电子竞技队伍，原 IG 守望先锋战队的成员和教练都会全部加入 CC 战队。CC 直播组建电竞战队这一行为属于品牌延伸中的产品类别延伸，直播平台和电竞俱乐部属于不同类别的产品，

图 14－2　CC 电子竞技俱乐部 LOGO

利用原有直播平台的名气和粉丝，可以为电竞战队迅速积累人气，取得了非常好的效果。

14.2 游戏 IP 运营

14.2.1 IP 运营概述

IP 是"知识产权"(Intellectual Property)的中国化表达，可以代表"带有知识产权的内容""具有开发运营价值的知识产权内容""知识产权内容开发运营的业务方式"等。随着"泛娱乐时代"到来，基于互联网和移动互联网特性，IP 已经不再停留在专利权和著作权这两个比较具象的权利上，IP 的概念外延不断向外扩展，打破了文学、影视、游戏、动漫、玩具等众多领域的壁垒，信息、内容的传播得到了空前的释放，各个独立的领域不断融合、渗透、连接，共生打造 IP 经济生态，从而促进多元文化娱乐形态联动、迭代及融合。

游戏 IP 正在逐步向文学小说、动漫、音乐、电视剧、电影等娱乐化内容发展，对游戏 IP 进行运营，是延长游戏生命周期的有效方法。电子竞技依托于游戏而诞生并逐渐发展成为一项世界性的体育运动，但不能否认的是和篮球、田径等传统体育项目上百年的寿命相比，能够运营超过十年的电竞游戏产品屈指可数，尤其是随着电子竞技向移动平台发展，游戏的更新换代速度越来越快。电子竞技诞生至今，主流的电子竞技项目已经发生了多次变化，从原来的《星际争霸》《魔兽争霸Ⅲ》等 RTS 游戏，到《英雄联盟》《DOTA2》等 MOBA 游戏，再到近年来火热的《绝地求生》等大逃杀类游戏。当一个电子竞技游戏的用户数量增长到一定规模，形成了完善的赛事体系，游戏的架构很难有大的改动，对玩家的吸引力难免会降低，为了维持游戏的生命力游戏厂商必须要把精力放在游戏 IP 运营上，这是使现有用户不流失的需要，也是吸引新用户的必经之路。

14.2.2 IP 运营的重点

游戏 IP 价值的开发需要 IP 运营，即根据作品的类型、特点和用户属性，制作好的内容来聚集粉丝用户并通过粉丝用户去实现其商业价值。IP 运营可以分为两个阶段：IP 放大阶段与 IP 商业化变现阶段。IP 放大阶段指的是用优质的创意和内容通过互联网运营手段去接触更多的目标用户群体，为 IP 聚集新的用户，培养用户情感。IP 商业化变现阶段指当 IP 积累了足够多的粉丝用户，就可以进行商业化运作，包括 IP 本身收费、在泛娱乐产业链条上的其他领域收费等，这两个阶段都需要运营手段来帮助 IP 成长和变现。IP 运营的核心就是先通过一定手段放大 IP 的影响力，并通过自身领域以及产业链条上其他领域实现商业价值。

在电子竞技 IP 的运营过程中，需要注意以下几个要点：

第一，电子竞技 IP 的传播应充分调动用户和粉丝的二次传播和创作。商业推广大多是从官方向用户推广，但 IP 的推广环节有一个重要的组成部分是用户之间的相互推广。互联网、视频制作和短视频技术的发展为用户创作提供便利，而 IP 的核心用户通过自己的创作进行 IP 推广更容易引起其他用户的响应。因此，IP 的传播可以充分调动用户的积极性和创造力，使得 IP 的传播速度更快、范围更广。同时，IP 往往是一个抽象的概念，人们对这个概念进行不同形式的创作和填充，被消费者或粉丝进行二次加工的新内容，往往具有一定的再传播能力。电子竞技 IP 运营更应发挥自身的用户优势，鼓励用户进行原创内容的生产。

第二，电子竞技 IP 运营需要注重粉丝的情感体验，提高其体验感和参与感。IP 运营和一般的品牌运营的区别在于，品牌以产品为具体载体，而 IP 运营则注重情感的填充。一般成功品牌的形成基于优秀的产品，以及良好口碑的长期积累，也就是说品牌的打造就是对产品的打造，打造功能性更强的产品是品牌打造的目标。而 IP 的核心是情感，有了饱满的 IP 才能更好地引起粉丝的情感共鸣，才能以此维系消费者和粉丝对于 IP 的热情。

第三，沉淀时间，打造优质 IP，避免“快餐文化”带来的生命周期较短的问题。快餐文化会导致 IP 只停留在最表层的展现形式，跨媒介互动设计滞后以及带来核心价值观缺失的问题，不利于 IP 的长久发展。电子竞技本身是一个综合性产业，融合体育基因，面向文娱突破，赋予从业者更多跨界融合可能，吸引眼球的“电子竞技 + ”产品不断涌现，此时就越发要注意对 IP 核心价值的挖掘，保证 IP 的持久生命力。

14.2.3　游戏 IP 运营实例

1. 与漫威娱乐公司联手打造漫画

2018 年，漫威娱乐公司和拳头游戏公司宣布将联手打造《英雄联盟》故事背景的漫画和图像小说，两者合作的首部原创故事《艾希：战争之母》封面如图 14 - 3 所示。漫威公司表示：“《英雄联盟》是业界最著名的游戏之一，其独特的世界和丰富的人物角色阵容非常适合漫画表现形式，我们很高兴能够与拳头游戏合作并帮助他们为全球的粉丝和玩家打造《英雄联盟》宇宙”。可以预见，漫威与拳头公司的合作只是刚刚开始，整个英雄联盟其他英雄故事乃至整个宇宙都会慢慢塑造起来。实际上，漫威面临着内容重复和用户老龄化的困境，《英雄联盟》电子竞技赛事在全球的影响力让漫威看到了《英雄联盟》这个电子竞技 IP 的价值。与重新创作一个超级英雄故事相比，使用一个有很大热度和用户群体的成熟 IP，不仅节约成本、降低风险，也带来了巨大的流量，这充分印证了电子竞技 IP 的开发潜力。

图 14 - 3　《艾希：战争之母》封面

2. 推出虚拟女团——KDA 女团

在 2018 年英雄联盟全球总决赛期间，拳头游戏公司推出了由四个《英雄联盟》游戏角色组成的虚拟女团——KDA 女团，KDA 女团宣传图如图 14 - 4 所示。KDA 团名取自《英雄联盟》游戏内的击杀(Kill)、死亡(Death)和助攻(Assist),充分考虑到用户的代入感和熟悉度。拳头公司不仅为KDA女团邀请韩国女团创作并演唱了单曲,并请法国知名工作室拍摄了MV,还在S8决赛的开幕式当天,注册了名为“KDA工作室”的新浪微博,宣布KDA女团正式出道,公开了四位成员的身高、绰号、星座、小秘密等带有粉丝文化标志的资料卡片,并且按时更新成员的行程、生活趣事等。这些运营手段让KAD女团的形象更加鲜活和贴近生活,也引导了玩家的消费行为向粉丝消费转化。

图14-4 KDA女团宣传图

3. 邀请周杰伦为《英雄联盟》创作中国品牌主题曲

2015年6月,《英雄联盟》明星召唤师悬念站上线,正式宣布将与一位国际巨星签约“明星召唤师”,并展开多方面合作,其中一条线索就放出了“明星召唤师”将为《英雄联盟》创作主题曲的消息。而当周杰伦这个名字最终揭晓之后,几乎使所有玩家为之沸腾。随之而来的,便是大家对这支主题曲的期待。2016年3月24日,由周杰伦亲自作词、作曲并演唱的《英雄联盟》中国品牌主题曲《英雄》全球首发,主题曲的封面如图14-5所示,新曲一出,立刻刷爆网络,登顶各大音乐榜单,两周播放量达到8000万。在英雄联盟五周年庆典上,周杰伦在狂欢盛典现场首度献唱《英雄》并进行了全网直播,再一次在网络上引起热议。

图14-5 《英雄》宣传封面

4. 《王者荣耀》与敦煌研究院合作

2017年,《王者荣耀》与敦煌研究院合作,通过“数字供养人”计划对敦煌古文化进行数字化保护及文化再创造等方面的探索。在《王者荣耀》三周年的时候,就推出了一款依托敦煌古文化的“遇见飞天”新皮肤,歌手韩红也为新皮肤献上极具敦煌特色的歌曲。同时,《王者荣耀》还开通皮肤故事站，使玩家了解敦煌文化知识。飞天在游戏中指杨玉环这一角色，皮肤原画如图 14－6 所示，新皮肤依据敦煌壁画等元素打造，每一处细节尽量做到完美。其中，飞天的头饰、披肩、飘带等细节都取材于敦煌壁画，妆容也参考了敦煌莫高窟壁画中的女子妆容，主色调也选取了盛唐敦煌壁画中常用的几种颜色。同时，也可以看到飞天手中的琵琶是无弦的，这是为了还原敦煌的佛教精神，其双手背后弹琵琶更是来源于敦煌壁画中女子舞乐的场景。这些都使玩家可以通过新皮肤领略敦煌文化的风采。

图 14－6　“遇见飞天”皮肤原画

14.3　游戏品牌授权

14.3.1　品牌授权概述

品牌授权一词源自英文中的“Brand Licensing”，又被译为品牌许可。品牌授权作为营销术语在 20 世纪 70 年代首次在美国被提出，在迪士尼的经典卡通形象米老鼠成名之初，一位商人向华特·迪士尼支付了 300 美元以换取将米老鼠形象印在自己商品上的权利，迪士尼因此被公认为国际品牌授权领域的发端。《品牌授权原理》一书中将授权定义为“一项知识产权所有者授予他人使用该知识产权的权利，以换取对方履行某种形式的承诺或支付某种费用”。当一个企业品牌成为标的物，它通常被称为狭义的“品牌授权”。在国内，相关研究主要从两个方面来界定品牌授权：第一，授权方以合同的形式将所拥有或代理商标或品牌的使用权授予给被授权者；第二，被授权者按照合同进行相关的生产和经营活动，并支付相应的权利金。

如今，品牌授权的应用范围非常广泛，不仅仅涵盖卡通形象、运动、玩具、服装、食品、文具等领域，甚至发展到文化、娱乐、影视类产品、院校、名人形象、艺术品等领域。许多企业都把品牌授权看作市场营销的重要工具，品牌授权在游戏产业中同样是一种重要的盈利方式，可以找到大量典型案例。在游戏品牌授权中，主要涉及以下三方：授权方——即品牌拥有方，如腾讯公司拥有旗下《英雄联盟》《王者荣耀》等游戏作品的知识产权；品牌代理方——即由授权方指定，全权代理某一领域或某一区域内该授权方品牌授权业务的中间方，如 Spin Master 是《英雄联盟》周边玩具的全球总代理商；被授权方——即获得授权方授权在某一范围内使用品牌的合作方，被授权方包括销售渠道商、制造商等。

14.3.2 品牌授权的要点

1. 积极拓展品牌授权资源

近年来，在国家的大力扶持下，国内游戏产业蓬勃发展，但是由于市场机制不健全、技术力水平较低、缺乏创新等问题，使得国内游戏产业链不够完善。此外，国内游戏品牌的推广与宣传渠道不通畅，虽然中国一直在培育自己的本土游戏品牌，但是收效甚微，在品牌价值、品牌知名度及商业化程度等方面与国外差距较大，因而国内可供品牌授权的资源并不充足。同时，我国游戏产业相关品牌的影响力在全球范围内仍然较为欠缺，这也导致了相关企业在国际化的品牌授权方面的潜力不足，难以吸引国外用户，品牌很难走出国门，外国的代理商和被授权商无利可图自然也不会选择与我国品牌进行合作，因此未来需要进一步提高我国游戏相关品牌的市场知名度和影响力，改善技术水平，勇于创新，拓展品牌授权资源。

2. 加强对知识产权的保护

国家将盗版行为界定为违反知识产权的违法行为，而伴随着互联网技术的高速发展，以及高速网络的普及化，使得图片、视频已经成为网络信息的主要展现方式，非常容易出现盗版行为。我国游戏品牌授权的主要方向是向动漫、电影、漫画、玩具周边等领域发展，这些领域的盗版所需技术水平较低，盗版资源容易在网络上流传，严重侵害了品牌授权商和被授权商的利益。应加强知识产权保护体系的建设，严厉打击盗版侵权行为，保护专利所有者的合法权益，为游戏产业的发展和品牌授权提供良好的市场环境。

3. 积极开拓海外市场

积极开拓海外市场，是保证品牌长盛不衰的有效手段。随着公司业务发展和实力的提升，品牌授权可以积极开拓海外市场，但是进入海外市场前必须对该国家和地区的市场进行充分的调研，对于当地消费者的喜好展开深入研究，从而为当地消费者提供更满意的产品。企业发现与当地市场实际情况不相适应的规则与机制时应及时展开修正，寻找处理问题的对策，树立良好的品牌形象。

14.3.3 游戏品牌授权实例

1. 腾讯电竞宣布腾讯电竞授权赛事系统

腾讯电竞是中国最具竞争力的电竞品牌之一，成立于 2016 年。腾讯电竞从电竞赛事、人才培养、生态构建、用户价值体现及商业价值挖掘等多个层面为中国电竞产业整体发展提供更多助力，围绕“体育化”深度布局，依托“电竞运动城市发展计划”，构建良性发展的“电竞 + 生态圈”。2020 年 8 月，腾讯电竞宣布了腾讯电竞授权赛事系统，首批开放限时免费授权的赛事涵盖《英雄联盟》《王者荣耀》《和平精英》《穿越火线》《枪战王者》《QQ飞车手游》《欢乐斗地主》《皇室战争》《荒野乱斗》等九大产品。截至2020年第三季度，已有含英特尔、AESF、中国联通、NEST、特斯拉、快手、京东、vivo、bilibili、百度App& 百家号、中航工业沈飞在内，超过500家的国内外知名的企业主体，通过腾讯电竞授权赛事系统拿到相关赛事授权，图14-7显示了2020年腾讯电竞《穿越火线》的赛事授权名单[①]。

图14-7　2020年腾讯电竞《穿越火线》赛事授权名单

图14-8　Spin Master推出的“影流之主—劫”可动人偶

2. Spin Master成为《英雄联盟》周边玩具全球总授权商

2020年，拳头游戏公司宣布，将与加拿大著名玩具厂商Spin Master进行合作，Spin Master将成为《英雄联盟》周边玩具的全球总授权商，双方将携手打造高品质的可收藏性产品。Spin Master是世界四大玩具巨头之一，全球领先的儿童娱乐公司，总部设在加拿大多伦多，主要设计、研发、制造和销售各种创新的玩具、游戏以及娱乐相关的创新产品等。Spin Master表示将为《英雄联盟》中丰富的角色和独特的世界观带来全新的内容，为全年龄段的粉丝带来可收藏性的、独特的、高质量的玩具体验。Spin Master推出了6英寸可动人偶系列，包含“魂锁典狱长—锤石”与“影流之主—劫”两大人气角色，图14-8为“影流之主—劫”的可动人偶。

3. 美商海盗船推出IG战队联名外设

美商海盗船，是全球最大的内存供应商之一，2014年海盗船跨入游戏外设行业，为玩家提供游戏键盘、鼠标、鼠标垫、耳机等装备。在2018年的《英雄联盟》全球总决赛上，IG战队

① 腾讯电竞授权赛事[EB/OL]. https://esports.qq.com/sqss/#/login.

成功夺冠，终结了连续 5 年由 LCK 赛区统治的地位，成了首个由中国 LPL 赛区获得的全球总决赛冠军。美商海盗船作为 IG 战队的赞助商，获得了 IG 战队的授权，推出了 IG 联名限量定制外设套装，如图 14 - 9 所示，包括 M65 RGB ELITE 鼠标、K70 RGB MK. 2 键盘、VOID PRO RGB 耳机和 MM330 鼠标垫。海盗船 IG 联名限量定制外设套装采用了海盗船经典的黑黄配色，但是作为 IG 定制款，它的配色自然与常规版有所不同，在这四款产品的包装上，可以看到 IG 标志性的黑白配色融入其中，明显更有活力，包装盒上印有很多的 IG logo 和 S8 夺冠合照，此外还印有 IG 选手对于外设产品的评价。

图 14 - 9　美商海盗船推出的 IG 战队联名外设

图 14 - 10　《英雄联盟》与路易威登联名手提箱

4. 与奢侈品品牌 Louis Vuitton 进行跨界合作

世界顶级奢侈品品牌路易威登(Louis Vuitton)宣布与拳头游戏公司达成跨界合作，为 2019 年全球英雄联盟总决赛召唤师奖杯定制独一无二的 S9 奖杯旅行硬箱。如图 14 - 10 所示，此次奖杯旅行硬箱专为游戏粉丝打造，带有 Louis Vuitton 标志性字母印花，在彰显路易威登传统精湛工艺的同时，也融入了受英雄联盟宇宙启发而设计的尖端高科技元素。除此之外，Louis Vuitton 女装艺术总监 Nicolas Ghesquiere 还将亲自操刀设计英雄联盟决赛冠军皮肤系列，并于 2019 年总决赛临近时正式发布联名胶囊系列，以及其他英雄联盟的相关虚拟产品设计。此前，路易威登只为世界杯、美洲杯等大型传统体育赛事设计过奖杯箱，而今它的“势力范围”已延伸至电竞领域，再一次证明了电竞品牌 IP 的巨大潜力。

任务演练

1. 你认为《英雄联盟》可以在哪些方面进行品牌延伸？请举例说明。
2. 假设你是《DOTA2》的运营者，请你对其进行 IP 运营。
3. 假设你是《绝地求生》的运营者，你将如何进行品牌授权？

任务十五　游戏品牌危机管理

课前思考

英雄联盟官方解说因酒驾被“雪藏”

2019年4月29日，临近MSI全球季中赛开赛时，本应该准备前往越南的《英雄联盟》LPL赛区知名主持人任栋，却留在了看守所中。其经纪公司当晚在社交媒体上对外公布了原因，主持人任栋因为涉嫌酒驾而被警方依法羁押。媒体报道法院对该起案件进行了宣判，最终任栋被判“危险驾驶罪”，处以三个月的拘役及罚款3000元，且不适用缓刑。根据媒体公布的法院判决内容显示，任栋是在K歌之后醉酒驾驶机动车并造成交通事故而被警方抓获的，其酒精含量高达174 mg/100 ml，远超醉驾标准两倍之多。事件发生后，大量网友在英雄联盟赛事官方微博下呼吁对这种不良行为进行严厉处罚。毫无疑问，英雄联盟官方解说涉嫌酒驾对游戏官方的形象造成了极大损害。

为了将事件对《英雄联盟》游戏品牌和相关赛事的消极影响降到最低，同时对公司员工起到警示作用，英雄联盟赛事官方于6月6日正式公布了对任栋的处罚决定。英雄联盟赛事官方通报，任栋的酒驾不单是个人的违法行为，而且给英雄联盟赛事品牌造成极为恶劣的影响，因此解说管理委员会讨论决定给予任栋即日起停止官方赛事主持工作的处罚。同时，英雄联盟赛事官方表示未来会加强对主持、解说的培训与个人行为规范管理，感谢广大游戏玩家的关注与监督。

任务目标

- 了解品牌危机的概念。
- 掌握游戏品牌危机的概念和类型。
- 掌握游戏品牌危机的处理流程和处理原则。

任务描述

本任务首先介绍了品牌危机的概念以及互联网环境下对品牌危机的影响，之后对游戏品牌危机的概念和类型进行了系统性的阐述，最后一部分详细讲解了游戏品牌危机的处理流程和处理原则，并提供了一些典型案例。

15.1 游戏品牌危机概述

纵观任何行业百年品牌的发展历程，几乎没有一家是一帆风顺的，即使一家企业时刻注意维护自己的品牌形象，但一些意想不到的事件还是会不期而至。如果对事件没有足够的重视，情况可能会进一步恶化，从而演化为危机。例如，震惊全国的“三聚氰胺事件”、麦当劳使用过期劣质肉的“福喜事件”等，这些都是典型的品牌危机，危机的发生对这些品牌和企业都造成极大的负面影响。危机伴随着企业的发展的每一个阶段，所以企业必须具有防范危机的意识。

市场中屡见不鲜的品牌危机事件也引发了学术界的高度关注，不同的学者对品牌危机进行定义，但并未对其内涵形成相对统一的认识。尽管学者从不同的研究视角出发，对品牌危机的定义也各不相同，但各种定义之间存在着两种共同的特征：一是品牌危机的负面性，即由于企业内部问题或外部环境造成的不良影响，给消费者带来了对品牌的负面认知信息，进而造成消费者对该品牌产生不好的印象；二是品牌危机的公开性，即品牌危机的信息来自可信度较高的信息源，进而在一定范围内产生了较为广泛的负面影响。因此，本书将品牌危机定义为公开的、被大量消费者关注并会给企业的品牌带来严重负面影响的事件，可能会引发公众不信任感增加、销售量急剧下降、品牌美誉度遭受严重打击等现象。

随着互联网飞速发展，品牌推广的两面性变得更加突出，互联网在促进品牌积极传播的同时，也加速了负面信息的传播。互联网帮助公众更快、更广和更深入地接触品牌的信息，使得任何企业的品牌危机在很短的时间内就会被广泛传播，无论是国内还是国外，无论是未证实还是虚假的事件。根据之前对品牌危机的定义，游戏品牌危机是公开的、被玩家关注的负面消息，对游戏品牌和企业造成了严重的伤害。游戏是人类创造力和前沿科技的完美结合，而游戏的发展与互联网络更是密不可分。互联网的普及、传输速度的加快让世界范围内的玩家们可以便捷地购买、下载和游玩游戏，进行即时的网络对战，造就了如今《英雄联盟》《绝地求生：大逃杀》等电竞游戏的火爆。互联网就像一股大潮，在其推动下的电子游戏发展迅速，在世界范围内有着数以千万计的游戏群体。然而，游戏产业也站在风口浪尖，网络的发展使得玩家群体和社会大众可以更快地接触到游戏相关的消息，游戏品牌负面新闻在网络上极为容易传播和发酵。

传播平台的变迁也导致了危机的管控与过去相比也发生了巨大变化。过去的危机公关是企业和媒体的博弈，企业可以通过相关资源控制媒体不报道负面品牌消息；而如今，传播高度碎片化，阻止危机传播的传统渠道已很难奏效，互联网时代对企业的品牌危机管理工作提出了更高的要求，一旦出现对企业不利的负面新闻时，一定要积极进行危机公关，将负面影响降至最低，否则对企业品牌的负面影响难以估量。此外，互联网可以帮助衡量危机扩散范围、波及人数和影响深度，利用大数据技术及手段，能够较为准确地预测危机发生的可能性，也能够为品牌危机的事后影响带来客观的数据分析。

15.2 游戏品牌危机的类型

游戏品牌在互联网环境下会遭遇各种类型的品牌危机，品牌危机的复杂性决定了其有多种分类方式。有的预先可控，有的无法预测；有的源于游戏产品的质量问题，有的源于企业自身的不合理行为;有的源于外部因素,有的源于企业内部因素……目前,存在多种对游戏品牌危机进行分类的方式,但各类游戏品牌危机并不是泾渭分明的,各种类型之间相互交叉重叠,为便于理解,本书对游戏品牌危机类型的划分标准进行了详细解读,并列举了典型案例。

15.2.1 按事前可控性划分

首先,游戏品牌危机可以按照事前可控程度的大小进行分类。事前即品牌危机发生以前,这个阶段是企业防止危机发生的关键时期,企业能够在此期间对危机进行监控和预测。企业需要从事件本身、企业、玩家、政策以及环境等方面收集数据,进而对游戏品牌危机发生的可能性进行预判,将危机控制在较低的范围。基于此,事前可控性是指企业是否有能力对危机进行把控和预见,并采取有效措施将旗下游戏品牌危机的影响力降到最低。事前可控性程度的高低与企业所在的行业密切相关,由于游戏行业具有高度依赖互联网、玩家用户群体聚集、游戏内容更新频率高等特征,导致了游戏品牌中发生的危机很大一部分属于难以预料的危机,因此一般游戏品牌危机的事前可控程度较低,但是也有一些例外情况属于事前可控程度高的,需要游戏公司前期考虑周全并积极避免。

《肮脏的中餐馆》是由游戏开发商Big-O-Tree开发的一款餐厅模拟游戏,玩家将在游戏中经营一家中餐馆,游戏画面如图15-1所示。在游戏中,玩家可以侮辱顾客,对竞争对手采取破坏行动,压榨员工工资,用垃圾为顾客做饭。这个游戏暗示所有的中餐馆都很脏,用垃圾来招待顾客,甚至游戏中角色的名字都表现出中国人的刻板印象。事件一出,这款游戏就遭到了大量玩家的抵制,甚至政府也出面谴责了游戏公司。最后,游戏开发商承诺不会发布游戏,并对带给华人社区的影响道歉。这款游戏遭遇的品牌危机属于事前可控性较强的,因为它明知道游戏中的“辱华”内容可能会引起华人玩家的反对,却一意孤行并且没有对游戏内容进行任何的修改。

图15-1 《肮脏的中国餐馆》游戏画面

在“炉石传说特级大师赛”里,一位选手在赛后采访中发表不当言论,引起一片哗然。同时,这场比赛的解说也煽风点火,鼓励选手发表不当言论,引起了众多国内玩家的愤慨。在事情发生的第一时间,游戏的代理商网易公司就将情况跟游戏开发商和赛事主办方进行说明并积极沟通,希望暴雪总部可以进行严厉的判罚。最终,涉事选手被剥夺了荣誉和奖金并被禁赛一年,两名解说被官方解约,《炉石传说》国服官方也在微博上严正表示:“《炉石传说》

将一如既往地坚决维护国家尊严”，如图 15－2 所示。对于电竞选手在赛后采访中会发表何种言论，游戏官方很难提前预知，因而此类品牌危机的事前可控性较弱。但这也提醒了游戏品牌方，在涉及民族、地域等方面的文化和意识问题时，需要进行更加严格的排查，尽量降低这方面危机发生的可能性。

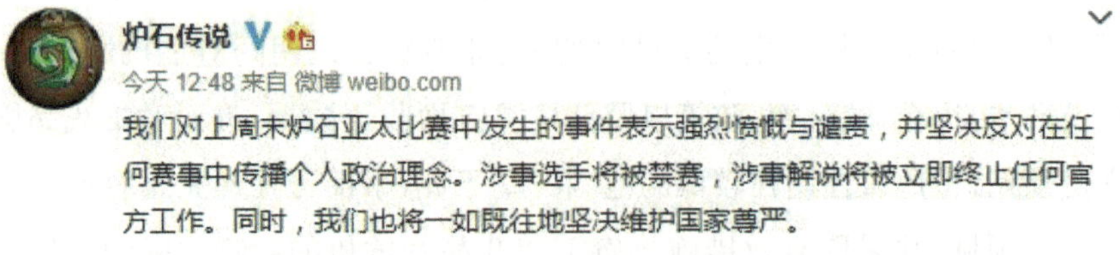

炉石传说
今天 12:48 来自 微博 weibo.com
我们对上周末炉石亚太比赛中发生的事件表示强烈愤慨与谴责，并坚决反对在任何赛事中传播个人政治理念。涉事选手将被禁赛，涉事解说将被立即终止任何官方工作。同时，我们也将一如既往地坚决维护国家尊严。

图 15－2 《炉石传说》对不当言论的回应

15.2.2 按品牌危机成因划分

从危机的成因出发，可以将游戏品牌危机划分为能力缺失型和道德缺失型品牌危机。前者来源于游戏产品的质量问题，没有达到玩家预期；后者来源于企业或旗下游戏的社会伦理问题，指违反了国家或地区的法律规范，或者有悖于该地区的历史文化、风俗习惯等，从而使企业从道德上或法律上不被社会或玩家群体所接受。

《赛博朋克 2077》是波兰知名游戏开发商 CD Projekt 开发制作的一款开放世界角色扮演游戏。CD Projekt 因《巫师》系列而享誉全球，《巫师》系列超高的质量让所有玩家对《赛博朋克 2077》也寄予了厚望，然而在发售后游戏中存在大量漏洞，音画不同步、黑屏、掉帧、卡顿、延时等问题屡见不鲜。游戏在 PC 上的表现还算是差强人意，然而在主机上的表现完全就是一场灾难，画面一团模糊，帧数极其不稳定，这个问题甚至严重到游戏开发商发布了一封名为“亲爱的玩家们”的道歉信，见图 15－3，之后索尼将《赛博朋克 2077》从数字商店下架，而且所有此前在 PlayStation Store 购买《赛博朋克 2077》的玩家可申请全额退款。游戏的低质量

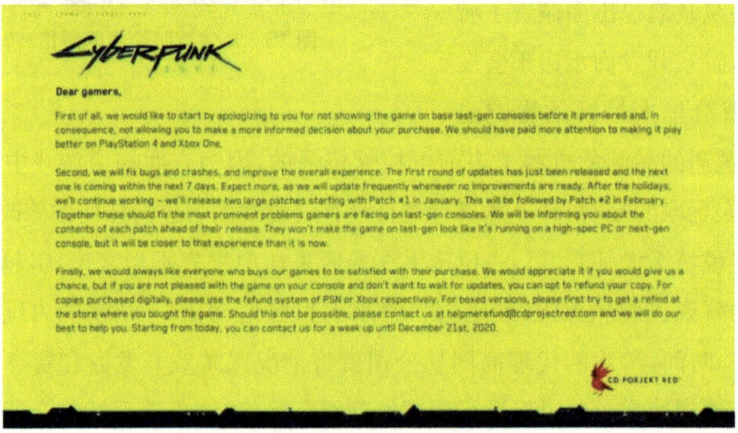
Cyberpunk

Dear gamers,

First of all, we would like to start by apologizing to you for not showing the game on base last-gen consoles before it premiered and, in consequence, not allowing you to make a more informed decision about your purchase. We should have paid more attention to making it play better on PlayStation 4 and Xbox One.

Second, we will fix bugs and crashes, and improve the overall experience. The first round of updates has just been released and the next one is coming within the next 7 days. Expect more, as we will update frequently whenever no improvements are ready. After the holidays, we'll continue working – we'll release two large patches starting with Patch #1 in January. This will be followed by Patch #2 in February. Together these should fix the most prominent problems gamers are facing on last-gen consoles. We will be informing you about the contents of each patch ahead of their release. They won't make the game on last-gen look like it's running on a high-spec PC or next-gen console, but it will be closer to that experience than it is now.

Finally, we would always like everyone who buys our games to be satisfied with their purchase. We would appreciate it if you would give us a chance, but if you are not pleased with the game on your console and don't want to wait for updates, you can opt to refund your copy. For copies purchased digitally, please use the fefund system of PSN or Xbox respectively. For boxed versions, please first try to get a refind at the store where you bought the game. Should this not be possible, please contact us at helpmerefund@cdprojectred.com and we will do our best to help you. Starting from today, you can contact us for a week up until December 21st, 2020.

CD PORJEKT RED

图 15－3 CD Projekt 对玩家的道歉信

使得玩家对《赛博朋克 2077》大失所望，使得这一游戏品牌遭遇巨大危机，这就是能力缺失型品牌危机。

2018 年 7 月，《绝地求生：大逃杀》在游戏中推出了一系列新设备，其中包括一个带有日本国旗图案的装备，如图 15－4 所示。《绝地求生》的行为很快激起了大批玩家的怒火，在社交媒体上对游戏官方进行强烈抨击，同时卸载了游戏。《绝地求生》的这一行为，属于道德缺失型品牌危机，严重伤害了中国玩家的民族情感。

图 15－4　《绝地求生：大逃杀》中带有日本国旗图案的装备

15.2.3　按品牌危机可辩解性划分

品牌危机可辩解性的划分标准是危机相关的游戏产品或服务问题是否被充分证实与企业行为相关。可辩解性直接影响企业对品牌危机进行合理化解释的玩家接受度。可辩解性高意味着造成游戏品牌发生危机的原因主要源自企业外部，如谣言、政策环境等，这使企业危机公关具有较高的合理性，容易被玩家所接受和谅解。可辩解性低则表明是企业内部相关行为导致了公司旗下游戏品牌危机的产生，这使企业危机公关的合理性降低，玩家往往难以接受。也就是说，品牌危机的可辩解性会影响玩家的归因，可辩解性程度越高，玩家越倾向于将更少的责任归给企业；而可辩解性程度越低，玩家越倾向于将更多的责任归给企业。

2020 年底，美国加州政府对动视暴雪公司提起诉讼，原因是公司内部实行“兄弟会文化”，违反有关工资不平等、性别歧视、性骚扰等规定。外媒爆料，暴雪内部高管、《魔兽世界》前首席设计师、创意总监 Alex Afrasiabi 曾对女员工进行性骚扰。由于他对游戏的贡献巨大，游戏里的暴风城主城门口有一个以他命名的 NPC 看门人。随着事件愈演愈烈，更多有关动视暴雪公司的丑闻被爆出，上千名公司员工签署了联名信并组织停工抗议活动。同时，在此次风暴中心的《魔兽世界》游戏里，大量的玩家在游戏内静坐，随后集体跳下悬崖，并在游戏角色死亡后删掉了角色。这一出闹剧，归根到底是动视暴雪公司内部制度的不健全、对法律规定的漠视和对女性平等地位的无视所导致的，属于可辩解性较低的品牌危机。

2019 年 7 月 24 日，腾讯 Nintendo Switch 官方微博、微信公众号正式上线，宣布将作为任天堂在中国国内的代理方，引进任天堂新的游戏平台 Nintendo Switch。然而，国行 Switch 上市以来，国服应用商店里的游戏只有寥寥数款，很多大作如《塞尔达传说：荒野之息》《怪物猎人：崛起》等上线都遥遥无期。国行 Switch 在配置上虽与其他地区相同，但是无法与其他地区使用 Nintendo Account 账户的玩家联机，即使国行版主机支持海外版游戏卡带，也是无法下载到任何更新内容。这引起了广大国内 Switch 玩家的不满，他们戏称自己为“国行勇士”。但造成这一情况主要是由于我国的游戏过审机制较为严格，属于可辩解性较高的品牌危机，因而并没有对腾讯、任天堂和旗下游戏品牌造成过多的影响。

15.3 游戏品牌危机的处理

15.3.1 游戏品牌危机的处理原则

当今是互联网时代，游戏品牌危机管理面临更多的挑战。当听到对企业不利的消息时，相关部门要积极开展危机公关，尽量减少负面影响，维护公司的良好形象。在处理游戏品牌危机时，可以遵循以下原则：

1. 快速性原则

企业对于游戏品牌危机的反应必须迅速，无论是对玩家、社会公众还是大众媒体的疑问和诉求都必须尽快给予答复。互联网时代，品牌危机来得快、去得也快，“快速扑灭危机火苗、让公众迅速淡忘”是危机处理的第一原则。品牌危机公关的脚步一定要跑赢舆论发酵的速度，拖延时间只会让越来越多的玩家和公众丧失对品牌的信任。游戏品牌危机发生后的第一步就是要第一时间查找信息源，确认报道是否属实，如果情况属实，马上认错致歉，制定补偿方案；如果存在虚假报道，应立刻借助权威媒体和公司官方微博、微信等平台通报事件真相，保持统一口径，组织召开新闻发布会，向媒体和社会表达高度重视的态度，介绍事件经过、进展，还原整个事情的真相，澄清事实，必要时运用法律手段维权。

《逆水寒》是网易游戏旗下的一款武侠题材的大型多人在线角色扮演游戏，游戏以《四大名捕》《说英雄谁是英雄》《神州奇侠》三大系列小说为游戏背景，讲述一段北宋末年的生活画卷。该作于 2018 年 6 月开启限号测试，所以并不是所有玩家都能够进入游戏。因此，网络上流传出一些关于游戏的传言，例如在雨天环境下，如果角色没有雨伞，直接走在雨里会掉血；玩家充值达到一定额度的时候会赠送无法通过游戏内手段获取的高等级宝石；游戏氪金元素种类繁多，严重影响平衡；坐骑在奔跑时可能会崴伤脚，需要重新购买等。这些消息引起了玩家的不满，在《逆水寒》官方微博下出现了很多声讨之声，为了防止谣言的进一步扩散，在谣言流出的 5 个小时之内，《逆水寒》的官博和制作人发布了微博，澄清事实，缓解了玩家的愤怒情绪，如图 15-5 所示。

图 15－5　《逆水寒》辟谣微博

2. 领导人原则

领导人原则指品牌危机发生后，需要公司领导或专门指派高层管理人员作为责任人来处理危机事件。游戏公司品牌危机处理的一个重要因素是领导者对危机的态度，领导者的态度一定程度上代表了公司的态度。公司领导必须意识到旗下的游戏品牌随时可能发生危机，尤其是在互联网飞速发展的今天，品牌危机的可能性比以前大得多。同时，公司从上到下都需要了解品牌危机发生的潜在可能，这更需要领导者注重打造团队的危机意识，做好危机应急预案，并且进行有效的危机管理，只有这样在品牌危机真正发生时，才能及时进行相关策略，最大限度降低损失。

2018 年 3 月 3 日，青少年沉迷游戏问题在两会上引发激烈讨论。全国政协委员、广州政协副主席于欣伟提交了《关于加快推动网游分级制的建议》，并痛斥有些游戏成了毒害青少年成长的新"鸦片"，以《王者荣耀》游戏为例，在线游戏注册用户数已超 2 亿，其中 11 到 20 岁的玩家比例高达 54%。对此，开发商腾讯公司的董事会主席兼 CEO 马化腾，在当晚召开新闻发布会上表示已经针对未成年人控制力不够的问题升级了游戏平台，现在 12 岁以下孩子每天只能玩 1 小时，还在识别"小号"方面做了改进。同时，他还强调这些措施并不是让家长把游戏"一键关掉"，还是应该看到游戏的一些正面性，鼓励父母和孩子之间更多互动，例如父母和孩子之间订立一个"数字契约"，学习成绩达到一定程度或做一定量的家务可以换取一些游戏时间，腾讯也在技术上为这种方式提供了可能。马化腾针对《王者荣耀》品牌危机的处理方式，很好地体现了领导人原则，反映了整个公司的态度。

3. 主动性原则

主动性原则指在游戏品牌危机事件发生后，游戏公司不能采取回避的政策应对，应该采取积极的行动来应对品牌危机，采取有效措施防止舆论进一步恶化，寻找解决问题的契机。在品牌危机发生以后，游戏公司承担着第一信息来源的角色，需要把握信息发布主动权，主动配合回应玩家的质疑以及一些媒体的报道，有助于在社会公众心目中树立一个负责任的游戏公司形象，这有利于获得公众的谅解，能够更加高效地解决游戏品牌危机；相反，如果危机发生后，企业急于追究责任，急于向公众辩解自身行为，或者任凭事态发展，反而更可能加深游戏品牌危机程度。

2020 年 3 月 25 日，凌晨 1 点，有网友在 RW 战队的微博超话里爆料：RW 打野选手王湘(ID：weiyan)涉及打假赛，此消息一出便引发了热议。凌晨三点，RW 电竞俱乐部主动发布公告，见图 15－6，通告队员王湘在参加 2020 年 LPL 战队春季赛期间存在严重违纪及违规行为，即日起正式解除与王湘的《选手服务协议》。RW 俱乐部这一主动解约行为，最大限度地降低了对俱乐部自身、对联赛和对《英雄联盟》的损害和负面影响。

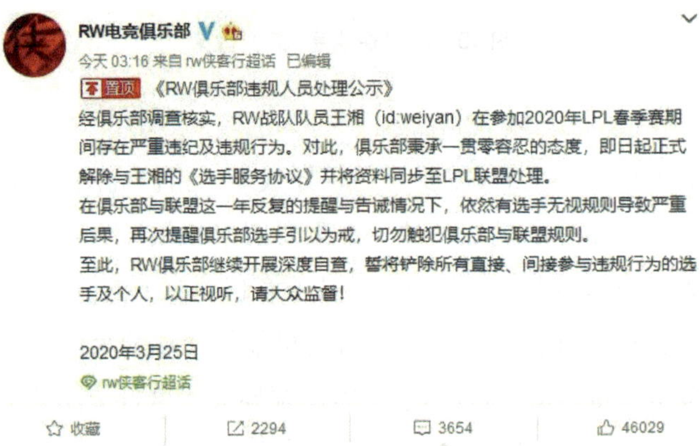

图 15－6　RW 俱乐部解约公告

4. 诚意性原则

游戏品牌危机不仅严重损害了游戏公司的形象，而且给广大游戏玩家带来了巨大伤害，公司应站在玩家的立场上考虑问题，将玩家利益置于首位，及时并诚恳地向受害者表示歉意、做出补偿，应该尽力降低游戏品牌危机的负面效应。这样有利于缓和游戏公司与玩家的矛盾，获取公众和舆论的广泛理解，并在一定程度上将品牌危机转化为游戏公司重新获取公众信任、恢复和提升公司声誉的机会。危机处理得好的游戏公司，一般具备道歉诚恳、超额赔偿等共性特征，只有玩家和媒体看到游戏公司的诚意，才能缓解负面影响，防止进一步扩散。

《率土之滨》是由网易游戏制作发行的一款三国背景的免费即时沙盘策略手游，玩家在游戏中扮演主公、建造城市、招募兵马、提升实力、进行战斗，实现一统天下宏图壮志。在 2020 年 6 月 3 日该款游戏的日常维护中，上线了新的宝藏系统，但很多玩家都不是太满意，所以玩家希望游戏开发者进行整改。在听到这么多的玩家不满以后，《率土之滨》立即以诚恳的态度在第一时间发了两封道歉信，向玩家表示会做出调整，其中一封道歉信如图 15－7 所示。调整后，系统获得了玩家的一致好评，《率土之滨》上线宝物系统的初衷就是为了给游戏玩家更好的游戏体验，而现在看来，此次游戏官方真诚听取意见的调整更新大获成功，可谓双赢。

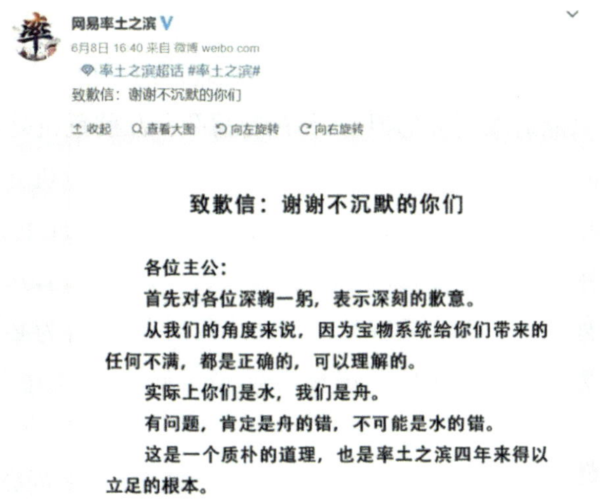
网易率土之滨
6月8日 16:40 来自 微博 weibo.com
率土之滨超话 #率土之滨#
致歉信：谢谢不沉默的你们
收起　查看大图　向左旋转　向右旋转

致歉信：谢谢不沉默的你们

各位主公：

首先对各位深鞠一躬，表示深刻的歉意。

从我们的角度来说，因为宝物系统给你们带来的任何不满，都是正确的，可以理解的。

实际上你们是水，我们是舟。

有问题，肯定是舟的错，不可能是水的错。

这是一个质朴的道理，也是率土之滨四年来得以立足的根本。

图 15－7　《率土之滨》道歉信

如果说，《率土之滨》在诚意性原则方面做出了表率，那么《英雄联盟》官方在 IG 战队夺得了中国大陆第一个 S 系列赛冠军的表现则是典型的错误案例。2018 年，IG 战队英雄联盟世界总决赛上“兵不血刃”击败了欧洲老牌强队 FNC，夺得了中国大陆第一个 S 系列赛冠军。在捧回首座 S 赛冠军奖杯后应该得到最隆重的待遇，但腾讯的做法却让一大批英雄联盟玩家们寒心。既没有夺冠宣传片，也没有冠军之夜庆典，更没有皮肤打折活动，就连夺冠之后的海报还是在网友们不断的“施压”下才在第三天赶工做出来的，这样对待世界冠军的态度令所有中国英雄联盟玩家们发自内心地对这款游戏充满了失望。终于，英雄联盟官方迫于压力在微博上发布了道歉声明，见图 15－8，但这份道歉声明被玩家认为是避重就轻、转移话

英雄联盟
今天 10:38 来自 微博 weibo.com
【关于#2018全球总决赛#iG夺冠活动庆典的道歉和说明】亲爱的召唤师，大家好，关于近期iG（Invictus Gaming）全球总决赛夺冠庆典活动事宜，引发了大量的关注和讨论，非常抱歉给大家造成了困扰，在此先向广大召唤师们致以诚挚的歉意，由于工作失误给大家带来了不好的体验，我们在这里向大家恳切承认错误。

我们集中梳理了大家关心的几个问题，进行一些解释说明，我们也在进行内部反省以及改进。#英雄联盟S8#　关于#2018全球总决赛#iG夺冠活动庆典的道歉和...

关于#2018全球总决赛#iG夺冠活动庆典的道歉和说明

图 15－8　《英雄联盟》道歉声明

题，反而再一次激怒了玩家们。

5. 统一性原则

统一性原则指的是游戏公司在遇到危机，进行处理的时候要冷静、有序、果断、统一。而不可失序、失控，否则只能造成更大的混乱，使局势恶化。品牌危机处理的统一原则主要反映在两个方面：一是游戏官方和员工的态度必须一致，员工不是危机处理的旁观者而是参与者，通过“群防群管，群策群力”，确保员工参与到游戏品牌危机管理中，避免员工个人作出主观判断和评论。危机中任何一名员工的回应，都会被视为代表公司，从而影响企业品牌的整体形象。二是企业在处理旗下游戏品牌危机不同阶段的态度、行为必须统一、明确，最忌讳就是企业补偿玩家的方案前后变化无常，模棱两可，避重就轻。

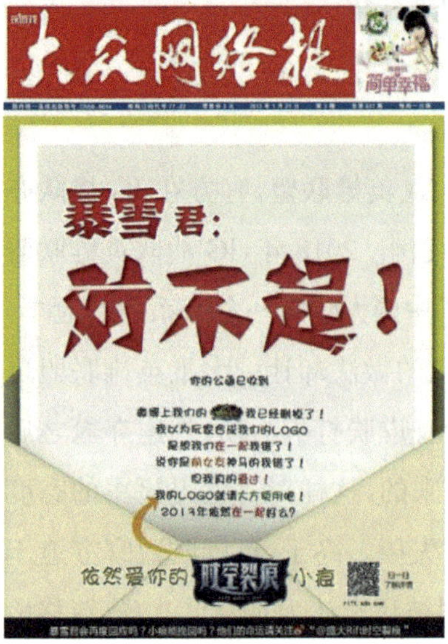

图 15－9 《时空裂痕》道歉声明

6. 创新性原则

创新性原则指在品牌危机的处理中既要充分借鉴过去成功的经验，也要根据危机的实际情况采用新方式，借助新技术、新信息和新思维，大胆创新。企业创新性的品牌危机处理方式一方面反映了企业对于玩家的重视，体现了企业创新思维，另一方面也有助于吸引玩家和社会的关注，将原本的严肃的负面事件转变为游戏品牌宣传的契机。

2013 年 1 月 15 日到 1 月 17 日，盛大公司代理的网游《时空裂痕》买断一家平面媒体封面广告位置为自己的侵权行为向暴雪道歉，如图 15－9 所示，但道歉的内容看起来是相当的不正式，以卖萌撒娇的口吻承认错误，将这件本来严肃的事变得娱乐化，反而为《时空裂痕》赚足了眼球。

7. 真实性原则

任何品牌危机事件和新闻的发生都会使公众产生种种猜测和怀疑，在互联网环境下，游戏玩家可以进行即时的交流讨论，无疑也扩大了游戏品牌危机的传播力度。这时，企业必须认识到只有向玩家说明事件实情、诚恳道歉、做出补偿才是处理品牌危机的有效途径。因为，玩家群体和社会舆论最不能容忍的事情并非危机本身，而是企业千方百计隐瞒事实真相或故意说谎。企业必须以真诚负责的态度面对公众与媒体，及时与公众和媒体沟通，通过各类网络媒体和社交平台将事件真相公之于众，主动采用补救措施，而遮遮掩掩反而会增加玩家群体的好奇、猜测乃至反感，延长危机影响的时间，增强危机的伤害力，不利于控制局面，给企业造成更严重的损害。

《地下城与勇士》(Dungeon Fighter)，简称 DNF，是由韩国 Neople 公司开发、腾讯游戏代理运营的动作角色扮演 ARPG 格斗网游。2018 年 7 月 13 日，DNF 韩服公布游戏十三周年的重大改版信息，人物等级上限提升为95级，现有90级史诗套装在韩服确认不可升级，而更新相对延后的国服也有可能继承这一设定。这个改版意味着，玩家们花费大量时间和精力练成的装备，立马就面临着被淘汰，这无疑对所有玩家的打击都是惊人的。对于质疑，DNF国服运营团队在8月25日召开玩家见面会，但对装备问题的回答依旧模棱两可，遮遮掩掩，完全没有实质性的内容，让玩家们失望透顶。情况已经如此糟糕，而DNF的运营团队不仅没有好好道歉，第二天还在DNF官网上发布了一篇名为"理性看待问题就要被喷死?"的疑似公告，再一次点燃了玩家的怒火，从而引发大规模玩家在游戏中站街罢服，抗议策划团队的敷衍和欺骗，同时大批玩家开始了"发票战"，向腾讯索要充值发票，给游戏和企业造成了巨大损失。

15.3.2　游戏品牌危机的处理流程

1. 对主流的社交媒体和游戏社群进行舆情监测

舆情监测是对互联网上公众的言论和观点进行监视和预测的行为，这些言论对现实生活中某些热点、焦点问题持有较强影响力和倾向性。大部分品牌危机是可以避免的，但这需要企业做好舆情监测。作为游戏企业，要格外关注玩家群体对旗下游戏品牌的意见和讨论。为此，企业要对各类主流的社交媒体、网站及主要的游戏社群中和游戏品牌相关的内容进行舆情监测，搜集游戏品牌的最新动态，汇总有关媒介报道的情况，以便准确评估事态发展程度，为下步的行动提供依据，力争在品牌危机产生的第一时刻采取行动，将品牌危机的负面影响和传播范围降至最小。加强日常舆情监测是企业及时发现负面信息的有力抓手，是快速启动应对预案，从源头上消除舆情隐患的依据。对品牌危机进行精准预判，合理应对危机事件，是品牌管理人员最关键的素养和最需加强的本领。

2. 品牌危机发生后，迅速成立处理品牌危机的决策总部

在品牌危机爆发之初，往往是危机公关处理的最佳时刻，如果放任不管或处理不及时，情况可能进一步恶化，给企业造成更严重的损失。面对稍纵即逝的时机，企业的当务之急是在第一时间成立危机处理决策总部或者对接专业危机公关机构商议解决方案。危机处理决策总部在解决品牌危机的过程中起到了协调指挥、全盘把握的作用。决策总部可由一名首席危机处理官和若干名危机处理员组成。首席危机处理官应该由品牌的高层管理者担任，一方面其对品牌有全面的了解，另一方面有决策的权威。危机处理员应经过一定的危机处理培训，具有在时间紧迫、高度压力和信息不充分条件下做出科学决策的能力。

3. 找出引发品牌危机的根源，评估危机的严重程度

处理品牌危机时首先要找出危机的根源，在科学、全面调查的基础上找出危机发生的根本原因以及整个危机事件的真实情况。只有找到了危机的根源才能为制定有的放矢的解决对策提供依据。同时，全面评估危机事件对品牌的危害，不仅包括现实的危害影响，还包括潜在的危害影响。品牌危机一般分为三个等级，严重程度由低到高分别是普通品牌危机事

件、重大品牌危机事件和极端品牌危机事件。在得出全面的危机评估之后，决策总部就要根据危机的级别制定相应的处理方案和主攻方向。在这里，评估的准确性非常关键，错误地估计危机的危害程度可能会给品牌和企业带来灾难性的后果。

4. 制定品牌危机处理方案

企业要查清造成游戏品牌发生危机的事件是事实还是谣言，如果是谣言，企业应当发动一切发声渠道澄清谣言，如社交媒体、新闻网站、自媒体、游戏社群等，必要时用法律手段进行维权；如果情况属实，则决策总部要综合考虑玩家诉求、企业利益和危机的等级，迅速拿出一套完整的品牌危机处理方案，包括事实情况说明、道歉的主要内容和文案、对玩家的补偿策略、相关人员的惩治措施等，在方案形成后通过各类主流的社交媒体、网站及游戏社群向玩家公示，尽快平复玩家群体的情绪。所制定的方案必须细化、明确和可行。所谓细化，就是危机发生后组织采取的每个步骤和每个操作环节必须设计出来；所谓明确，就是方案用词精确，避免出现歧义，并把每项工作落实到个人；所谓可行，是指方案在操作中必须切实可行。

5. 建立畅通的信息传播渠道

在品牌危机事件发生后，建立畅通的信息传播渠道是解决危机的关键措施之一。危机发生使得游戏品牌处在社会舆论与广大玩家关注的焦点之上，玩家们迫切想知道事件的真相以及企业在品牌危机处理中的态度与措施。而且在信息沟通不对称的情况下，社会公众极容易滋生误解、猜疑的情绪，更加加深了危机对品牌的危害。在危机事件处理过程中，品牌只有建立畅通的信息传播渠道，才能及时澄清歪曲失实的流言报道，让公众了解事实真相。品牌应通过各种信息渠道，如品牌网站、博客、网络社区、海报、告示等，发布品牌官方信息，并与报纸、电视台、新闻网站等媒体合作，建立起高效的大众信息传播渠道，加强与新闻媒介、社会公众、政府部门的沟通，特别要密切与媒体的沟通，它们在引导玩家舆论方面发挥着重大作用。

6. 执行品牌危机处理方案，对处理的进展和效果进行监督

品牌危机处理方案在公示之后，企业应严格按照处理方案的内容进行执行，并提高工作效率，尤其是对玩家的补偿和对游戏内容的整改，最忌讳就是品牌危机处理方案前后变化无常。同时，在处理方案的执行过程之中，要对危机处理的进展和效果进行实时监控和公示，如果玩家有新的诉求和意见，企业在进行商议后对合理的部分可以采纳，防止品牌危机死灰复燃、再次升级。此外，执行中的态度要诚恳、所有相关人员的态度要一致，防止出现由于相关工作人员个人的过激言行而带来的玩家对游戏官方道歉态度的质疑。

7. 修复品牌危机带来的损害，重建玩家信任

品牌危机过后的修复是品牌危机处理的最后环节，担负着消除危机遗留问题和负面影响的重任。危机往往给企业造成巨大损失，因此对危机管理进行系统的总结十分必要。整理、核查危机产生原因，做好相关预防处理的措施，详细地列出危机管理中存在的各种问题，并有的放矢地整改，运用一系列危机善后管理工作来挽回不良影响，重建玩家对企业的信

心，树立游戏品牌在玩家群体中的良好形象。此外，企业还可以通过互联网媒体对企业和游戏品牌的正面新闻和最新进展进行宣传，如社会捐赠、公益活动、游戏版本更新、新游戏迭代等，进一步消除此前品牌危机给玩家留下的不良印象。

任务演练

1. 再找出一些游戏品牌危机的案例，并区分它属于哪种类型。
2. 如果你是《王者荣耀》的首席危机处理官，游戏品牌发生了危机，你将如何处理？

任务十六　游戏品牌全球化

课前思考

《王者荣耀》的全球化之路

《王者荣耀》在中国火爆是毋庸置疑的。随着这款游戏的日渐成熟，腾讯逐渐为它铺平了全球化的道路。2017 年 8 月上旬，《王者荣耀》的英文版本《Arena of Valor》在欧洲市场悄然登陆。《王者荣耀》欧版与国内版的核心玩法相同，但在美术资源和 UI 设计上有较大不同，例如《王者荣耀》欧版的 UI 设计更加的扁平化，首页界面可以看出更加简洁；英雄以西方魔法文化和科幻小说为主；地图也发生了变化，类似欧洲的城堡。这些都是腾讯游戏为适应本土市场而做出的一些必要的本土化举措。腾讯也获得了 DC(Detective Comics)漫画的授权，将蝙蝠侠和其他 DC 漫画英雄加入了《Arena of Valor》，利用外国玩家对这些角色的熟悉使他们更快地融入游戏。此外，《王者荣耀》在全球化过程中同样注重对电竞赛事的打造，2017 年科隆游戏展期间，为了造势邀请了《DOTA2》和《英雄联盟》赛事的世界冠军参与《Arena of Valor》比赛，在游戏玩家间引起了广泛讨论。

任务目标

- 掌握游戏品牌全球化的概念。
- 掌握游戏品牌全球化的关键环节。
- 了解我国游戏品牌全球化遇到的困境。

任务描述

本任务首先介绍了游戏品牌全球化的概念，随后详细阐述了游戏品牌全球化的关键环节，包括确定游戏品牌的输入国、选择游戏品牌的开发策略、选择游戏品牌的运营模式、对游戏进行本土化修改，最后介绍了我国在游戏品牌全球化中遭遇的困境。

16.1 游戏品牌全球化概述

“改革开放以来特别是进入90年代以来，发达国家的一些品牌产品，借助其成熟的营销手段和市场运作方式，对广阔的中国市场形成了很大的冲击。因此，我们必须重视创建和发展民族品牌，加紧实施品牌战略，否则，我们不仅无法开拓国际市场，而且国内市场也会被国外知名品牌所占领。”这是在北京举行的“崛起的中国品牌研讨会”中，时任国家经贸委主任盛华仁在会议上讲话。诚如盛主任所言，随着经济全球化浪潮的推进，世界各国政策的开放，跨国公司跨国经营活动的频繁，现在无论是发达国家还是发展中国家都能领略到外来文化、外来品牌的冲击。中国改革开放40多年来，中国市场已实质性地成为全球品牌不可忽视的潜在市场。世界各国的公司在中国市场走出了一条“技术输出——资本输出——品牌输出”的道路。因而，我们在国内能充分感受到全球化品牌深入生活的各个层面。在21世纪的今天，互联网的普及和信息技术的发展使得全世界更加紧密地联系在一起，在此基础上发展起来的电子游戏品牌同样也面对不可阻挡的全球化的趋势（谢勤，2001）。一个游戏品牌想要真正获得成功，想要在世界范围内拥有大规模的玩家群体和深远的影响力，就势必要进行全球化。

那么，什么是品牌全球化？品牌全球化是企业在进行跨国生产经营的活动中推出全球化的品牌，从全球经营的视野出发审视国际市场，制定相应的企业品牌战略，并通过品牌营销策略建立全球性品牌形象，并最终推广到世界市场的过程。企业要在全球性的品牌营销活动中，树立自己的品牌定位形象，达到一个全球化的目标，不仅要利用本国的资源条件和市场，还必须利用国外的资源和市场，进行跨国经营。游戏品牌全球化就是要创造世界级的知名游戏品牌，相比较于本土化的游戏推广，游戏品牌全球推广时不仅要考虑到游戏产品的目标市场，还需要注意目标市场的差异化环境带来的变化。游戏品牌推广到全球各地一定会面临东道国在文化、政治、语言、风俗习惯等方面的差异，玩家对于游戏类型、游戏画风、背景设定、游戏方式的喜好也有所不同，如果处理不当，将难以实现推广目标，还会严重阻碍品牌的全球化。此外，厂商进行全球化运营的游戏品牌既可以是自己开发的，也可以是投资并购其他游戏品牌的，两种方式各自具有不同的优势，需要企业根据实际情况进行选择。因此，游戏厂商在打造、推广全球游戏品牌时，需要在确定游戏品牌的输入国、选择游戏品牌的开发策略、选择游戏品牌的运营模式、对游戏进行本土化修改等关键环节展开努力。

16.2 游戏品牌全球化的关键环节

16.2.1 确定游戏品牌的输入国

游戏品牌全球化首先要考虑的问题是游戏要进入什么国家和地区。按照国家发展的程度，可以将进入的国家分为三个层次，分别是以欧、美、日为代表的发达国家，以南亚、东南亚、南非等为代表的发展中国家，以及第三世界国家等欠发达国家。企业选择进入不同的国家代表了对游戏品牌所具有的竞争优势的判断以及品牌战略的选择。

发达国家的进入门槛最高，国际性的游戏品牌多且影响力强劲，有的游戏品牌已经存在了几十年，发布了很多作品，拥有大批的忠实拥趸，因此品牌在市场与玩家心目中的地位非常稳固。玩家接触到电子游戏的时间最长，对于游戏品质的要求也是最高，且消费行为与心态皆相对成熟，可选择的类似游戏品牌很多，需求也大都已经得到满足，玩家心目中大都已有偏好的游戏品牌且已经建立一定品牌忠诚度，新兴的游戏品牌想要进入发达国家市场，处在相对劣势地位。同时，在这些发达国家中，市场竞争规则已形成规范，且玩家收入高、消费习惯成熟、消费能力强、市场规模庞大，经济利益可观。若是选择先进入发达国家，在那里树立品牌信誉和形象，那么游戏品牌就能顺势把产品推向全世界，很快被全世界所接受，迅速实现品牌国际化，成为一个强势的全球游戏品牌。值得注意的是，选择进入发达国家市场，代表企业对游戏的质量、创意等很有自信，且需要在游戏宣传、发行等方面付出巨大投资，如果企业实力一般、资金有限，需要谨慎选择。

发展中国家本土开发的国际化游戏品牌相对较少，外来的国际游戏品牌较多，同时在游戏消费市场上已经有一定程度的发展。但是，发展中国家玩家的忠诚度并没有那么高，许多消费行为也在被建立中，很容易受到社会舆论风向的影响，对游戏的偏好尚不固定，对游戏产品的质量要求没有发达国家高。企业进入发展中国家可以以较低的投资累积品牌国际化的经验，沉没成本和风险较小。然而，这些发展中国家存在着游戏审查体制不完善的风险，企业很可能要对游戏内容、剧情、插画、任务等进行大幅修改，有可能造成游戏失去本来面貌，对玩家的吸引力减弱，难以在世界范围内产生轰动。

欠发达国家对于游戏品牌全球化而言进入门槛最低，因为其市场上游戏产品匮乏，竞争程度较低，玩家接触到电子游戏的时间最短，消费行为模式与品牌概念较弱，对游戏产品质量的要求最低，因此游戏开发、发行和推广所需投资较少。欠发达国家的市场体制极度不完善，政治、社会、经济等风险皆较高，且同时因为经济欠发达、玩家收入低、消费能力弱，市场规模有限。若选择进入欠发达国家，则比较容易进入，代价较低，费时也较短。然而，在欠发达国家建立的游戏品牌的信誉与形象很难扩散到其他国家，因此进入欠发达国家市场只可为游戏品牌累积品牌国际化的经验与信心。

综合上述分析，游戏品牌全球化可以同时选择以上三类输出国中的任一类或几类，从进入欠发达国家到发展中国家，再到发达国家，代表着游戏厂商对游戏品牌的定位存在显著差异，同时也意味着游戏品牌的竞争力不断增强。当游戏厂商自身实力较弱、游戏品质不够出众、在市场上有很多同类竞争者、资金有限时，可以选择先进入欠发达国家和发展中国家，以便集中力量针对当地进行更好的营销推广和本土化修改，例如《无尽对决》主攻东南亚市场，成为风靡东南亚的“国民游戏”；而当游戏厂商实力较强、游戏质量较高、资金充足可以进行大规模的营销推广时，选择进入发达国家，或者直接进行全球化，则是更好的选择，可以在世界范围内迅速实现游戏品牌国际化，极大提高品牌的影响力，例如《原神》就是凭借其精良的制作征服了全球玩家，建立起全球化的品牌。下文中对上述两个例子进行了详细解读。

《无尽对决》(Mobile Legends)是由沐瞳科技自主研发及发行的一款多人在线战术竞技类手机游戏，游戏画面如图 16－1 所示。这款游戏在国内默默无闻，甚至还曾被《英雄联盟》的开发商状告侵权，然而却在东南亚电竞圈名声大噪，成为风靡东南亚的“国民游戏”。在新加坡、印度尼西亚、马来西亚、菲律宾、文莱，近总人口四分之一的民众是其注册用户，每十个菲律宾和印尼人当中就有一位是该游戏的用户。这一游戏还成了 2019 年东南亚运动会的正式电竞项目。沐瞳科技自 2014 年开始进军全球游戏市场，2016 年，公司发现全球大部分地区虽已进入移动互联网时代，但东南亚、拉美、南美等地的手游市场上并未出现体验较好的 MOBA 手游，沐瞳科技瞄准了这一机会精准发力推出了《无尽对决》。沐瞳科技发现了东南亚等发展中国家市场 MOBA 手游的匮乏，准确把握玩家需求，并做出清晰的市场判断，因此《无尽对决》的品牌全球化才如此成功。

图 16－1 《无尽对决》游戏画面

《原神》是由上海米哈游制作发行的一款开放世界冒险游戏，于 2020 年 9 月 28 日开启公测，登录 PC、移动端和主机平台，游戏画面如图 16－2 所示。自游戏上市以来，《原神》凭借精良的制作征服全球玩家，超越《王者荣耀》《和平精英》和《PUBG Mobile》等知名手游，迅速成为全球最受欢迎的游戏之一，并在 30 天内吸金 2.45 亿美元。《原神》的成功并不是偶然，米哈游为《原神》品牌全球化做了充足的准备。首先，产品自身历经多次大规模的更新与修改，游戏在每一次测试过程中，都注重新内容的独特性、风格化，也愿意和玩家分享其中的制作细节。其次，全球化、全平台、全球同步发行的策略背后，是米哈游有多款人气游戏的制作经验，积累了领先性的研发实力，吃准了近年来全球用户对开放世界类型游戏的喜爱。最重要的是，游戏本身的质量足够出色：在开放性的游戏世界之下，玩家既可以按照游戏的引导按部就班地完成任务，也可以随心所欲地对整个游戏世界进行探索，给予玩家一个具有无限可能、可以不断探索的新世界，这是以往很多手游无法做到的，证明了移动端的设备也能获得主机游戏3A级别的体验，几乎是对整个市场的“降维打击”；同时，为了更好地配合游戏高自由度的定位和开放性的世界，《原神》在配乐上也力求精益求精，白天与夜晚玩家登录游戏时所聆听到的乐曲是不同的，各具特色，反映了米哈游对于细节的追求与把控，这也是很多手游无法企及的。

图16-2　《原神》游戏画面

16.2.2　选择游戏品牌的开发策略

1. 独立开发游戏品牌

开发商独立开发指的是要进行全球性运营的游戏由游戏开发商独立开发完成，由其全权负责游戏的策划、程序开发和美术设计等工作。开发商独立开发全球性游戏品牌的优势在于对游戏的质量有更强的把控，可以灵活地根据市场偏好、玩家需求等对游戏内容进行及时调整，但劣势则是需要高超的游戏开发技术和大量的专业化人才，承担了巨额的开发资金和较长的开发年限，这也就导致了开发商面临着较大的风险。电子游戏市场每时每刻都在发生着变化，玩家对游戏的喜好、游戏的开发引擎、游戏流行趋势等随时可能改变，对于开发一款大型的游戏来说，一般需要几年的时间，游戏开发商在开发游戏之时的判断存在一定偏差，市场上也可能出现同类型的游戏品牌。此时，如果游戏品牌上市之后并未如预期地在全球范围内获得大量玩家的支持，游戏的销售额难以覆盖其开发成本，就可能对开发商造成巨大的打击，例如《火炬之光》的开发商 Runic Games、《暗黑之门：伦敦》的开发商 Flagship Studios、雅达利等都是因为游戏并未取得预期的销量，出现了资金危机，导致其解散或破产。

2. 投资并购其他游戏品牌

除了独立开发外，企业也可以利用投资并购全球性的游戏开发商或工作室来获得知名游戏品牌或具有潜力的游戏品牌。通过这种方式来获得全球性的游戏品牌有以下几点好处，首先可以充分利用原有品牌在世界范围内的影响力，原有游戏品牌已经具备一定玩家基础和知名度，国际市场对该品牌的接受度和期望值更高，与打造新的游戏品牌相比大幅降低了游戏开发风险，当该系列新的游戏产品上市后，更有利于其宣传和推广；其次投资收购方可以获得大批有经验的游戏开发人员、管理人员和营销人员，扩大旗下游戏产品的种类，借助新的游戏品牌进入之前不曾涉猎的游戏类型，显著提高自身的开发实力，大幅改善自身的品牌形象与品牌资产。但投资收购也有一些不足之处，一是对投资收购游戏品牌的影响力和发展前景的价值评估存在困难，投资收购品牌过程中所遇到最复杂的问题，莫过于衡量该游戏品牌是否有全球化的潜力；二是被收购游戏品牌的开发理念和团队氛围能否与收购企业兼容，被收购品牌若不容于收购企业就会造成管理和人员开发的困境，影响游戏的开发质量，从而对游戏品牌全球化造成负面影响。世界上很多知名的游戏公司都曾通过投资并购的方式来获取游戏品牌，并利用在资金、技术或营销方面的优势推动其实现品牌全球化，例如，腾讯公司并购拳头游戏公司，提供大量的资金支持，成功打造了全球最受欢迎的 MOBA 游戏《英雄联盟》。

16.2.3 选择游戏品牌的运营模式

1. 自主运营

自主运营是在游戏品牌全球化过程中由游戏企业独立开展游戏产品的研发与市场营销工作。由于生产销售的全过程都需要游戏厂商负责，厂商可以根据对产品的定位有计划地实施产品运作策略和营销手段，但这种方式对企业的资源投入要求很高，故一般是大型龙头企业才会采取这种方式进行全球化，小型的游戏企业一般难以承担相应的成本。例如，知名全球游戏品牌《塞尔达传说：荒野之息》《超级马力奥：奥德赛》（Super Mario Odyssey）等均是由游戏的开发商任天堂公司负责发行。

2. 代理运营

代理运营指在游戏厂商完成游戏研发工作后，将游戏的市场运营、发行和销售等工作交给专业的游戏发行商来操作，是最为常见的游戏品牌全球化进入策略。代理运营按照游戏发行商的数量又可分为独家代理和多方代理模式，只交由一个游戏发行商来负责的称为独家代理，在全球不同地区由多个游戏发行商来操作的被称作多方代理。代理运营将市场运营推广等工作交由专业的发行商负责，可以很好地降低游戏开发商在游戏全球推广中面临的资金不足、不熟悉输入地市场的政策、缺乏可靠的营销渠道等压力。例如，《英雄联盟》《魔兽世界》等游戏都是采用代理运营的模式。

16.2.4 对游戏进行本地化修改

一款游戏想要通过官方渠道进入他国市场，不光需要通过各种审核，还必须要对游戏内容进行本地化修改，以符合当地的情况。就像中国游戏市场潜力足，玩家数量庞大，然而受到传统习惯、风土人情、历史人文、国家政策等因素的影响，游戏原版中的很多要素无法在国内完整呈现出来，同时国内游戏玩家的游戏喜爱和偏好与其他国家存在显著差异，导致了很多海外游戏都因水土不服退出中国市场。因此，游戏开发商想要打开国际市场，吸引更多的消费者，就要从游戏内容的本土化方面展开努力。游戏开发商对游戏进行本土化改造的方式主要有两种，其一是在游戏的开发阶段就进行的主动本地化；另一种是在游戏发行上市后，针对玩家群体以及游戏测评机构的意见和建议，迅速针对出现的问题进行被动的本地化修改。相对来说，前一种更利于游戏初期的发行、销售，游戏一上市就可以给当地玩家更优质的游戏体验。在一款游戏最初策划阶段，如果有以某个市场为目标的策略，当时就该考虑如何进行本土化改造，这样更有利于后期游戏宣传和发行工作的开展，不至于在时间不充裕的情况下，匆忙制定并推行本地化方案，反而容易有所遗漏。而后一种方式可能会导致游戏品牌在发行初期在玩家间反响不好、口碑受损。随着时间的推移，游戏开发商根据玩家的意见进行针对性的修改，从而使得游戏品牌的口碑得到大幅改善。游戏开发商为了推动游戏品牌全球化而对游戏进行本土化改造时，可以借鉴以上两种做法，并将二者结合，在开发阶段就进行文化本地化改造，游戏发行上市后再根据市场反馈对不足之处再次进行本土化改造，只有这样才能完整的展现游戏内容，从而为游戏品牌的全球化铺平道路。

世界上文化环境、风土人情的多样性，赋予这个世界各种差异性，想要打造出为当地大众广泛接受的游戏，就必须对当地市场的各个方面有深入的了解。因此，想使自己的游戏完全融入当地市场，让玩家乐于从深刻的文化层面理解和接受游戏，对游戏进行"彻底的本土化"极为关键。在原版游戏中，所有可能会使当地用户感到困惑、不适、缺乏吸引力、无法接受的内容，都是游戏本土化改造的目标，同时还可以适当增加一下当地玩家熟悉的新内容，游戏中所有可能涉及的文字、符号、色彩、配音、动作、图画、剧情以及人物角色设定等都需要着重留意。

1. 对游戏中的语言文字进行翻译

对游戏进行本地化改造的第一步就是对游戏中出现的所有语言文字进行翻译。在翻译时，仅仅做到将原有内容完整表达出来是远远不够的，还需要符合品牌输入国的历史文化传统和用语习惯。翻译过后的内容要避免生硬、繁杂，不能让玩家感受到当前玩的游戏来自国外。《神秘海域 4》是一部翻译本土化做得非常优秀的游戏，在游戏的难度选择中，将游戏困难模式翻译为了"老司机"，而没有采用一般游戏常用的困难或噩梦。《英雄联盟》在这方面做的也很好，游戏中德玛西亚城邦勇敢忠诚的战士，德玛西亚之力——盖伦有一句台词"For demacia!"原文含义为"一切为了德玛西亚!"中文翻译为"德玛西亚万岁!""万岁"通常用于敬奉皇帝与国家，以示忠诚，还用于表达对战争胜利的希冀；另一角色诡术妖姬——乐芙兰的被动技能为当自身血量较低时释放影子分身迷惑敌人，她有一句台词是"It's all smoke and mirrors"，中文翻译为了"不过是镜花水月而已"，原文的"smoke"和"mirror"指虚无缥缈的事物，恰好与中文成语"镜花水月"对应；雪原双子——努努是一个骑着大雪人的小男孩，他有一句台词是"Speak softly, and ride a big yeti"，在国服翻译为"我有一只小雪人我一直都在骑"，译文看似与原文毫无关联，但实际上它出自一首中文儿歌"我有一只小毛驴，我从来都不骑"。此处，把"毛驴"换成"小雪人"，且台词由配音演员直接唱出来，很好地展现了雪人骑士努努的人物形象，而且中国玩家听起来很容易联想到脍炙人口的儿童歌曲《小毛驴》，自然通俗。

2. 增添游戏品牌输入地玩家喜爱和熟悉的元素

然而想要吸引并留住更多的玩家，仅仅靠翻译是远远不够的，因为翻译只能实现语言文字的转换，无法给玩家传递游戏丰富的游戏背景、世界观和深刻的文化内涵。为了使玩家更快地熟悉、融入游戏，感受到游戏的魅力，还需要在游戏中增添一些游戏品牌输入地玩家喜爱和熟悉的元素。最常见的做法就是可以在游戏中增加一些具有输入地特色的建筑、历史或神话人物，紧跟本土节日开展游戏活动，提供特定的游戏模式，能在游戏中庆祝自己国家的节日、见到自己熟悉的场景，操作自己喜欢的人物或角色是所有玩家共同的梦想。例如，《英雄联盟》针对中国市场，在游戏中推出了英雄角色“齐天大圣—孙悟空”，此外还推出了“关羽　云长”“赵云　子龙”“张辽　文远”“司马懿　仲达”“吕布　奉先”“枭姬　孙尚香”“闭月之颜　貂蝉”等七款三国系列皮肤，图 16－3 为“赵云　子龙”皮肤原画，非常符合中国玩家对赵云形象的想象；游戏《无尽对决》中针对东南亚不同国家推出了象征该国民族英雄的角色，例如为印尼定制了有“印尼孙悟空”之称的神话英雄迦多铎卡迦、爪哇神话中的南海女神，菲律宾则有民族英雄拉普拉普，缅甸有历史上最伟大的君王之一江喜陀等；《守望先锋》加入了上海外滩、重庆的夜景等城市场景。

图 16－3 “赵云　子龙”皮肤原画

3. 对游戏中不能过审的部分进行修改

游戏分级一直是一个热门话题，科学有效的分级和审查能让游戏产业在可控的范围内较为健康地发展，同时通过分级，每个年龄层只能购买限定的游戏，很大程度上过滤掉了不适合某个年龄层的游戏，给青少年营造了更健康的游戏环境。游戏分级既是游戏行业的规范性需求，也是对青少年以及儿童的保护。但是，由于各个国家的政治和文化存在较大差距，对电子游戏的接受程度也有所不同，难以形成统一的游戏分级制度，这导致了很多游戏在一些国家可以顺利上市，但在一些国家则被列为违禁品。因此，如果游戏厂商想要使游戏品牌顺利地进入全球市场，就不得不依据各国的法律规定对游戏中触及暴力、色情、犯罪等元素的内容进行修改和删减。

《英雄联盟》在美国被归类为适合 13 岁及以上玩家。我国为了防止游戏中可能存在一些不良要素影响青少年的身心健康，因而对游戏的审查较为严格。为了进入中国市场，《英雄联盟》中许多地方进行了修改，例如，游戏中的血液特效遭到了和谐，猩红收割者弗拉基米尔在背景故事中是一个渴望凡人鲜血的魔鬼，他的血巫术可以让他吸干敌人的鲜血来延长自身的寿命，在原版中他的技能特效均为鲜红色，展现了血巫术控制血液的能力，但是在国服中，所有的技能特效被改成了深黑色特效，修改前后的特效对比见图 16－4；游戏角色痛苦之拥伊芙琳重做后，因其魔人的设定，拟人形态只是伪装，设计师认为不应该给她加上衣服，所以新版的伊芙琳原画显得异常暴露，窈窕性感的身材尽显无遗，但是国服上线不久后，伊芙琳原画的大腿、肚子和胸口这几个部位都被加上了一层黑色护甲。

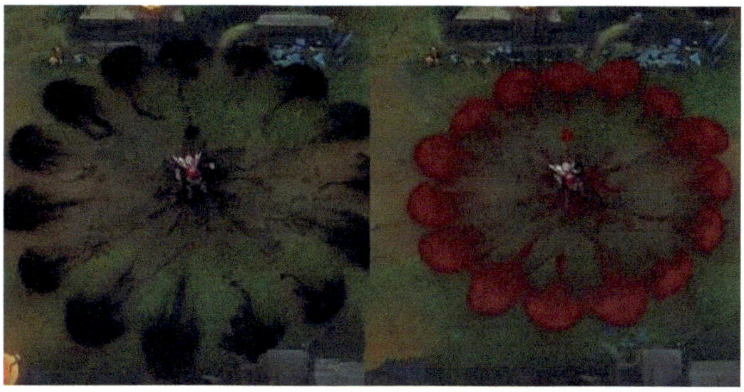

图 16－4　猩红收割者弗拉基米尔技能特效比较

16.3 我国游戏品牌全球化中的困境

16.3.1　游戏本土化程度低

我国游戏产品主要采用粗犷型品牌全球化推广模式，简单地使用魔幻等全球化题材，没有根据市场需求进行布局和策略定制。国内大多厂商的本土化只单纯地将产品语言替换为目标市场的当地语言，而没有依据当地的风土人情、历史文化以及玩家的喜好对游戏进行针对性的修改，缺乏市场导向，游戏的完整内涵无法呈现在玩家面前，最终致使游戏品牌的影响力较低，这显然无法吸引海外游戏玩家、形成良好口碑，难以满足海外市场的需求。目前，很多国内企业还没有意识到本土化修改对于游戏的重要性，也缺乏对游戏进行本土化的能力，有待进一步加强。

16.3.2　游戏品牌缺乏对中国文化的挖掘

游戏可以作为了解传统文化的触点，唤起对历史文化的兴趣，国内游戏玩家可以利用熟悉的历史知识完成游戏中的一个个任务，享受游戏的乐趣；而国际玩家可以领略不同于欧美魔幻文化为主的游戏风格，领略中国文化的独特魅力，这也是对中国加深了解的一个窗口。与西方游戏相比，国产游戏有着中国传统文化特有的情感共鸣和文化魅力，那些典雅的对白、古风的旋律、飞花落叶的缱绻柔情，这种东方文化审美需要细细品味，充满独特吸引力。然而，国内很多出海的游戏对中国文化的挖掘缺乏深度，在游戏产品外直接披上中国风的“皮”，把服装、道具、人设、场景等简单换成中国传统风格，缺乏考究，甚至出现了很多张冠李戴的低级错误。这样粗制滥造的产品既可能使外国玩家对中国文化产生误解，也无法利用中华文化的独特魅力吸引全球玩家。

16.3.3 游戏品牌全球化面临一定的风险

游戏品牌全球化面临一定的政策风险，针对我国的游戏，相关国家可以利用提高贸易关税、抬高行业投资门槛，甚至禁止下载、强制要求下架等限制手段。同时，目前世界两大主流游戏开发引擎 Unity 和虚幻引擎（Unreal Engine）都受控于美国企业，一旦美国政府像禁止中国芯片制造使用美国技术一样禁止中国企业使用美国技术进行游戏开发，对于仍依赖相关引擎的中国游戏企业而言会是沉重打击。此外，游戏品牌全球化很大程度上依赖于相关互联网基础设施提供的广告平台、用户基础等，目前，中国输出的软件基础设施面临巨大风险，尤其美国接连对微信、抖音等社交平台下手，采取一系列强硬手段打压其地位，实质上已经在一定程度上破坏了游戏推广营销所依赖的渠道。

任务演练

1. 你觉得哪些游戏的本土化做的很好，请举例说明。
2. 请你选择一款游戏，并为其设计品牌全球化策略。
3. 针对我国游戏品牌全球化中的困境，请给出一些可行的对策。

参考文献

REFERENCES

[1] 360智慧商业. 中国游戏行业观察报告[EB/OL]. [2023-12-01].

[2] [美]阿黛尔·里弗拉. 用户画像：大数据时代的买家思维营销[M]. 高宏译. 北京：机械工业出版社，2018.

[3] [美]阿兰·库珀等. About Face 4：交互设计精髓[M]. 倪卫国，刘松涛，薛菲，杭敏译. 北京：电子工业出版社，2015.

[4] [美]艾·里斯，杰克·特劳特. 定位[M]. 王恩冕，于少蔚译. 北京：中国财政经济出版社，2002.

[5] 卞志刚. 市场营销学[M]. 长春：东北师范大学出版社，2007.

[6] 陈春花，刘晓英. 品牌战略管理[M]. 广州：华南理工大学出版社，2008.

[7] 陈亮，陈征. 基于Web2.0的信息交流模式及其社会影响[J]. 情报探索，2010(11)：25-27.

[8] 戴国斌. 危机中的企业战略：从哲学到运作[M]. 上海：上海社会科学院出版社，2008.

[9] [美]菲利普·科特勒，加里·阿姆斯特朗. 市场营销：原理与实践(第16版)[M]. 楼尊译. 北京：中国人民大学出版社，2015.

[10] [美]菲利普·科特勒，凯文·莱恩·凯勒. 营销管理(第15版)[M]. 何佳迅等译. 上海：格致出版社，2019.

[11] 冯莉. 新媒体情境下广播电视媒介生态研究[J]. 东南传播，2014(12)：9-11.

[12] 高瑜. 新媒体环境下广东移动品牌形象危机管理研究[D]. 华南理工大学，2017.

[13] 郭超然. 我国电子竞技行业发展与政策[J]. 中外企业家，2017(31)：30-32.

[14] 何佳讯. 全球品牌化研究回顾：构念、脉络与进展[J]. 营销科学学报，2013，9(4)：1-19.

[15] 何伟. 媒体转型时代：我们怎样做新闻[M]. 宁波：宁波出版社，2014.

[16] [美]赫里奥·弗莱德·加西亚. 从危到机危机中的决策之痛与领导之术[M]. 童关鹏，鲁心茵译. 北京：人民邮电出版社，2019.

[17] 华昱. 移动短视频的发展现状及趋势研究[J]. 新媒体研究，2017(15)：87-88.

[18] 黄静. 品牌管理[M]. 武汉:武汉大学出版社,2015.

[19] 黄静. 品牌营销[M]. 北京:北京大学出版社,2013.

[20] 贾茹. 产品质量危机管理有效性评价研究[D]. 西安理工大学,2017.

[21] 菲利普·科特勒. 市场营销原理(第9版)[M]. 北京:清华大学出版社,2001.

[22] 李丹,安义中. 企业导论[M]. 成都:电子科技大学出版社,2008.

[23] 李森. 企业形象策划[M]. 北京:清华大学出版社,北京交通大学出版社,2009.

[24] 李文文,朱丹红. 跨媒介叙事视域下网络游戏IP的运营模式研究——以《阴阳师》为例[J]. 新闻知识,2020(06):35-38.

[25] 李一琳. 短视频社交传播功能与用户群体心理研究[J]. 新媒体研究,2019(15):1-6.

[26] 凌旗. 动漫品牌营销传播研究[D]. 华南理工大学,2013.

[27] 刘安琪. 以新媒体传播提升北京城市文化形象[J]. 新媒体研究,2020(9):40-42.

[28] 刘刚. 危机管理[M]. 北京:中国人民大学出版社,2013.

[29] 卢泰宏,谢飙. 品牌延伸的评估模型[J]. 中山大学学报(社会科学版),1997(6):9-14.

[30] 马丁·林斯特龙. 痛点:挖掘小数据满足用户需求[M]. 陈亚萍,译. 北京:中信出版集团,2017.

[31] 农海燕. 基于"粉丝"文化的动漫品牌延伸研究[D]. 湖南大学,2018.

[32] 乔萌,吴俊彦,何慕珧,王欣,郑涵月. 社会大众对电子竞技行业及职业选手的偏见研究[J]. 中国市场,2020(10):58-60+135.

[33] 秦仲篪,袁超,李萍. 品牌营销[M]. 北京:清华大学出版社,2015.

[34] 赛丹杰,格里高利·巴特斯比等. 品牌授权原理[M]. 北京:清华大学出版社,2016.

[35] 申琳. 泛娱乐时代我国儿童IP运营研究[D]. 吉林大学,2020.

[36] 石长顺,石永军. 论新兴媒体时代的公共传播[J]. 现代传播(中国传媒大学学报),2007(4):12-14.

[37] 石菲. 人人游戏:用大数据了解玩家[J]. 中国信息化,2013(15):28-29.

[38] 舒华英. 电信客户全生命周期管理[M]. 北京:北京邮电大学出版社,2004.

[39] 舒咏平,陈少华,鲍立泉. 新媒体与广告互动传播[M]. 武汉:华中科技大学出版社,2006.

[40] 宋洋,徐存发,侯心媛. 供应链管理[M]. 成都:电子科技大学出版社,2013.

[41] 孙静. 解码《阴阳师》:国产游戏的突围之路[J]. 中国图书评论,2017(3):49-58.

[42] 唐威. 电子竞技产业概论[M]. 上海:华东师范大学出版社,2020.

[43] 田高洁. 互动仪式链视角下的音乐短视频研究——以抖音App为例[J]. 新媒体研究,2018(4):22-23.

[44] 田姣阳. 校园生态短视频的发展道路探索——基于青年受众的研究[J]. 科技传播,2019(11):97-98.

[45] 王德胜. 企业危机预警管理模式研究[M]. 济南:山东人民出版社,2010.

[46] 王海忠. 品牌管理[M]. 北京:清华大学出版社,2014.

[47] 翁颖明.游戏策划与营销[M].上海:上海人民美术出版社,2011.
[48] 肖恩·埃利斯,摩根·布朗.增长黑客——如何低成本实现爆发式成长[M].张溪梦译.北京:中信出版集团,2017.
[49] 谢勤.品牌全球化战略[J].企业研究,2001(04):15-17.
[50] 邢欣.都市语言研究新视角[M].北京:北京广播学院出版社,2003.
[51] 熊爱华.品牌生态系统协同进化研究[M].北京:经济科学出版社,2012.
[52] 熊永生,刘建.创业资本运营实务[M].成都:西南财经大学出版社,2006.
[53] 徐丽,曹晟源.电竞简史[M].北京:中国经济出版社,2020.
[54] 阳倩倩.我国视频网站自制节目的发展浅析[J].新媒体研究,2016,2(21):89-91.
[55] 杨昊.从游戏到体育:电子竞技发展管理研究[J].体育科技文献通报,2021,29(06):186-188.
[56] 殷俊,袁勇麟.新媒体产业导论:基于数字时代的媒体产业[M].成都:四川大学出版社,2009.
[57] 于启凤.浅析企业品牌延伸存在问题及对策[J].西部皮革,2021,43(15):66-67.
[58] 张辉,董健.游戏策划与开发方法[M].北京:清华大学出版社,2016.
[59] 张荣.品牌管理实务[M].苏州:苏州大学出版社,2016.
[60] 张天一.基于互联网通信技术下的新媒体建设[J].信息技术与信息化,2017(9):73-75.
[61] 张小平.腾讯电竞——抵达梦想的另一种道路[M].北京:机械工业出版社,2020.
[62] 张燚,张锐,刘进平.品牌生态理论与管理方法研究[M].北京:中国经济出版社,2013.
[63] 张韵.我国职业电子竞技俱乐部赞助现状及对策研究[D].上海体育学院,2020.
[64] 赵昱,王勇泽.短视频的传播现状分析[J].数字传媒研究,2015,32(5):54-58.
[65] 周光.互联网情境下品牌危机对企业绩效的影响研究[D].上海交通大学,2020.